Complete Spanish

Aurora Martín de Santa Olalla Sánchez
Belén Martín de Santa Olalla Sánchez

First published by Teach Yourself in 2025

An imprint of John Murray Press

1

Copyright © Aurora Martín de Santa Olalla Sánchez and Belén Martín de Santa Olalla Sánchez 2025

The right of Aurora Martín de Santa Olalla Sánchez and Belén Martín de Santa Olalla Sánchez to be identified as the Author of the Work has been asserted by them in accordance with the Copyright, Designs and Patents Act 1988.

All rights reserved. No part of this publication may be reproduced, stored in a retrieval system, or transmitted, in any form or by any means without the prior written permission of the publisher, nor be otherwise circulated in any form of binding or cover other than that in which it is published and without a similar condition being imposed on the subsequent purchaser.

A CIP catalogue record for this title is available from the British Library

Trade Paperback ISBN 9781399818285

ebook ISBN 9781399818278

Typeset in FS Albert Pro light 10.5/12 by Integra Software Services Pvt. Ltd. Pondicherry, India.

Printed and bound by Oriental Press, Dubai.

John Murray Press policy is to use papers that are natural, renewable and recyclable products and made from wood grown in sustainable forests. The logging and manufacturing processes are expected to conform to the environmental regulations of the country of origin.

John Murray Press	Teach Yourself
Carmelite House	123 S. Broad St., Ste 2750
50 Victoria Embankment	Philadelphia, PA 19109, USA
London EC4Y 0DZ	

www.teachyourself.com

The authorised representative in the EEA is Hachette Ireland, 8 Castlecourt Centre,

Dublin 15, D15 XTP3, Ireland (email: info@hbgi.ie)

John Murray Press, part of Hodder & Stoughton Limited

An Hachette UK company

The QR codes in this book lead to external websites or content. The publisher has used its best endeavours to ensure that any website addresses are correct and active at the time of going to press. However, the publisher and the author have no responsibility for the websites and can make no guarantee that a site will remain live or that the content will remain relevant, decent or appropriate.

Contents

Meet the authors — vi
Welcome — vii
How to use this book — ix
How to be a successful language learner — xii

First things first — xv

1 Hola, ¿qué tal? Hi, how are you doing? — 1

Greet and say farewell to someone • Introduce yourself with llamarse • Say where you are from • Ask for clarification and help

2 Vamos a conocernos mejor Let's get to know each other better — 15

Talk about professions and workplaces using ser and trabajar • Talk about essential characteristics as opposed to temporary states using ser and estar • Talk about what you like to do in your free time using gustar + infinitive • Express agreement with what has just been said using también and tampoco

3 Esta es mi gente These are my people — 30

Talk about your family and friends • Describe a person's appearance and character using ser and tener • Say how old you are • Use the Spanish polite form usted

4 Como en casa en ningún sitio There's no place like home — 47

Talk about your home and objects in it • Express *there is/there are* • Describe location with estar (*to be*) • Ask for permission using poder (*can*)

5 Mi barrio, mi ciudad My neighborhood, my city — 62

Talk about places and services in the city • Talk about where someone is going using dónde and ir • Provide and understand basic directions • Express desires and preferences with querer and preferir

6 Día a día Day by day — 77

Talk about daily routine • Tell the time • Express obligations and duties • Say how often something is done

7 ¿Tomamos algo? Shall we eat something? — 91

Talk about an action in progress • Go shopping at the market • Order in a restaurant • Give and follow a recipe

8 Mens sana in corpore sano Healthy body, healthy mind — 106

Talk about the body and healthy habits • Talk about how you feel • Give advice • Express conditions

9 ¿Por qué no vamos de compras? Why don't we go shopping? — 121

Suggest an activity and show agreement and disagreement • Ask questions using cuál and cuáles • Get help in a clothing store • Make comparisons

10 Más que unas vacaciones More than a vacation — 137

Talk about future plans • Make travel arrangements • Express possession • Describe the weather and seasons

11 ¿Qué has hecho hoy? What have you done today? — 152

Talk about the past using the present perfect • Specify what you have and have not done using ya and todavía • Talk about volunteering and NGOs • Talk about the arts and culture

12 Cuéntame tu vida Tell me your life story — 167

Talk about specific events in the past using the simple past • Describe someone's life • Talk about education in Spain • Say the date

13 Tal como éramos The way we were — 181

Talk about habits in the past using the imperfecto • Describe past events using the imperfecto • Set the scene and emphasize a specific moment in the past • Talk about cinema and movies

14 Abro hilo Open a thread — 197

Handle phone and video calls • Take and leave messages on the phone • Pass on messages: reported speech • Talk about social networks

15 Experiencias únicas en la vida Once-in-a-life experiences — 213

Contrast experiences in the past using the present perfect and simple past • Talk about the best and the worst using the superlative • Express duration using hace and desde hace • Talk about sports and the outdoors

16 Un futuro sostenible A sustainable future — 228

Express conditions • Formulate predictions about the future • Make promises • Use por and para

17 Lo que yo haría What I would do — 243

Express politeness using the conditional • Express a wish using the conditional • Give advice or make a suggestion using the conditional • Use the verbs ser and estar to change meaning

18 Lo que no te había contado What I had not told you **257**

Talk about actions that took place before another action in the past using past perfect • Tell an anecdote • Show interest when listening to a story • Express causes and consequences

19 No decidas por mí Don't decide for me **273**

Make recommendations and offer advice • Give instructions and make requests • Express prohibition and obligation • Talk about publicity: objectives, values, advertising campaigns

20 ¡Ojalá sigas estudiando español! I hope you continue studying Spanish! **288**

Talk about worries, concerns, and other feelings • Express advice, orders • Express wishes, probability, and hypothesis using the subjunctive • Express a negative opinion using the subjunctive

Answer key **305**

Resources available online at library.teachyourself.com

- Audio
- Assessments for A1, A2, and B1 levels
- CEFR and ACTFL can-do statements
- Grammar summary
- Glossary – English to Spanish
- Glossary – Spanish to English
- My takeaway study guide
- In my own words writing prompts

Meet the authors

Aurora and Belén Martín de Santa Olalla both have extensive experience in teaching foreign languages.

Aurora says: Since childhood, I have been captivated by languages, particularly my own, Spanish. I pursued my studies in Spanish Philology at the Universidad Autónoma de Madrid, where I later earned my doctorate. My experience teaching Spanish as a foreign language began at the Instituto Cervantes, where I had the incredible opportunity to travel to various centers worldwide and witness the global interest in Spanish firsthand. After two years, I transitioned into the field of publishing materials for Spanish as a foreign language, working with Santillana and subsequently Enclave ELE. A significant portion of my professional journey has been dedicated to teaching. I am a professor of Spanish in the Translation and Interpreting degree program at the Complutense University of Madrid, and I also teach Spanish to international students at Alfonso X el Sabio University. I hope this book embodies my ongoing interest in teaching the Spanish language and culture.

Belén says: I have always had a deep passion for teaching, and it continues to inspire me every day. With degrees in Education and Psychology from Complutense University of Madrid, I began my professional journey teaching English to young learners during the early development of bilingual programs in Spanish schools. I have worked with students across various levels, and I am committed to enhancing my expertise in bilingualism and innovative teaching methodologies in English. I am currently a lecturer in English Language and Didactics at the University of Castilla-La Mancha, and am an oral examiner for the Cambridge Assessment in English. When my sister Aurora invited me to join this project, I accepted without hesitation, grateful for the trust she placed in me. The work has been challenging, rigorous, meticulous, and incredibly rewarding. Thank you, Aurora.

Acknowledgments

This book's adventure has been deeply rooted in family. We would like to extend our heartfelt gratitude to our parents, Francisco and Aurora, for instilling in us the values of effort, dedication, and the commitment to a job well done. From a young age, our family trips introduced us to diverse cultures, customs, and languages, igniting our curiosity and offering us a broader perspective on life.

We would also like to express our appreciation to our extended family. With gatherings sometimes bringing together up to 30 people around a table, each family member has inspired us in bringing Ana, Paula, and Álvaro to life. Their unique experiences have contributed to creating an authentic, vibrant, and credible depiction of life in Spain within this project.

We would also like to thank the editorial team (Frances, Emma, Chloe, Emily, and Ana) who supported us throughout the challenging process of creating this book.

Lastly, we want to sincerely thank our students. They motivate us to remain vigilant, never taking our roles for granted, and encourage us to strive for excellence in every class we teach.

Welcome

Congratulations on deciding to learn (or refresh) Spanish and thank you for choosing Teach Yourself. This book was designed specifically with the independent student in mind, with features to provide as much motivation and support on your learning journey as possible. Join Ana, a young IT professional from Córdoba who inherits a family restaurant in Madrid and decides to change her life. Along the way, she discovers a mysterious love story about her uncle, who left the restaurant to her and sets off to find a woman from his past. Together with her new friends, Álvaro and Paula, she finds her way in Madrid, and following their adventures, you'll get an authentic glimpse into modern life and society in Spain, as you build and expand your knowledge of the language.

FIRST THINGS FIRST

This book begins with a unit which will introduce the Spanish alphabet and familiarize you with the basic sounds and rhythms of Spanish. A few **Useful expressions** will help you get the most practical phrases under your belt before you start and practice your pronunciation.

CORE UNITS

The core of the book comprises **20 units**, designed to help you communicate in practical, everyday situations and steadily build your knowledge and facility with Spanish. Each unit is structured in a way to make it easy to follow and consists of two parts, each with the following features:

Culture point introduces the theme and provides a context for the unit. It presents practical information about the way things work in Spain and introduces you to the rich tapestry of Spanish culture—food, music, art, architecture, literature, social traditions, and more—and introduces useful, related words and phrases. Many Culture points also feature a QR code, which you can scan to learn more about the topic. This is a window into authentic sources and will let you explore the language and culture beyond the borders of the book.

Vocabulary builder introduces key unit vocabulary, accompanied by audio. Listen to the recording several times, repeating each word. Then do the **Vocabulary practice**. Return to the list to review as often as you can, covering up one side and then the other. Use the vocabulary builder for reference, as you work through the conversation that follows.

Conversations are the cornerstone of each unit. This is where you will follow the adventures of Ana, Álvaro and Paula. Who is the mystery woman Ana finds on an old photograph in the restaurant? Will Álvaro and Paula stay together? As the story unfolds, you will join our friends in common, everyday situations and learn to participate in similar situations. The conversations are recorded so that you can listen to them, practice your pronunciation, and even role play. Listen first and try to get the gist of the conversation; don't get hung up on understanding every word. Focusing questions and follow-up activities are there to guide you. Work with the conversations as much and as often as you can. And if you really need help with understanding, translations are available online at library.teachyourself.com, or can be accessed via the Teach Yourself Library app.

Language builders introduce key language points you encounter in the conversation and explain how the language is used in practice. Each topic opens with a **Language discovery** activity, designed to help you notice patterns and usage on your own. Read more about the benefits of the **Discovery method** of learning later in **How to be a successful language learner**.

Throughout the units, you will find **Tips** with study shortcuts, additional explanations and cultural tidbits to enhance your learning.

Language practice offers a variety of exercises, including speaking opportunities, to give you a chance to see and use words and phrases in their context. The **Skill builder** section at the end of each unit provides additional practice, and you will have ample opportunity for **Speaking, Listening, Reading** and **Writing practice** throughout the course.

Test yourself puts together everything covered in the unit and helps you assess what you have learned. Try to do the tests without consulting the text and check your answers in the Answer Key. If you are happy with your results, move ahead to the next unit. Otherwise, go back and review the unit once more before moving on. There are also three assessments, located online, at A1, A2 and B1 CEFR levels (Intermediate Low, Mid and High ACTFL levels) to help you gauge your overall progress at key junctures.

REFERENCE RESOURCES

In the back of the book and online you'll find additional tools to support you and help you find the answers you need. The **Answer key** applies to all the exercises, tests and assessments in the book. Look up any word in the course in the two-way **Glossary**, and quickly access key grammar patterns in the **Grammar summary** or look up the language topic you need in the **Index** to find the relevant units where it's covered.

How to use this book

A little goes a long way!

Try to use the book little and often, rather than for long stretches at a time (between 15 and 30 minutes, if possible, rather than two to three hours in one session). This will help you to create a study habit, much in the same way you would practice a sport or musical instrument.

Make a plan, track your progress, and reflect on the process!

Setting goals affects the programming of your brain, strengthening neural pathways and ultimately making it more likely that you will achieve those goals. Before you begin, think about how much time you want to devote to learning, which skills or areas you want to focus on, and identify specific ideas you want to be able to communicate or activities you want to engage in. **In this lesson you will learn** will help you identify what you should be able to do in Spanish by the end of the unit and will help you set your personal goals for each unit. Each unit opens with a dashboard where you can note your personal goals.

Studies show that holding yourself accountable is another great way to stay motivated. Use the **Progress tracker** at the beginning of each unit to help you keep track of your progress and the work you do. Personalize the tools. You can use the **Progress tracker** to keep track of the date or day, or you can enter an increment of time (15 minutes, 30 minutes ...). Add columns for culture, vocabulary, grammar or any other area you wish to focus on. Give yourself a star when you feel you've done particularly well. Make it your own! Review your tracker regularly and see which areas could use more practice.

At the end of each unit, you can check your progress and reflect on the learning experience, which will help you improve from unit to unit. Use the **Self check** in **My review** to assess your progress. You will need to go back to the unit opener page to do this and to review your progress against your goals and the unit objectives. A **My takeaway** template page is available online. Here you can jot down things you noted about your study habits in **My process**—What worked? What would you have done differently? Is there a new strategy you want to try? Note the highlights of the unit in **Best of ...** (favorite word or phrase, important language rule). Are there any questions you still need answered? Finally, make the language your own! Try to write a few personal sentences by responding to the prompts in **In my own words**, also available online. Don't worry about making mistakes. Use the language to talk about yourself and your life.

My progress tracker
Use the progress tracker to keep a record of what you've accomplished. The first column tracks time, and the remaining five columns represent the skills you'll be working on: listening, pronunciation, reading, writing, and spoken interaction.

In this lesson you will learn how to:
Each unit begins with an overview of the language you will be learning and skills you will be acquiring.

In this lesson you will learn how to:
» Talk about your family and friends.
» Describe a person's appearance and character using **ser** and **tener**.
» Say how old you are.
» Use the Spanish polite form **usted**.

My goals
Make a note of your goals. They can be general (*I want to be able to say three sentences about myself in Spanish*) or specifically related to the topic at hand (*I want to be able to order breakfast at a café*). At the end of the unit, take a look at your goals and see if you feel you've accomplished them.

Esta es mi gente

My study plan

I plan to work with Unit 3
○ Every day
○ Twice a week
○ Other _____

I plan to study for
○ 5–15 minutes
○ 15–30 minutes
○ 30–45+ minutes

My progress tracker

Day / Date

My study plan
Use My study plan to plan how often and for how long you plan to study.

My goals
What do you want to be able to do or say in Spanish when you complete this unit?   **Done**

1 .... ○
2 .... ○
3 .... ○

My review

SELF CHECK	
	I can ...
○	... talk about my family and friends.
○	... describe a person's appearance and character using **ser** and **tener**.
○	... say how old I am.
○	... use the Spanish polite form **usted**.

My review
Use this checklist at the end of each unit to review your progress and to reflect on what you can do and what you need to look at again.

x

Try to practice each skill every day

The icons in the progress tracker are used throughout the book to help you easily identify and locate the skills you want to practice:

- Listening skills
- Speaking—pronunciation skills
- Speaking—conversation skills
- Reading skills
- Writing skills

Remember: there are many ways to build your skills in addition to those provided in this book: use a language-learning app, listen to music or podcasts, watch TV shows or movies, go to a restaurant, follow social media accounts in Spanish, read blogs, newspapers or magazines, switch the language settings in your apps to Spanish, or sign up for a language exchange or a tutor. And remember to keep a record of them on your Dashboard!

Above all, talk to other Spanish speakers or learners, if at all possible; failing that, talk to yourself, to inanimate objects, to the imaginary characters in this book (warn your family and friends!). If you can find someone else to learn along with you, that is a great bonus. Do all the exercises and do them more than once. Make maximum use of the audio: play it as background, even when half your mind is on something else, as well as using it when you are actually studying. The main thing is to create a continuous Spanish 'presence' so that what you are learning is always on your mind. Finally—enjoy yourself and celebrate your progress!

How to be a successful language learner

The Discovery method

There are lots of philosophies and approaches to language learning, some practical, some quite unconventional, and far too many to list here. Perhaps you know of a few, or even have some techniques of your own. In this book we have incorporated the Discovery method of learning, a sort of DIY approach to language learning. What this means is that you will be encouraged throughout the course to engage your mind and figure out the language for yourself, through identifying patterns, understanding grammar concepts, noticing words that are similar to English, and more.

Simply put, if you figure something out for yourself, you're more likely to understand it. And when you use what you've learned, you're more likely to remember it. And because many of the essential but (let's admit it!) dull details, such as grammar rules, are introduced through the Discovery method, you'll have more fun while learning. Soon, the language will start to make sense and you'll be relying on your intuition to construct original sentences independently, not just listening and repeating.

The Discovery method is indicated throughout the book by a light bulb icon.

Everyone can succeed in learning a language—the key is to know how to learn it.

Learn to learn

There are many strategies that can help you become a successful language learner. Different people have different learning styles and some of these approaches will be more effective for you than others. Use this list as a point of inspiration when you want to find the most effective ways to advance your skills and begin your journey to fluency.

VOCABULARY

Words are the building blocks of language. The more you use the words you're introduced to, the more quickly they'll lodge in your memory. These study tips will help you remember:

- Say the words out loud as you read them. Listen to the audio several times.
- Write the words over and over again. Create flash cards, drawings, and mind maps.
- It helps to group new words in categories, like food or furniture, or according to the situations in which they occur, e.g. restaurant, hotel, sightseeing, or their functions, e.g. greetings, thanks, apologizing.
- Cover up the English side of the vocabulary list and see if you remember the meaning of the word. Then cover up the Spanish side and see if you can remember the word itself.
- Use mnemonic tricks like similar sounding words in English, e.g. azul (*blue*) with azure seas.

- Write words for objects around your house and stick them to the objects.
- Pay attention to patterns in words, e.g. adding *-mente* to an adjective turns it into an adverb in much the same way that we add *-ly* in English: probable → probablemente (*probable* → *probably*).

GRAMMAR

Grammar gives your language structure. It allows you to experiment with the vocabulary because you'll understand how they work together to create meaning. In other words, you'll begin to develop a feel for the language. Here are some tips to help you study more effectively:

- Write your own grammar glossary and add new information and examples as you go.
- Experiment with grammar rules. Use old vocabulary to practice new grammar structures.
- Try to find examples of grammar in conversations or other articles.
- When you learn a new verb form, review other verbs that follow the same pattern.
- Compare Spanish structures with your own language or other languages you may already speak. Try to find out some rules on your own and be ready to spot the exceptions.

PRONUNCIATION

The best way to improve your pronunciation is simply to practice as much as possible. Study individual sounds first, then full words and sentences. Don't forget, it's not just about pronouncing letters and words correctly, but using the right intonation. So, when practicing words and sentences, mimic the rising and falling intonation of Spanish speakers.

- Repeat all the conversations, line by line. Listen to yourself and mimic what you hear.
- Record yourself and compare yourself to the recordings.
- Make a list of words that give you trouble and practice them.

LISTENING AND READING

The conversations in this book include questions to help guide you in your understanding. But you can go further by following some of these tips.

- Imagine the situation. Try to imagine where the scene is taking place and who the main characters are. Let your experience of the world help you guess the meaning of the conversation, e.g. if a conversation takes place in a café, you can predict the kind of vocabulary that will be used.
- Concentrate on the main part. When watching a foreign film, you usually get the meaning of the whole story from a few individual shots. Understanding a foreign conversation or article is similar. Concentrate on the main message and don't worry about individual words.
- Learn to cope with uncertainty—don't over-use your dictionary! You don't have to look up every word you don't know—try to deduce the meaning from context. Concentrate on trying to get the gist of the passage and underline the words you don't understand. If after the third time there are still words which prevent you from getting the general meaning of the passage, look them up in the dictionary.

WRITING

You'll have plenty of writing practice using this book. Creating vocabulary lists, grammar summaries, and taking good notes as you study is another great opportunity to practice writing.

If you're keeping your lists or notes on your smartphone, computer, or tablet, remember to switch the keyboard language to be able to include all accents and special characters. Here are some other ways to practice writing:

- Write out the answers to all Practice and Test Yourself questions.
- Create your own vocabulary lists and a grammar summary.
- Look up writing prompts for language learning or write a daily gratitude journal in Spanish.
- Write out your to do and shopping lists in Spanish.
- Join online forums and discussion groups about or in Spanish.

SPEAKING

The greatest obstacle to speaking a new language is the fear of making a mistake. Keep in mind that you make mistakes in your own language—it's simply part of the human condition. Accept it. Focus on the message. Most errors are not serious, and they will not affect the meaning, for example if you use the wrong article, wrong pronoun or wrong adjective ending. So, concentrate on getting your message across and use the mistakes as learning opportunities.

Here are some useful tips to help you practice speaking Spanish:

- When you're going about your day, e.g. buying groceries, ordering food and drinks, do it in Spanish in your mind! Look at objects around you and try to name them in Spanish. Look at people around you and try to describe them.
- Answer all of the questions in the book out loud. Say the dialogues out loud, then try to replace sentences with ones that are true for you. Role play different situations in the book.
- Keep talking. The best way to improve your fluency in a language is to talk every time you have the opportunity to do so: keep the conversations flowing and don't worry about the mistakes. If you get stuck for a particular word, don't let the conversation stop; simplify what you want to say; paraphrase or replace the unknown word with one you do know.

Learning a language takes work. But the work can be a lot of fun! So, let's begin!

First things first

Se habla español *Spanish is spoken*

So ... you have decided to learn Spanish. Good choice!

According to the Instituto Cervantes, which promotes Spanish around the world:

- 600 million people have a native command of Spanish, making Spanish the second most widely spoken native language in the world.
- 24 million learn it as a foreign language. Now you are one of them!
- In 2060, the United States will be the second largest Spanish-speaking country after Mexico, and 27.5 per cent of its population will be of Hispanic origin.

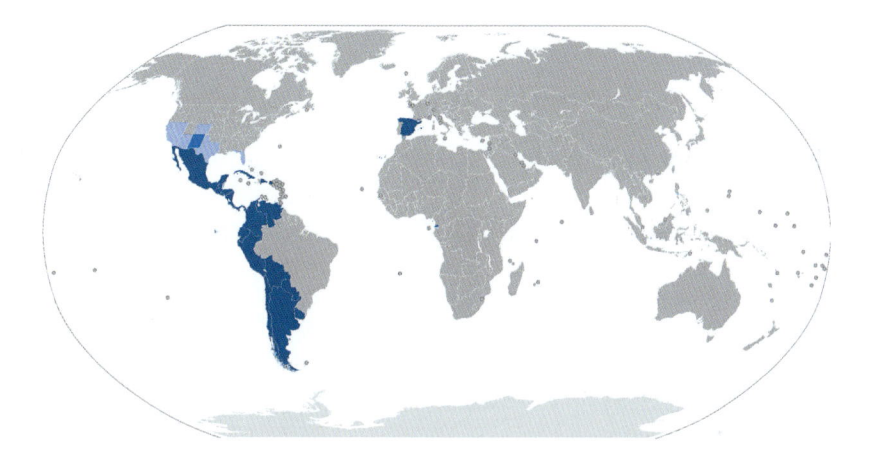

¿Para qué estudias español?
Why are you studying Spanish?

> Notice Spanish uses both an opening and a closing question mark to write a question.

1 Why are you studying Spanish? Write your personal reasons in English for now, and then revisit this page once your studies are underway and try to write them in Spanish.

Notice we use para + a verb to express purpose.

Estudio español para trabajar en España/Colombia/Chile.	*I am studying Spanish to work in Spain/Colombia/Chile.*
Estudio español para viajar a España/Cuba/República Dominicana.	*I am studying Spanish to travel to Spain/Cuba/Dominican Republic.*
Estudio español para hablar con mis clientes mexicanos.	*I am studying Spanish to speak with my Mexican clients.*

Estudio español para ....

El alfabeto español *The Spanish alphabet*

2 Listen to the alphabet and repeat the names of the letters in the pauses.

00.01

a	b	c	d	e	f	g	h
(a)	(be)	(ce)	(de)	(e)	(efe)	(ge)	(hache)
i	j	k	l	m	n	ñ	o
(i)	(jota)	(ka)	(ele)	(eme)	(ene)	(eñe)	(o)
p	q	r	s	t	u	v	w
(pe)	(cu)	(erre)	(ese)	(te)	(u)	(uve)	(uve doble)
x	y	z					
(equis)	(ye)	(zeta)					

The Spanish alphabet has 27 letters (22 consonants and 5 vowels).

There are five double letters: *ch, ll, rr, gu* and *qu*.

3 Now spell your name in Spanish.

Los sonidos del español *The sounds of Spanish*

VOWELS

There are five Spanish vowels: a, e, i, o, u. Unlike English, each Spanish vowel has only one sound whether the vowel falls at the beginning, middle or end of a word and they keep this some sound whether stressed or unstressed.

a	it sounds like the *a* in *sofa*	Ana
e	like the *e* in *pet*	Elena
i	like the *ee* in *feet*	Iris
o	like the *o* in *cost*	Óscar
u	like the *oo* in *food*	Úrsula

4 Listen and choose the word you hear.

00.02

    a hablo/habla   **b** para/pero   **c** luna/lona   **d** cine/cene

CONSONANTS

Letter	Pronunciation	Example
b and v	like *b* in *bar*	Barcelona and Valencia
c	before **a**, **o** and **u** like *c* in *car*	Córdoba
	before **e**, **i** like *th* in *thin* (in Latin America, southern Spain, and the Canaries, like the *s* in *sink*)	Valencia
ch	like *ch* in *chair*	Chile
g	before **a** and **o**, like *g* in *get*	Málaga
	before **e** and **i**, like *h* in *ham*	Gijón

Letter	Pronunciation	Example
gu	before **e** and **i** like *g* in *get*. The **u** is silent	Guernica
h	silent	Huelva
j	like *h* in *ham*	Jaén
k	like *k* in *keep*	Kazajistán
ll	like *y* in *yes*	Cullera
ñ	like *ni* in *onion*	España
qu	like *k* in *keep*. The letter **u** is silent	Quito
r	between vowels or at the end of a word, like *r* in *very*	Zaragoza
	in initial position, strongly rolled	Rota
rr	always strongly rolled	Tarragona
w	(used only in foreign words)	Westfalia, Taiwan
	like *b* in *bar* or like *u* when it combines with the following vowel	
x	like the *x* in *box*, between vowels or at the end of a syllable or word	Extremadura
	in initial position like *s* in *sink*	Xátiva
y	like *y* in *yes*	Ayamonte
z	like *th* in *thin* (in Latin America, Southern Spain and the Canaries, like *s* in *sink*)	Zaragoza, Cádiz

🎧 00.03

5 Listen to the pairs of words and identify if they are the same word (=) or different words (≠).

a =/≠   b =/≠   c =/≠   d =/≠   e =/≠   f =/≠

First things first   xvii

Ritmos y cadencia en español *Spanish rhythm and cadence*

Spanish is a syllable-timed language, which means that every syllable has the same length (English is stress-timed, so the stressed syllable is longest). This, in conjunction with some rolling *r* sounds, is why some think that Spanish sounds like a sewing machine: ta, ta, TA, ta.

Expresiones útiles *Useful expressions*

CORTESÍA *COURTESY*

00.04

gracias	*thank you*
De nada	*You're welcome*
por favor	*please*
¿Quieres un café?	*Do you want a coffee?*
Sí, gracias.	*Yes, thank you.*
Por favor, ¿me puedes dejar un lápiz?	*Please, can you lend me a pencil?*
Sí, claro. / No, lo siento.	*Yes, sure. / No, I'm sorry.*

LOS DÍAS DE LA SEMANA *DAYS OF THE WEEK*

00.05

lunes	*Monday*
martes	*Tuesday*
miércoles	*Wednesday*
jueves	*Thursday*
viernes	*Friday*
sábado	*Saturday*
domingo	*Sunday*

> In Spanish, the names of days of the week and the months of the year are not capitalized.

LOS MESES *MONTHS*

00.06

enero	*January*	julio	*July*
febrero	*February*	agosto	*August*
marzo	*March*	septiembre	*September*
abril	*April*	octubre	*October*
mayo	*May*	noviembre	*November*
junio	*June*	diciembre	*December*

LOS NÚMEROS *NUMBERS*

1	uno	11	once	21	veintiuno
2	dos	12	doce	22	veintidós
3	tres	13	trece	23	veintitrés
4	cuatro	14	catorce	24	veinticuatro
5	cinco	15	quince	25	veinticinco
6	seis	16	dieciséis	26	veintiséis
7	siete	17	diecisiete	27	veintisiete
8	ocho	18	dieciocho	28	veintiocho
9	nueve	19	diecinueve	29	veintinueve
10	diez	20	veinte	30	treinta

> Notice that numbers between veintiuno and veintinueve are written as one word, but numbers from 31 to 99 are written as separate words. They are all formed the same way: the tens unit + y + the ones unit: treinta y seis, cincuenta y siete, sesenta y cinco. It is the same as English, with an *and* in between the tens and ones.

6 Write the missing numbers.

31	treinta y uno	50	cincuenta	77	**f** ....
32	treinta y dos	54	cincuenta y cuatro	80	ochenta
35	**a**	58	**d**	85	**g** ....
40	cuarenta	60	sesenta	90	noventa
43	**b**	66	**e**	94	**h** ....
46	**c**	70	setenta	100	cien

EXPRESIONES DE TIEMPO *EXPRESSIONS OF TIME*

hoy	*today*
ayer	*yesterday*
mañana	*tomorrow*
anteayer	*the day before yesterday*
pasado mañana	*the day after tomorrow*
anoche	*last night*
esta mañana	*this morning*
esta tarde	*this afternoon*
esta noche	*tonight*
mediodía	*noon*
medianoche	*midnight*
ayer/mañana por la mañana	*yesterday/tomorrow morning*
ayer por la tarde	*yesterday afternoon*
mañana por la tarde	*tomorrow afternoon*

First things first

ayer por la noche	*yesterday evening*
mañana por la noche	*tomorrow night*

LAS ESTACIONES *SEASONS*

la primavera	spring
el verano	summer
el otoño	autumn
el invierno	winter

LOS COLORES *COLORS*

rojo/a	red
amarillo/a	yellow
blanco/a	white
negro/a	black
rosa	pink
violeta	violet
naranja	orange
verde	green
azul	blue
marrón	brown
gris	gray
beis	beige

In this lesson you will learn how to:
» Greet and say farewell to someone
» Introduce yourself with **llamarse**
» Say where you are from
» Ask for clarification and help

Hola, ¿qué tal?

My study plan

I plan to work with Unit 1
○ Every day
○ Twice a week
○ Other _____

I plan to study for
○ 5–15 minutes
○ 15–30 minutes
○ 30–45+ minutes

My progress tracker

Day / Date

My goals

What do you want to be able to do or say in Spanish when you complete this unit? **Done**

1 .... ○

2 .... ○

3 .... ○

My review

SELF CHECK	
	I can ...
○	... greet and say farewell to someone.
○	... introduce myself with llamarse.
○	... say where I am from.
○	... ask for clarification and help.

1 *Hola, ¿qué tal?*

CULTURE POINT 1

Saludos y despedidas *Greetings and farewells*

First time in Spain? Here are some tips and information to keep you on track.

Conversations in Spain always start with a saludo (*greeting*) and end with a despedida (*farewell*). This is not that different from many other countries. So, what makes Spanish greetings and farewells a little strange? First of all, the times they are used.

Buenos días (*good morning*) is always used in the morning through to lunchtime, which is usually late (2.30 p.m. or 3 p.m.). So don't be surprised if a Spanish person greets you with buenos días at 2 p.m. It means this person has not eaten yet.

From lunch until dinner, buenas tardes (*good afternoon/good evening*) is used. In Spain, people have a late dinner. So, buenas tardes can be used at 2.45 p.m. or at 8 p.m. They say buenas noches (*good evening, good night*) when they enter a restaurant for dinner or just before going to bed.

All these greetings can be preceded by hola (*hello*): hola, buenos días, hola, buenas tardes or hola, buenas noches.

What about despedidas? Spanish people use adiós (*goodbye*) alone or combined with the greetings: adiós, buenos días; adiós, buenas tardes; or adiós, buenas noches.

But adiós can sometimes sound like a final farewell and people in Spain like to think that they will meet each other again. That's why they use hasta luego (*see you later*) or nos vemos (*see you soon*), though—and here comes the second difference—it doesn't matter whether they are going to see the other person again or not.

¡Nos vemos! (*See you!*)

VOCABULARY BUILDER 1

01.01

Look at the words and phrases and complete the missing English words and expressions. Then listen and try to imitate the pronunciation of the speakers.

SALUDOS Y DESPEDIDAS	GREETINGS AND FAREWELLS
Hola, ¿qué tal?	Hello, how are you?
¿Qué pasa?	What's up?
Buenos días.	....
Buenas tardes.	Good afternoon/evening.
Buenas noches.	....
Adiós.	Goodbye.
Hasta luego.	....
Hasta mañana.	See you tomorrow.
Hasta el lunes/martes/miércoles.	See you on Monday/Tuesday/Wednesday.
Hasta pronto.	See you soon.
Nos vemos.	....
Me llamo...	My name is ...
¿Cómo te llamas?	What's your name?
Me llamo María.	My name is María.
¿Cómo os llamáis?	What are your names?
Nos llamamos Lucía y Andrei.	Our names are Lucía and Andrei.
Te llamas...	Your name is ...
Se llama...	His/her name is ...
Nos llamamos...	Our names are ...
Os llamáis...	Your names are ...
Se llaman...	Their names are ...

> When someone says ¿qué tal? you can answer bien, ¿y tú? (*fine, and you?*) or you can also respond with ¿qué tal? yourself.

> If you know people from Spain, you will see that sometimes they use two surnames. Traditionally, the first was their father's surname and the second was their mother's. Since 2000 people can use the maternal surname first, if their parents agree.
> Mi nombre es Xavier Garay Mendizábal.   My name is Xavier Garay Mendizábal.

Vocabulary practice 1

What would you say in the following situations?

a It's 2 p.m. You are having lunch in a Spanish restaurant. Greet the waitress who is serving.
b You meet your friend Amir at an art exhibition. Say hello to him and ask him how things are.
c It's 8 p.m. Greet the cab driver as you get into the cab on your way to dinner.
d It's 11.30 p.m. Say goodbye to your friend Isabel before going home to sleep.
e You are at a party in Spain and someone asks: Hola, ¿cómo te llamas? Say your name and ask their name.

1 Hola, ¿qué tal?   3

CONVERSATION 1

Soy Álvaro. ¿Eres Ana? I am Álvaro. Are you Ana?

Here are a few words and expressions to help you understand the conversation.

¿Nos vamos?	Shall we go?	Estoy esperando a dos personas más.	I am waiting for two more people.
¡Qué coche tan internacional!	What an international car!	¡Qué guay!	How cool!

1 Listen to the conversation a few times without looking at the text. Then listen again and read the text.

> Ana Olivas Rodríguez is a young *programadora* (*programmer*) from Córdoba, driving to Madrid. She does not like driving alone, so she posted on a car-sharing app and agreed to pick up Álvaro, Paul, and Ximena at calle José Cruz Conde, 9. Can you listen out for how people say their name?
>
> | | |
> |---|---|
> | **Ana** | Hola. ¿Te llamas Álvaro? |
> | **Álvaro** | Sí, soy Alvaro. ¿Y tú? ¿Eres Ana? |
> | **Ana** | Sí, ¿qué tal? |
> | **Álvaro** | Bien, ¿y tú? |
> | **Ana** | Bien. |
> | **Álvaro** | ¿Nos vamos? |
> | **Ana** | Estoy esperando a dos personas más: se llaman Paul y Ximena. |
> | | *Álvaro points to a young man and woman who are approaching. Ana calls out to them.* |
> | **Álvaro** | ¿Son ellos? |
> | **Ana** | Hola, ¿sois Ximena y Paul? |
> | **Ximena** | Hola, sí, yo me llamo Ximena y él es Paul. |
> | **Paul** | Buen día. |
> | **Ana** | Hola, buenos días. Soy Ana. |
> | **Álvaro** | Hola, buenos días. Yo soy Álvaro. |
> | **Paul** | ¿Buenos días o buen día? |
> | **Ximena** | En España el saludo es buenos días; en México, buen día. |
> | **Ana** | ¡Ah! ¿Sois de México? |
> | **Ximena** | Yo soy de México. |
> | **Paul** | Yo soy de Canadá. |
> | **Álvaro** | ¡Qué coche tan internacional! |
> | **Ana** | Sí, ¡qué guay! ¿Nos vamos? |

2 Decide if these statements are *true* (verdadero) or *false* (falso). Correct the false ones.

a Buenos días is how you greet people in Mexico.	verdadero	falso
b The Canadian man's name is Paul.	verdadero	falso
c Ximena is from Canada.	verdadero	falso
d There are three different nationalities in the car.	verdadero	falso
e The Mexican woman's name is Ana.	verdadero	falso

LANGUAGE BUILDER 1

💡 Language discovery 1

Look at the conversation again and complete these phrases.

a How does Álvaro ask the girl he has just met if she is Ana? ¿Y ....? ¿Eres Ana?
b How does Álvaro ask Ana if the people he is indicating are Ximena and Paul?
   ....
c How does Ximena introduce herself and Paul?
   Hola, sí .... me llamo Ximena y .... es Paul.

Subject pronouns (yo, tú...)

Subject pronouns identify the person who is performing an action. These are the subject pronouns in Spanish:

Singular		**Plural**	
yo	I	nosotros/nosotras	we
tú	you	vosotros/vosotras	you
él	he	ellos	they
ella	she	ellas	

In Spanish, the subject is clear from the ending of the verb, so subject pronouns are omitted:

¿Eres Ø Ana?   Are you Ana?   ¿Sois Ø Ximena y Paul?   Are you Ximena and Paul?

They are generally used for emphasis or contrast:

Yo soy Ximena, él es Paul.   I am Ximena, and he's Paul.

> Nosotros, vosotros, and ellos are used to refer to mixed-gender and all-male groups, while nosotras, vosotras, and ellas refer only to groups of females. In Spanish *they* (ellos/ellas) is not used as a singular pronoun as in English.
> Instead, the pronoun elle can be used to refer to someone who does not identify with binary gender definitions. However, its use is not widespread, and it is not officially recognized by the Royal Spanish Academy.

1 *Hola, ¿qué tal?*

Language practice 1

Imagine you need to talk about these people. Identify the pronouns to use.

Example: Ana y Álvaro > *Ellos*

a Ximena ....
b Ximena y Ana ....
c Álvaro y Paul ....
d Paul ....
e Ximena y Paul ....
f Álvaro, Paul, and you ....
g Paul, Ximena, and I (female) ....
h Álvaro, Paul, and I (male) ....

LANGUAGE BUILDER 2

💡 Language discovery 2

Listen to the conversation again and repeat each line in the pauses provided. Then read the conversation again and complete the sentences. What do the missing words mean?

a Álvaro asks Ana: .... Ana?
b Ana asks the young couple: .... Ximena and Paul?
c Ximena answers: Hola, sí yo me llamo Ximena y él .... Paul.

The verb ser (to be)

The verb ser (*to be*) is used to identify people, places, things, and ideas.

Soy Ximena, soy de México. *I'm Ximena. I'm from Mexico.*

Ana es una programadora de Córdoba. *Ana is a programmer from Córdoba.*

En España el saludo es buenos días. *In Spain the greeting is buenos días.*

Ser is an irregular verb, i.e. the forms do not follow the same pattern as most other verbs.

ser (to be)

(yo) soy	*I am*	(nosotros/nosotras) somos	*we are*
(tú) eres	*you are*	(vosotros/vosotras) sois	*you are*
(él/ella) es	*he/she/it is*	(ellos/ellas) son	*they are*

To make a sentence negative, just add no (*not*) before the verb.

No soy Ana. *I'm not Ana.*

No somos Ximena y Paul. *We are not Ximena and Paul.*

Language practice 2

1 Match the questions to the answers.

1 ¿Eres Carmen?
2 ¿Y ellos? ¿Son Manuel y Andrei?
3 ¿Y ella? ¿Es Rocío?
4 ¿Sois María y Andrei?

a No, somos Andrea y Amir.
b No, es Belén.
c No, soy Marta.
d Sí, ellos son Manuel y Andrei.

2 Now play Conversation 1 again and play Ana's role. Speak in the pauses provided. Try not to refer to the text.

01.05

CULTURE POINT 2

España, un país multilingüe *Spain, a multilingual country*

Did you know that in Catalunya, home to Barcelona, you'll see many dual-language signs in Spanish and Catalan, the local language?

The Spanish Constitution of 1975 recognized four official languages in Spain: castellano (*Castilian*), catalán, (*Catalan*), gallego (*Galician*), and euskera or vasco (*Basque*). Castilian is the official language used throughout Spain, but 'Spanish' is used internationally.

Catalán, gallego, and vasco are, together with castellano, the official language of Cataluña (*Catalonia*), Galicia (*Galicia*), and el País Vasco (*the Basque Country*), respectively. Catalán, gallego and castellano are all romance languages, meaning they have Latin roots, and are not very different from Spanish. El vasco or euskera is a language of unknown origin and is very different from the other Spanish languages.

This linguistic diversity contributes to the richness of the Spanish language, and many everyday Spanish words have been adopted from the other three languages: manjar (*delicacy*), molde (*mold*), and peaje (*toll*) are words that originally come from Latin but they have reached Spanish through Catalan; izquierda (*left*), chatarra (*junk*), and mochila (*backpack*) from Basque; also morriña, a beautiful word used to describe the feeling of sadness or homesickness is of Galician origin.

According to the Spanish Constitution, these languages all enjoy joint official status: 'The wealth of the different language modalities of Spain is a cultural heritage which shall be the object of special respect and protection'.

1 *Hola, ¿qué tal?*

VOCABULARY BUILDER 2

🎧 01.06

🎤

Look at the words and phrases and complete the missing English words and expressions. Then listen and try to imitate the pronunciation of the speakers.

LAS LENGUAS	LANGUAGES
¿Hablas inglés?	Do you speak English?
Hablo (un poco de) español.	I speak (a little) Spanish.
español	....
catalán	....
gallego	....
vasco	....
francés	....
inglés	....
alemán	German
neerlandés	Dutch
italiano	....
chino	....
japonés	....
árabe	....

> In Spanish, unlike in English, the names of languages are written in lower case, español, alemán or japonés. They are also the words used to express nationality.
> ¿De dónde eres? –Soy italiano.   Where are you from? –I'm Italian.

Vocabulary practice 2

Complete with the words in the box.

alemán	francés	griego	neerlandés

Las lenguas de la Unión Europea

La Unión Europea tiene venticuatro lenguas oficiales, cifra inferior al número de estados miembros, ya que varios de estos estados comparten lenguas. Por ejemplo, se habla **a** .... en Francia, Bélgica y Luxemburgo. El **b** .... es la lengua oficial de Alemania, Austria, Luxemburgo y Bélgica. El **c** .... se habla en los Países Bajos. El **d** .... se habla en Grecia y Chipre.

Pronunciation practice

1 Listen and compare the intonation patterns of these sentences.

01.07

Eres española.	¿Eres española?
Es chileno.	¿Es chileno?
Sois cubanos.	¿Sois cubanos?

Do you notice the difference? Which one in each pair is a question?

The first ones are all statements: the intonation starts low then rises in the middle to show emphasis and falls back down at the end.

The second ones are yes/no questions: the intonation always rises at the end.

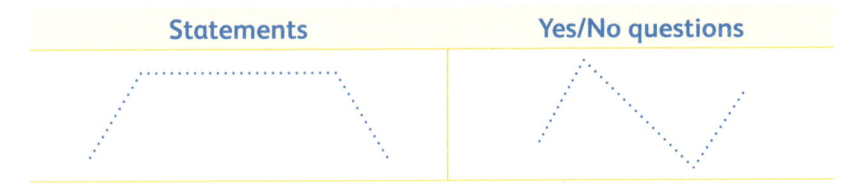

Statements	Yes/No questions

In Spanish, as in English, the easiest way to ask a question is to raise your intonation at the end of the sentence.

2 Listen to five sentences and identify if they are S (statements) or Q (yes/no questions). Then listen again and repeat.

01.08

a S / Q
b S / Q
c S / Q
d S / Q
e S / Q

> Try these tips to improve your pronunciation:
> - Record yourself and compare yourself with a Spanish speaker.
> - When practicing words and sentences, mimic the rising and falling intonation of Spanish speakers.

1 Hola, ¿qué tal?

CONVERSATION 2

¿Hablas inglés o francés? *Do you speak English or French?*

01.09 Here are a few words and expressions to help you understand the conversation.

un pueblo	a village
a setenta kilómetros de Córdoba	seventy kilometers from Córdoba
No entiendo.	I don't understand.
¿Puedes repetir, por favor?	Can you repeat that, please?

01.10

1 Listen to the conversation without looking at the text. Play it a few times and try to make out new words and phrases. Then listen again and read the text.

> Ana, Álvaro, Ximena, and Paul get to know each other during their trip to Madrid. Notice how Ana, Álvaro, Ximena, and Paul talk about their nationality and how Paul asks for clarification when he has trouble understanding.
>
> **Ana** ¿Ximena, eres de México DF?
> **Ximena** No, soy mexicana, de Monterrey.
> **Álvaro** ¿Y tú, Paul?
> **Paul** Soy canadiense, de Montreal.
> **Álvaro** ¿Hablas inglés o francés?
> **Paul** Hablo francés, inglés y un poco de español.
> **Ximena** ¿De dónde eres, Ana?
> **Ana** Soy española, cordobesa. De Lucena, un pueblo a setenta kilómetros de Córdoba.
> **Ximena** Álvaro, y tú, ¿de dónde eres?
> **Álvaro** Soy español, gaditano.
> **Paul** ¿Gadi... qué? No entiendo. ¿Puedes repetir, por favor?
> **Álvaro** Gaditano.
> **Paul** ¿Qué significa gaditano?
> **Álvaro** Gaditano significa de Cádiz, la tacita de plata.
> **Ximena** ¿Tacita de plata?

2 Answer these questions.

  a Where is Ximena from?
  b Is Paul Mexican?
  c Where is Ana from?
  d Where are the Gaditanos from?

> There are different theories about the origins of the name tacita de plata (*little silver cup*). One of them says that, seen from the bay, surrounded by water, the old town of Cádiz looks like a cup on a saucer. And why silver? According to one theory, silver was the color of the Pillars of Hercules which separated the peninsula from África–el estrecho de Gibraltar.

LANGUAGE BUILDER 3

💡 Language discovery 3

Look at the text and complete these phrases.

Ana Soy ...., cordobesa. De Lucena, un pueblo a setenta kilómetros de Córdoba.

Álvaro Soy ...., gatidano.

How are the words expressing nationality different? Why?

Adjectives: gender and number agreement

Unlike English, adjectives in Spanish have gender and number. They can be either masculine or feminine, singular or plural. There are three very basic rules you should take into account.

1. To form the feminine form of a masculine word ending in -o, change the -o to -a.

   A person from México (*Mexico*) can be mexicano (masculine) or mexicana (feminine).

   A person from Rusia (*Russia*) can be ruso (masculine) or rusa (feminine).

2. For the feminine form of a masculine word ending in a consonant, add -a.

   A person from España (*Spain*) can be español (masculine) or española (feminine).

3. Words ending in -a, -e, -i remain unchanged.

   A person from Bélgica (*Belgium*) is belga (masculine and feminine).

   A person from Canadá (*Canada*) is canadiense (masculine and feminine).

   A person from Marruecos (*Morocco*) is marroquí (masculine and feminine).

4. To form the plural, add an -s if the singular forms ends with a vowel and -es or -as if it ends in a consonant: españoles and españolas.

The forms o/a, os/as, as in español/a, españoles/as, and @ (on social media) are increasingly being used in Spain instead of the standard endings when addressing mixed-gender groups to acknowledge the presence of females in an explicit way.

Language practice 3

Match each country with the corresponding nationality.

1. Italia
2. Alemania
3. Francia
4. Perú
5. Marruecos
6. Colombia
7. China

a. francés/francesa
b. colombiano/colombiana
c. italiano/italiana
d. marroquí
e. alemán/alemana
f. chino/china
g. peruano/peruana

1 *Hola, ¿qué tal?*

LANGUAGE BUILDER 4

💡 Language discovery 4

01.11

Listen to the conversation again and repeat each line in the pauses provided. Then read the text and find these phrases. What do you notice about the punctuation?

a How does Paul say he doesn't understand? ....
b How does Paul ask Álvaro to repeat? ....
c How does Paul ask Álvaro the meaning of the word gaditano? ....

Asking for clarification

This list shows some common expressions for seeking clarification and help.

Perdón, no te entiendo.	I'm sorry, I don't understand.
Más despacio, por favor.	More slowly, please.
¿Qué significa...?	What does ... mean?
¿Cómo se deletrea...?	How do you spell ...?

When asking questions that can be answered with sí (yes) and no, the verb is placed at the beginning of the question.

¿Puedes repetir, por favor? –Sí, claro.	Can you repeat, please? –Yes, of course.
¿Eres Ana? –No, soy Ximena.	Are you Ana? –No, I am Ximena.

To ask questions that cannot be answered with sí and no, question words (cómo or qué) are used before the verb.

¿Cómo se dice "please" en español?	How do you say 'please' in Spanish?
¿Qué significa "por favor"?	What does 'por favor' mean?

Language practice 4

1 Write the questions for these answers.

   a No, no soy Eva. Soy María.   ....
   b Me llamo Alejandro.   ....
   c Por favor significa please.   ....
   d Sí, soy española.   ....
   e ese-o-ele.   ....

01.12

2 Now play Conversation 2 again. You are Ximena. Speak in the pauses provided. Try not to refer to the text. Then try to respond as if you were talking about yourself.

SKILL BUILDER

1 Here are some clues about famous Spanish and Latin American people. Complete the table with their personal details and the letter of the correct photo.

	Name	First surname	Second surname	Nationality	Photo
Example	Francisco Miguel	Lindor	Serrano	puertoriqueño	c
1					
2					
3					

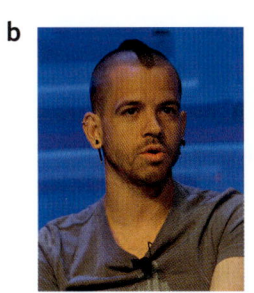

a   b   c   d

Example: He is a professional baseball player. He plays for the New York Mets in Major League Baseball. He was born in Caguas (Puerto Rico).

1 She is an actress. Her recognition in cinema came with the movie *Lucía y el sexo*. She won The Goya Award for best new actress. She was born in Seville.

2 She is a singer, songwriter, producer, actress, and activist. She is considered a Spanish music legend. She was born in California.

3 He is a Spanish chef specializing in nouveau cuisine. In 2021, 2022, and 2023, he was voted the best chef in the world by The Best Chef Awards. He was born in Madrid.

2 Imagine you meet Ana, the main character of the story. Use these prompts and complete your part of the conversation with her.

You	Ask her where she is from.
Ana	Soy española, cordobesa.
You	Ask her what cordobesa means.
Ana	Cordobesa significa "de Córdoba".
You	Ask her to repeat that.
Ana	Cordobesa significa "de Córdoba".
You	Ask her to speak slowly.
Ana	Cor-do-be-sa sig-ni-fi-ca de Cór-do-ba.

1 *Hola, ¿qué tal?*

TEST YOURSELF

1 Find the odd one out.

a español	italiano	brasileña	colombiano
b buenos días	hasta luego	somos	nos vemos
c rumano	treinta y ocho	veinticinco	cuarenta y cinco
d se llaman	me llamo	soy chileno	nos llamamos

2 Put the words in the correct order.

a dice / español / Cómo / en / se / ? / ¿ / thank you /
b ¿ / Xavier / Sois / Carmen / y / ?
c ¿ / deletrea / Cómo / ¿ / Ainhoa / se
d Por / ? / ¿ / repetir / Puedes / favor
e Significa / qué / gracias / ¿ / ?

3 Match the questions from 2 with these answers.

a a-i-ene-hache-o-a ....
b Thank you en español es gracias. ....
c Gracias significa thank you. ....
d Sí, claro. Soy cordobesa. ....
e No, somos Paco y Jasmin. ....

4 Write the following sentences in Spanish.

a My name is Ekaterina. I am Russian. ....
b I am Fátima. I am Moroccan. ....
c My name is Dong. I am from China. ....
d His name is Andrei. He is Romanian. ....
e We are Aitana y and Ainhoa. We are Spanish. ....
f Are you Raquel Rodríguez Fernández? –No, I am Isabel Rodríguez Fernández. ....
....

5 Complete these sentences with suitable words and phrases.

¿Cómo **a** ....? Se llama Shakira. Es **b** .... Habla **c** ....
¿ **d** .... Manuel? No, soy Antonio. Más despacio, **e** .... Perdón, no
f .... ¿Puedes **g** ....? Hola, **h** .... ¿Cómo os
i .... Yo **j** .... Triana. Él **k** .... Marc. Yo soy de Madrid.
Marc es catalán. Yo hablo **l** .... Marc habla **m** .... y **n** ....

Before you move on to the next unit, assess your progress using the **My review** section on the first page of the unit, and reflect on your learning experience with the **My takeaway** section available online.

2

In this lesson you will learn how to:
» Talk about professions and workplaces using **ser** and **trabajar**
» Talk about essential characteristics as opposed to temporary states using **ser** and **estar**
» Talk about what you like to do in your free time using **gustar** + infinitive
» Express agreement with what has just been said using **también** and **tampoco**

Vamos a conocernos mejor

My study plan

I plan to work with Unit 2
○ Every day
○ Twice a week
○ Other _____

I plan to study for
○ 5–15 minutes
○ 15–30 minutes
○ 30–45+ minutes

My progress tracker

Day / Date

My goals

What do you want to be able to do or say in Spanish when you complete this unit?   **Done**

1 .... ○
2 .... ○
3 .... ○

My review

SELF CHECK	
	I can ...
○	... talk about professions and workplaces using ser and trabajar.
○	... talk about essential characteristics as opposed to temporary states using ser and estar.
○	... talk about what I like to do in my free time using gustar + infinitive.
○	... express agreement with what has just been said using también and tampoco.

2 *Vamos a conocernos mejor*

CULTURE POINT 1

Españoles famosos *Famous Spanish people*

Deportistas (*athletes*), cantantes (*singers*), actores or actrices (*actors*), etc. In which professions do Spanish people stand out? Have you ever heard of Rafa Nadal, Alejandro Sanz or Penélope Cruz? Probably.

Rafa Nadal is considered the best tenista (*tennis player*) in history on clay courts and one of the best of all time, only to be succeeded by Carlos Alcaraz. Alejandro Sanz is a cantante (*singer*) and compositor (*songwriter*). He has won 24 Latin and 4 American Grammy Awards. Penélope Cruz is an actriz (*actress*). She is the first actriz española to win an Oscar for Best Supporting Actress.

Perhaps less known, but no less important, are names such as Dabiz Muñoz, who was named best cocinero (*chef*) in the world; María Blasco, one of the most internationally recognized Spanish científicas (*scientists*) and the first female scientist to win the Josef Steiner Prize; Amancio Ortega, empresario (*businessman*) and propietario (*owner*) of Zara, the second largest international fashion brand, and one of the richest men in the world.

What other famous people from Spain do you know and what have they excelled in?

> Take a look at the website for the Fundación Amancio Ortega. Since 2001 this non-profit organization has aimed to contribute to a model of society that offers equal opportunities to everyone. What kinds of projects do they run?

VOCABULARY BUILDER 1

02.01

Look at the words and phrases and complete the missing English words and expressions. Then listen and try to imitate the pronunciation of the speakers.

PROFESIONES Y LUGARES DE TRABAJO	PROFESSIONS AND WORKPLACES
¿A qué te dedicas?	What do you do for a living?
¿Cuál es tu profesión?	What is your profession?
el/la abogado/a	lawyer
el/la cantante	....
el/la comercial	salesperson
el/la deportista	....
el/la empresario/a	....
el actor/la actriz	....
el/la artista	....
el/la tenista	....
el/la compositor/a	....
el/la cocinero/a	....
el/la arquitecto/a	architect
el/la científico/a	....
el/la enfermero/a	nurse
el/la taxista	taxi driver
el/la ingeniero/a	....
el/la político/a	....
el/la médico/a	doctor
el/la pintor/a	painter
el/la profesor/a	professor
el/la programador/a	....
¿Dónde trabajas?	Where do you work?
la empresa	company
la oficina/el despacho	office
la fábrica, el hospital	factory, hospital

> All Spanish nouns have a gender. Nouns ending in -o are masculine and those in -a are feminine: médico/médica, profesor/profesora. Words ending in -a or -e have a single form for both genders: taxista, tenista, cantante can be masculine or feminine. However, in some cases the masculine and the feminine forms are quite different: actor (masculine)/actriz (feminine).

Vocabulary practice 1

1 Complete these sentences using professions from the list.

   a Aitana es ....   b Iker es ....   c Carmen es ....   d Marc es ....

2 Match the people in Exercise 1 with their workplaces.

   a despacho de abogados   b colegio   c hospital

2 *Vamos a conocernos mejor* 17

CONVERSATION 1

Una noticia inesperada *Unexpected news*

02.02 Here are a few words and expressions to help you understand the conversation.

cerca	nearby/close to	cuéntanos	tell us
pero	but	empresa de un amigo	a friend's company
creo que mi vida puede cambiar un poco	I think my life may change a bit	danos una pista	give us a clue

02.03 **1** Listen to the conversation without looking at the text. Play it a few times and try to make out new words and phrases each time. Then listen again and read the text.

> Ana and Álvaro become fast friends. They are now both in Madrid and meeting for cañas (*beers*) at a local bar. Paula, Álvaro's girlfriend, is joining them. Ana shares some news that may give her life an unexpected turn. Note the verb they use to talk about their professions.
>
> **Ana** ¿A qué te dedicas?, ¿dónde trabajas?
>
> **Paula** Soy médica.
>
> **Ana** Guau. Y Álvaro es asistente de márketing.
>
> **Álvaro** Sí, pero trabajamos cerca. Paula trabaja en el Hospital de la Paz y yo trabajo en una multinacional en las Cinco Torres.
>
> **Ana** Qué bien.
>
> **Paula** ¿Y tú, Ana? ¿Dónde trabajas?
>
> **Ana** Bueno... yo trabajo en tecnologías de la información, en la empresa de un amigo en Córdoba, pero...
>
> *Ana does not finish her sentence and her friends wait expectantly.*
>
> **Álvaro** ¿pero...?
>
> **Ana** ... pero creo que mi vida puede cambiar un poco.
>
> **Paula** Cuéntanos.
>
> **Álvaro** Danos una pista.
>
> **Ana** Umm... Una pista: busco un cocinero.

> Cinco Torres Business Area (CTBA) is a business park in Madrid's La Paz neighborhood, in the north of the city.

2 Complete the table based on the conversation.

	profesión	lugar de trabajo
Álvaro		
Paula		

18

LANGUAGE BUILDER 1

💡 Language discovery 1

Look at the conversation again and complete the verb endings.

a Yo trabaj..................... en una multinacional en Las Cinco Torres.
b Trabaj..................... cerca.
c Paula trabaj..................... en el Hospital de La Paz.
d ¿Y, tú, Ana? ¿Dónde trabaj.....................?

What do you notice? Why do you think the verb endings are different?

Present tense (-ar verbs)

Spanish verbs have a different form depending on the subject (soy, eres, es, somos, sois, son). They do not need a pronoun. In English, you only see a change in the *he/she/it* form—*I work, she works.* Ser is an irregular verb but most verbs are regular.

Regular verbs fall into one of three groups, based on their ending: -ar, -er, -ir. Trabajar (*to work*) is a regular verb ending in -ar. To change trabajar according to its subject, remove the -ar and replace it with a personal ending, as in the table.

Here are three regular -ar verbs: trabajar (*to work*), hablar (*to speak*), and buscar (*to look for*).

Study the forms of trabajar. Complete the table for the verbs hablar and cantar.

	trabajar	**hablar**	**buscar**
(yo)	trabaj**o**	habl**o**	d ....
(tú)	trabaj**as**	a	busc**as**
(él/ella)	trabaj**a**	habl**a**	e ....
(nosotros/as)	trabaj**amos**	habl**amos**	f ....
(vosotros/as)	trabaj**áis**	b	busc**áis**
(ellos/as)	trabaj**an**	c	busc**an**

¿Trabajáis en Barcelona? *Do you work in Barcelona?*
Hablamos inglés y francés. *We speak English and French.*
Busco un médico. *I am looking for a doctor.*

Language practice 1

Complete the sentences using trabajar, hablar or buscar.

a Yo .... en un colegio.
b Ellos .... castellano y gallego.
c Ana .... un cocinero.
d Nosotros .... en un despacho.
e ¿..................... español, Pedro?
f ¿Qué lenguas .... Pedro y tú?

2 *Vamos a conocernos mejor*   19

LANGUAGE BUILDER 2

💡 Language discovery 2

Listen to the conversation again and repeat each line in the pauses provided. Then read the conversation again and complete the sentences. Can you find any difference between the uses of the article in sentences a and d versus the uses of the article in sentences b and c?

a Trabajo en .... multinacional en las Cinco Torres.
b Trabajo en .... hospital de La Paz.
c Trabajo en .... empresa de un amigo.
d Busco .... cocinero.

Articles: definite (el/la) and indefinite (un/una)

Like English, Spanish nouns are usually used with un artículo (*an article*). El artículo indefinido (*the indefinite article*) is equivalent to *a*, *an* or *some* in English. Indefinite articles are used to talk about something in a general, non-specific way. For example, when Álvaro says una multinacional en las Cinco Torres, he is not specifying which multinacional he is referring to. When Ana says she is looking for un cocinero, she doesn't have a specific person in mind, just the role she needs to fill.

Articles, like adjectives, agree in gender and number with the noun.

Un cocinero español   *A Spanish chef*
Una cocinera española   *A female Spanish chef*
Unos cocineros españoles   *Some Spanish chefs*
Unas cocineras españolas   *Some female Spanish chefs*

The indefinite articles in Spanish are:

	masculine	feminine
singular	un	una
plural	unos	unas

When talking about something specific, previously mentioned or already familiar to the speakers, the definite article is used instead. Compare, for example, Busco un cocinero with El cocinero de La Bola es excelente! (*The cook at La Bola is excellent!*). When Paula says Trabajo en el hospital de La Paz, she is referring to a specific hospital. The definite articles in Spanish are:

	masculine	feminine
singular	el	la
plural	los	las

Note that the definite article is used with the days of the week.

El jueves es mi cumpleaños.   *Thursday is my birthday.*
El domingo es el 2 de julio.   *Sunday is July 2nd.*

Language practice 2

1 Complete with the appropriate forms of the definite and indefinite articles.

Example: Javier Bardem es un actor español. Es el protagonista (*main character*) de la película (*movie*) El buen patrón.

    a Carolina Herrera es .... diseñadora y empresaria venezolana. Es .... fundadora (*founder*) de .... marca de moda (*fashion brand*) Carolina Herrera.
    b Amancio Ortega es .... empresario español. Es .... propietario de .... tiendas de Zara.
    c Isabel Allende es .... escritora (*writer*) chilena. Es .... autora (*author*) de El viento conoce mi nombre.
    d .... miércoles trabajo en casa (*at home*).
    e .... veintiocho de noviembre es lunes.

> Use the preposition **en** to indicate where something happens.
> Trabaja **en** un hospital. Trabajas **en** un despacho de abogados.

2 Now create your own sentences to describe the professions of people you know.

Example: Javier es un enfermero. Trabaja en un hospital.

    a ....
    b ....
    c ....
    d ....
    e ....

3 Now play Conversation 1 again and play Ana's role. Speak in the pauses provided. Try not to refer to the text.

02.05

CULTURE POINT 2

Tiempo libre *Free time*

Based on a 2020 study by Ipsos, ver series o películas (*watching series or movies*), viajar (*traveling*), and leer (*reading*) are the main aficiones (*hobbies*) in Spain. A 2022 study by GoStudent focusing on millennials and Generation Z reveals that socializar (*socializing*), pasar tiempo con la familia y amigos (*spending time with family and friends*), and jugar a videojuegos (*playing video games*) compete for first place in their aficiones.

Two out of three people in Spain consider aficiones and their tiempo libre (*free time*) essential to their happiness. However, only 2% of them devote themselves to their aficiones professionally, and 42% do not want to make their passion their job because it would become a routine and then cease to be fun.

One thing is certain: aficiones are meant to be shared, as 60% of respondents said they prefer to enjoy their favorite pastimes in company, and two out of three said that they regularly do this in digital environments: on social networks, with blogs.

La Latina is a lively neighborhood located in the grounds of a medieval Islamic fortress. La Cava Alta and La Cava Baja are the most characteristic and popular streets of this neighborhood. La Cava Baja leads to the Puerta Cerrada Square. In this square, there is a large mural on which you can read: *Fui edificada sobre agua, mis muros de fuego son*. Do you want to know what it means? Check out this website to learn more.

VOCABULARY BUILDER 2

Look at the words and phrases and complete the missing English words and expressions. Then listen and try to imitate the pronunciation of the speakers.

AFICIONES	HOBBIES
¿Qué te gusta hacer?	What do you like to do?
Me gusta…	I like …
leer el periódico	to read the newspaper
un libro	a book
una revista	a magazine
ver la televisión	to watch …………………
una película	a movie
escuchar música	to listen to …………………
la radio	the …………………
una canción	a song
ir a un bar	to go to a bar
una discoteca	a …………………
un café	a …………………
un restaurante	a …………………
ir de compras	to go shopping
de paseo	for a walk
de excursión	on a field trip
tomar un café	to have a coffee
una caña	a beer
una copa	a drink
viajar	to travel
socializar	to socialize
pasar tiempo con la familia	to spend time with …………………
salir con amigos/as	to go out with friends (m/f)
jugar a videojuegos	to play video games
correr	to run
cocinar	to cook
hacer deporte	to play sports
invitar	…………………
a mí también	me too
a mí tampoco	me neither

> Cognados (*cognates*) are words that look similar in English and Spanish and have the same meaning, e.g. música (*music*), parque (*park*) or socializar (*to socialize*). Recognizing them is a great reading and listening skill. There are hundreds of Spanish cognados.

2 *Vamos a conocernos mejor*   23

Vocabulary practice 2

Complete with the verbs related to hobbies and también or tampoco.

a Me gusta escuchar música.
    –A mí ....
b Nos gusta ir de paseo.
    –A nosotros ....
c No me gusta hacer deporte.
    –A mí ....
d Nos gusta jugar a videojuegos.
    –A nosotros ....

> **También** expresses agreement with positive statements.
> Soy español. –Yo también.
> *I am Spanish. –Me too./So am I*
> **Tampoco** expresses agreement with negative statements.
> No hablo catalán. –Yo tampoco.
> *I don't speak Catalan. –Me neither./Neither do I.*

Pronunciation practice

1 Listen and compare the intonation patterns of these sentences.
02.07

¿Qué te gusta hacer el fin de semana?   ¿Te gusta viajar?
¿Cómo te llamas?   ¿Te llamas Amir?
¿Dónde trabajas?   ¿Trabajas en las Cinco Torres?

Do you notice the difference? The first phrase in each pair is a *wh question*—the intonation starts low then goes up in the middle to show emphasis and falls back down at the end. The second phrase in each pair is a *yes/no question*: the intonation always rises at the end.

Wh questions	Yes/No questions

2 Listen to five questions. Notice their intonation and identify whether each is a wh- question (Wh-Q) or yes/no question (YNQ).
02.08

a Wh-Q / YNQ
b Wh-Q / YNQ
c Wh-Q / YNQ
d Wh-Q / YNQ
e Wh-Q / YNQ

3 Listen to the five sentences again and repeat in the pauses provided.
02.09

CONVERSATION 2

Misterio desvelado *Mystery unveiled*

Here are a few words and expressions to help you understand the conversation.

Aquí estoy yo.	*Here I am.*	No es mal sitio.	*It's not a bad location*
Es un regalo.	*It's a gift.*	Vamos a verlo	*Let's see it.*
contento/a	*happy*	No tengo nada	*I have nothing better*
Déjanos ayudarte.	*Let us help you.*	mejor que hacer hoy.	*to do today.*

1 Listen to the conversation without looking at the text. Play it a few times and try to make out new words and phrases. Then listen again and read the text.

> Ana has just surprised Álvaro and Paula. It seems that there is going to be a change in her professional life. What might Ana's new occupation be? Where is she going to work? Notice the use of the verb to talk about emotions and the one used to say what they like.
>
> **Álvaro** ¿Un cocinero? Aquí estoy yo.
> **Ana** ¿Te gusta cocinar?
> **Álvaro** Me encanta cocinar.
> **Ana** A mí también, pero… no: busco un cocinero profesional.
> **Paula** Buscas un cocinero profesional. Entonces eres…
> **Ana** … propietaria de un restaurante. Es un regalo.
> **Álvaro** Guauu. ¿Estás contenta?
> **Ana** Síií.
> **Paula** Déjanos ayudarte. ¿Dónde está el restaurante?
> **Ana** Está en la calle…
> *Ana takes out her phone to look up the exact name of the street.*
> **Ana** Cava Baja 43, en La Latina.
> **Álvaro** ¿La Latina? No es mal sitio.
> **Paula** Vamos a verlo. No tengo nada mejor que hacer hoy.
> **Álvaro** Yo tampoco. Vamos.

2 Complete the paragraph with the words in the box.

busca	regalo	también	está	le gusta	un	propietaria

A Álvaro **a** .... cocinar. A Ana **b** .... pero Ana **c** .... un cocinero profesional. Ana es **d** ..../de **e** .... restaurante. Es un **f** .... El restaurante **g** .... en La Latina.

2 *Vamos a conocernos mejor*

LANGUAGE BUILDER 3

💡 Language discovery 3

Look at the conversation again and find these phrases. What does estás/está mean?

a How does Álvaro ask Ana if she is happy: ¿......................?
b How does Paula ask where the restaurant is: ¿......................?

The verb estar (to be)

There are two verbs that mean *to be*: ser and estar. Ser is used to talk about what something or someone *is*, for example an essential or permanent characteristic, such as their identity (soy Paula), nationality (soy española), and profession (soy médica).

Estar is used to talk about a temporary, passing state, and to express emotions (estoy contenta). A common way to greet someone is ¿Cómo estás? (*How are you?*) and they might answer Estoy bien, gracias (*Fine, thank you*). Estar is also used to describe marital status: estoy casada (*I am married*) or estoy soltera (*I am single*).

Estar is regular in the present tense, except for the yo form: estoy.

estar (to be)

(yo) estoy	I am	(nosotros/nosotras) estamos	we are
(tú) estás	you are	(vosotros/vosotras) estáis	you are
(él/ella) está	he/she/it is	(ellos/ellas) están	they are

¿Estáis contentas? –Sí, estamos muy contentas. *Are you all happy? –Yes, we are very happy.*

Estar is also used to express location: Está en la Cava Baja. *It is in the Cava Baja.*

Language practice 3

1 Complete the sentences with the different forms of the verb estar.

   a Alex .... en Madrid, pero María y Marta .... en Segovia.
   b Iker, ¿Juan y tú .... casados?
   c No, ... solteros.
   d ¿Y tú? ¿.................... casada?
   e Sí, yo .... casada.

2 Complete these sentences with the correct form of ser or estar. Can you guess who the people are?

   a Soy español, de Murcia. .... soltero. .... tenista profesional.
   b .... español, madrileño. .... casado. .... chef.
   c ¿.................... españolas?
   d Sí, ... españolas. .... solteras.

LANGUAGE BUILDER 4

💡 Language discovery 4

Listen to the conversation again and repeat each line in the pauses provided. Then look at the conversation again and find the phrases.

a How does Ana ask Álvaro if he likes cooking? ¿......................?
b How does Álvaro respond? ....

What are the verbs used in Spanish to express liking?

Likes and dislikes with (no) me gusta

To express likes or dislikes, Spanish uses the verb gustar (*to like*).

| Me gusta cocinar. | I like cooking. |
| No me gusta cocinar. | I don't like cooking. |

The verb gustar (*to like*) is a regular verb, but only two forms are used: the third person singular gusta and the plural gustan. Use the singular form gusta when the verb is followed by an infinitive or a singular noun and the plural when it is followed by a plural noun. The meaning of this verb is closer to *this is pleasing to me*.

me gusta	I like	Ainhoa, ¿qué te gusta hacer el fin de semana?	Ainhoa, what do you like to do at the weekend?
te gusta	you like		
le gusta	he/she likes	–Me gusta salir con amigos o ir a la discoteca.	–I like to go to dinner with friends or to a night club.
nos gusta	we like		
os gusta	you like	Y a tu hermano, Iker, ¿le gusta quedar con amigos?	And your brother, Iker, does he like to meet friends?
les gusta	they like		
		–No, a Iker le gusta quedarse en casa. Le encantan las películas y las series.	–No, Iker likes to stay at home. He loves movies and series.
		Y, ¿os gusta viajar?	And do you like to travel?
		–Sí, a los dos nos gusta viajar.	–Yes, we both like to travel.

The verb encantar (*to love*) works the same way. Use it to express stronger liking.

| Me encanta hacer deporte. | I love to play sports. |

Note that, in these cases, you can use both the name (introduced by a) and the pronoun.

| A Álvaro le gusta cocinar. | Álvaro likes cooking. |
| A María le gustan las series. | María likes series. |

2 *Vamos a conocernos mejor*   27

Language practice 4

1 Listen to two friends talking about what they like to do on the weekend. Indicate the activities each enjoys.

	invitar a amigos a casa	correr	hacer deporte	leer	ver una serie	cocinar
Inés						
Álex						

2 Now play Conversation 2 again and play Álvaro's role. Speak in the pauses provided. Try not to refer to the text.

SKILL BUILDER

1 Put the words in the correct order.

a te / A / ¿ / qué / ? / dedicas
b trabaja / Marc / ¿ / Dónde / ?
c Huan / series / ? / gustan / ¿ / te / las
d ¿ / jueves / casa / en / ¿ / ? / Trabajáis / el
e hacer / te / Qué / sábados / los / ¿ / gusta / ? / noche / por / la

2 Match the questions from 1 with these answers.

a Sí, me encantan las series.
b Soy ingeniera.
c Marc trabaja en las Cinco Torres.
d No, el jueves trabajo en la oficina.
e Los sábados por la noche me gusta quedar con mis amigos.

3 Read the description of Álvaro on the *Let's Talk* platform and decide if these statements are *true* (verdadero) or *false* (falso).

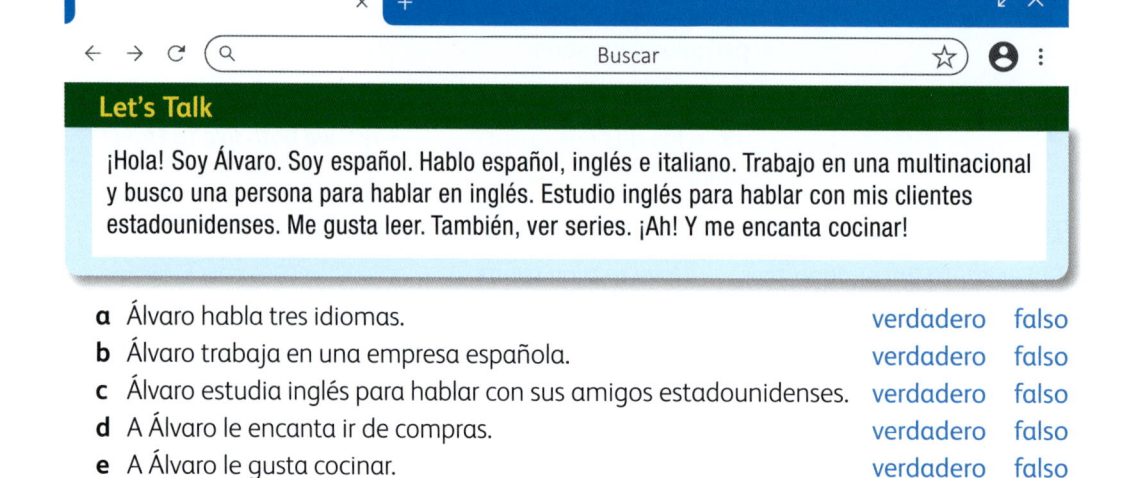

Let's Talk

¡Hola! Soy Álvaro. Soy español. Hablo español, inglés e italiano. Trabajo en una multinacional y busco una persona para hablar en inglés. Estudio inglés para hablar con mis clientes estadounidenses. Me gusta leer. También, ver series. ¡Ah! Y me encanta cocinar!

a Álvaro habla tres idiomas. — verdadero / falso
b Álvaro trabaja en una empresa española. — verdadero / falso
c Álvaro estudia inglés para hablar con sus amigos estadounidenses. — verdadero / falso
d A Álvaro le encanta ir de compras. — verdadero / falso
e A Álvaro le gusta cocinar. — verdadero / falso

TEST YOURSELF

1 Find the odd one out.

el	a cocinero	b médico.	c cantante	d profesora
los	a ingenieros	b tenistas	c abogadas	d astronautas
la	a arquitecto	b política	c deportista	d empresaria
las	a comerciales	b compositores	c cocineras	d taxistas

2 Complete the sentences with cómo, cuál, dónde y qué.

a ¿..................... trabajas?
b ¿..................... te llamas?
c ¿..................... es tu profesión?
d ¿..................... te gusta hacer el fin de semana?

3 Complete with the appropriate endings or words.

a ¿Habl.......... español y japonés?
b Marta, Mireia, ¿trabaj.......... el hospital de Fuenlabrada?
c .... 30 de marzo es lunes.
d ¿Os gusta cocin..........?
e Me encanta viajar.
  —A mí ....
f No me gusta ver la televisión.
  —A mí ....

Before you move on to the next unit, assess your progress using the **My review** section on the first page of the unit, and reflect on your learning experience with the **My takeaway** section available online.

3

In this lesson you will learn how to:
» Talk about your family and friends.
» Describe a person's appearance and character using **ser** and **tener**.
» Say how old you are.
» Use the Spanish polite form **usted**.

Esta es mi gente

My study plan

I plan to work with Unit 3
○ Every day
○ Twice a week
○ Other _____

I plan to study for
○ 5–15 minutes
○ 15–30 minutes
○ 30–45+ minutes

My progress tracker

Day / Date	🎧	🎤	📖	✏️	💬
	○	○	○	○	○
	○	○	○	○	○
	○	○	○	○	○
	○	○	○	○	○
	○	○	○	○	○
	○	○	○	○	○
	○	○	○	○	○

My goals

What do you want to be able to do or say in Spanish when you complete this unit?   Done

1 .... ○
2 .... ○
3 .... ○

My review

SELF CHECK	
	I can ...
○	... talk about my family and friends.
○	... describe a person's appearance and character using **ser** and **tener**.
○	... say how old I am.
○	... use the Spanish polite form **usted**.

CULTURE POINT 1

La ley de Familias *The Family Law*

The concept of familia (*family*) has been changing in recent times. In Spain, the new Family Law aims to recognize the diversity of families and to extend benefits with new paid leave for the care of hijos (*children*), padres (*parents*), and convivientes (*cohabitants*).

The key to this law is in its name. It no longer speaks of a single-family model, the traditional matrimonio (*marriage*) between a man and a woman. Now, among others, we speak of biparental (*two-parent*) or monoparental (*single-parent*) families, familias reconstituidas (*step- or blended families*), familias con necesidades de apoyo a la crianza (*families with child-rearing support needs*), a new term that replaces the traditional familias numerosas (*large families*), to include more situations. The law also recognizes familias residentes en el medio rural (*families living in rural areas*), familias inmigrantes (*immigrant families*) and familias interculturales (*intercultural families*).

Among the new measures, the law introduces an eight-week leave for padres con hijos (*fathers with children*) up to eight years of age, or the right to 15 days' leave for parejas de hecho (*unmarried couples*) when they formalize their relationship at the registry office.

Get to know Spain's royal family, a branch of the House of Bourbon, headed by King Felipe VI. Spain is a constitutional monarchy and the sovereign is considered head of state and commander-in-chief. The monarchy is referred to as La Corona (*the Crown*).

3 *Esta es mi gente*

VOCABULARY BUILDER 1

03.01

Look at the words and phrases and complete the missing English words and expressions. Then listen and try to imitate the pronunciation of the speakers.

RELACIONES FAMILIARES	FAMILY RELATIONSHIPS
¿Quiénes son?	Who are they?
¿Quién es?	Who is it?
la madre/mamá	....
el padre/papá	father/dad
la madre soltera/el padre soltero	single mother/father
los padres	....
el/la hijo/a	son/daughter
la hija única/adoptada	only/adopted daughter
el hijo único/adoptado	only/adopted son (child)
el/la hermano/a	....
el marido	husband
la mujer	wife
la pareja	partner (m and f)
el/la novio/a	boyfriend/girlfriend
el/la abuelo/a	....
el/la tío/a	uncle/aunt
el/la nieto/nieta	grandson/granddaughter
el/la sobrino/sobrina	nephew/niece
el/la cuñado/a	brother/sister-in-law
el/la suegro/a	father/mother-in-law
el/la primo/a	cousin (m/f)

TIPOS DE FAMILIA	TYPES OF FAMILIES
la familia directa	immediate family
la familia extensa	extended family
la familia biparental	....
la familia monoparental	....
vivir juntos	to live together
convivir	to live together

32

Vocabulary practice 1

1 Complete the sentences with these words. There are two extra words.

abuela	abuelo	exmujer	hermanas	hermanos
hijo adoptado	hijos	madres	padre	tía

a Hola, soy Daniel. En mi familia, somos seis. Mi padre, Daniel, mi madre, Isabel y mis .... Álex, Javi, Lola y yo. Álex y Javi son .... de mi madre y su exmarido. Lola es hija de mi padre y su .... Yo soy hijo de Daniel e Isabel.

b Soy Elena. En mi familia somos solo tres: mi madre, la madre de mi madre—mi ....- y yo.

c Me llamo Huan, soy chino. Soy .... Mi padre se llama Hasan. Es marroquí. Mi madre se llama Diana. Es española.

d Soy Luna. Mis .... se llaman Clara y Marcela.

e Soy Alba. Mi .... se llama Antonio. Mi madre se llama Letizia. Mis .... se llaman Inés, María, Ainhoa y Miriam.

2 Match each family with its type.

a familia de Daniel
b familia de Elena
c familia de Huan
d familia de Luna
e familia de Alba

1 familia intercultural
2 familia reconstituida
3 familia monoparental
4 familia LGBTQIA+ biparental
5 familia numerosa

CONVERSATION 1

Os presento a mi familia *Meet my family*

🎧 03.02

Here are a few words and expressions to help you understand the conversation.

Aquí estamos.	Here we are.
Vamos a entrar.	Let's go inside.
¿Qué os parece?	What do you think?
muy acogedor	very cozy
Y esta foto… ¿quiénes son?	And this photo … who are they?
tiene mucho que ver con	has a lot to do with
Mi tío Farid murió el año pasado.	My uncle Farid passed away last year.
Esa es otra historia para otro día.	That's a story for another day.

1 **Listen to the conversation without looking at the text. Then listen again and read the text.**

03.03

> Ana, Álvaro, and Paula are at Cava Baja, 43. The name of the restaurant, El Rincón de Ana, makes Ana smile, but there is another sign Se vende (*For sale*). Notice the words used to express possession and the different forms of the verb vivir (*to live*).
>
> **Álvaro** Aquí estamos: Cava Baja, 43.
>
> **Paula** El Rincón de Ana.
>
> *At the mention of the name of the restaurant, Ana smiles.*
>
> **Ana** Sí, vamos a entrar.
>
> *Ana, Álvaro, and Paula enter the restaurant.*
>
> **Ana** ¿Qué os parece, chicos? ¿Os gusta?
>
> **Paula** Sí, es muy acogedor.
>
> **Álvaro** Y esta foto, Ana, ¿quiénes son?
>
> **Ana** Los padres de mi padre: mi abuela, Paca, y mi abuelo, Hassan.
>
> **Paula** ¿Y esta foto?
>
> **Ana** Son mis padres, Julián y Elena.
>
> **Álvaro** ¿Y esta? ¿Quién es él?
>
> **Ana** Es mi tío Farid.
>
> **Álvaro** Guau ¡qué familia tan grande!
>
> **Ana** Sí, y también internacional. Mi abuela es cordobesa, de Lucena. Mi abuelo, Hassan, es marroquí, de Marrakech. Mi padre y su hermano son franceses. Mis abuelos viven en Lucena, mis padres y yo también vivimos en Lucena.
>
> **Paula** ¿Y tu tío Farid? ¿También vive en Lucena?
>
> **Ana** Mi tío Farid murió el año pasado. Él tiene mucho que ver con este restaurante. Pero... esa es otra historia para otro día.

2 **Decide if these statements are *true* (verdadero) or *false* (falso). Correct the false ones.**

a A Álvaro y a Paula les gusta El Rincón de Ana.   verdadero   falso
b Paca, la abuela de Ana, es cordobesa.   verdadero   falso
c Julián y Elena, los padres de Ana, viven en Marrakech.   verdadero   falso
d Hassan, el abuelo de Ana, es marroquí.   verdadero   falso
e Farid, el tío de Ana, vive en Lucena.   verdadero   falso

LANGUAGE BUILDER 1

💡 Language discovery 1

Complete the sentences in which Ana introduces her family to her friends.

Ana   Los padres de **a** .... padre: **b** .... abuela, Paca, y

c .... abuelo Hassan.

Paula   ¿Y esta foto?

Ana   Son **d** .... padres, Julián y Elena.

What do you think the missing words mean? Why are they different?

Possessive adjectives: mi, tu, nuestro...

Possessive adjectives are used to show ownership. Like all adjectives in Spanish, they agree with the noun that follows. Mi, tu, and su have singular and plural forms:

mi hermano	*my brother*	mis hermanos	*my brothers*
tu abuela	*your grandmother*	tus abuelas	*your grandmother*
su tía	*her aunt*	sus tías	*her aunts*

Here are all the possessive adjectives:

	my	your	his/he	our (m/f)	your (m/f)	their
singular	mi	tu	su	nuestro/nuestra	vuestro/vuestra	su
plural	mis	tus	sus	nuestros/nuestras	vuestros/vuestras	sus

Nuestro and vuestro have different masculine and feminine forms, and singular and plural:

nuestro hermano	*our brother*	nuestra hermana	*our sister*
nuestros hermanos	*our brothers*	nuestras hermanas	*our sisters*

Ownership can also be expressed by using the preposition de and the possessor.

la tía de Ana	*Ana's aunt*	la hermana de Álex	*Alex's sister*

Possessive adjectives can also be used to talk about objects, as well as people:

nuestra historia	*our story*	sus fotos	*his/her/their photos*

Do you remember the question ¿Quiénes son (*Who are they?*) from the conversation?

Quiénes means *who* and it is plural. The singular form is quién:

¿Quién es Ana Olivas?	*Who is Ana Olivas?*
¿Quiénes son Álvaro y Paula?	*Who are Álvaro and Paula?*

3 *Esta es mi gente*

Language practice 1

1 Read the family descriptions. Then ask the questions.

Example:
> Hola, soy Daniel. En mi familia, somos seis. Mi padre, Daniel, mi madre, Isabel y mis hermanos Álex, Javi, Lola y yo. Álex y Javi son hijos de mi madre y su exmarido. Lola es hija de mi padre y su exmujer. Yo soy hijo de Daniel e Isabel.

Imagine you meet Álex and Javi. Ask them who their mother is. ¿Quién es vuestra madre?

a Soy Elena. En mi familia somos solo tres: mi madre, la madre de mi madre—mi abuela—y yo. Somos familia monoparental.

Imagine you meet Elena's grandmother. Ask her who her granddaughter is.

b Me llamo Huan, soy chino. Soy hijo adoptado. Mi padre se llama Amir, es marroquí. Mi madre se llama Diana. Es española.

Imagine you meet Amir and Diana. Ask them who their son is.

2 Complete Daniel's, Elena's grandmother's, Amir's, and Diana's answers.

Example: *Nuestra* madre es Isabel.

a .... hermanos son Álex y Javi.

b .... nieta es Elena.

c .... hijo es Huan.

LANGUAGE BUILDER 2

💡 Language discovery 2

03.04

Listen to the conversation again and repeat each line in the pauses provided. Then read the conversation again and complete these sentences.

Ana Sí, y también internacional. Mi abuela es cordobesa, de Lucena. Mi abuelo es marroquí, de Marrakech. Mi padre y su hermano, franceses. Mis abuelos viv **a** .... en Lucena, mis padres y yo también viv **b** .... en Lucena.

Paula ¿Y tu tío Farid? ¿También viv **c** .... en Lucena?

What do you notice? How do the verb endings change?

Actions in the present: -er and -ir verbs

Remember that all Spanish verbs change to show who is performing the action. You already know how to form the first group of regular verbs, those ending in -ar like trabajar. Now let's look at the second and third groups: verbs ending in -er, like leer (*to read*), and -ir, like vivir (*to live*). Simply replace the -er and -ir endings with the appropriate personal ending.

	(yo)	(tú)	(él/ella)	(nosotros/as)	(vosotros/as)	(ellos/as)
le-er	le-o	le-es	le-e	le-emos	le-éis	le-en
viv-ir	viv-o	viv-es	viv-e	viv-imos	viv-ís	viv-en

Notice that the -er and -ir endings are the same for both groups, except for the nosotros and vosotros forms: -emos/-imos and -éis/-ís.

¿Lees el blog todos los días? Do you read the blog every day?

¿Vivís en Valencia? Do you live in Valencia?

Language practice 2

1 Complete these sentences about how different people study foreign languages. Use these verbs: leer (*to read*), comprender (*to understand*) and escribir (*to write*).

   a Dong y yo .... un blog en español todas las semanas.
   b Yo ya .... expresiones básicas (basic expressions) en español.
   c Sheila .... en un foro de intercambio con españoles.
   d ¿................... los podcast en español, Elissa?
   e Camile .... libros en español.
   f Yo .... mensajes a Carlos en español.
   g Thomas y yo .... a nuestros amigos colombianos.
   h ¿..................., Chloe y tú, novelas en español?
   i Manuela, ¿................... el significado del texto?
   j .... a mis amigos españoles cuando hablan despacio (when speaking slowly).

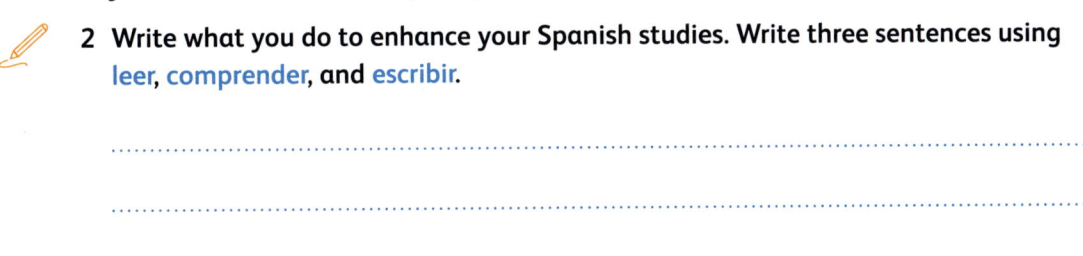

2 Write what you do to enhance your Spanish studies. Write three sentences using leer, comprender, and escribir.

....

....

....

3 Now play Conversation 1 again and play Ana's role. Speak in the pauses provided. Try not to refer to the text.

03.05

3 *Esta es mi gente* 37

CULTURE POINT 2

El cine en el ADN *Cinema in the DNA*

Javier Bardem is one of Spain's best-known actores, appreciated for his talent as well as his looks—he is alto (*tall*), moreno (*dark*), and guapo (*good-looking*)! He is also inconformista (*non-conformist*) and politically and socially comprometido (*engaged*).

But you might be surprised to learn that Javier comes from una familia that has shaped and contributed to Spanish cinema for three generations. The pioneers were su abuelo y su abuela, Rafael Bardem and Matilde Muñoz, both actores. They had dos hijos, Juan Antonio and Pilar, who continued the family tradition. Juan Antonio was a famous director de cine (*film director*) and Pilar was una actriz (*an actress*) with an extensive and renowned career. The third generation, which includes Javier, sus primos and sus primas (*cousins*), is also linked to the world of cinema.

Javier's first role came at the age of 20, when he landed a small role in his first major motion picture, *The Ages of Lulu*, in which he appeared with his madre, Pilar Bardem. Bigas Luna, the director of *Lulu*, was impressed and gave him his breakthrough role in the film *Jamón Jamón*, where he also met his future mujer Penélope Cruz.

VOCABULARY BUILDER 2

03.06

Look at the words and phrases and complete the missing English words and expressions. Then listen and try to imitate the pronunciation of the speakers.

CARACTERÍSTICAS FÍSICAS	PHYSICAL CHARACTERISTICS
ser alto/a, bajo/a, de estatura media	to be ...., short, medium height
ser obeso/a, delgado/a	to be overweight, slim
ser guapo/a, feo/a	to be good-looking, ugly
ser rubio/a, moreno/a	to be blond, ...
tener el pelo rubio, moreno, negro, castaño, blanco	to have blond, dark, black, brown, white hair
tener el pelo liso, rizado, largo, corto	to have ...., curly, long, short hair

ser/estar calvo/a	to be bald
tener barba, bigote	to have a beard, mustache
llevar gafas	to wear glasses
tener los ojos claros, oscuros, azules, verdes, negros, marrones	to have clear, dark, blue, green, black, brown eyes
estar moreno/a	to be tanned
ser joven, mayor	to be young, old

CARÁCTER Y PERSONALIDAD	CHARACTER AND PERSONALITY
simpático/a, antipático/a	friendly, unfriendly
tranquilo/a, inquieto/a	quiet, restless
trabajador/a, perezoso/a	hardworking, slacking
alegre, triste	happy, sad
divertido/a, serio/a	funny, serious
tímido/a, resuelto/a	shy, outgoing
conformista, inconformista	conformist, ...
ser una persona comprometida	to be a dedicated person (devoted to a cause)
generoso/a, egoísta	generous, selfish

> Notice how the meaning of some adjectives changes with ser (expressing essential characteristics) or estar (indicating temporary states). For example, Iker es alegre means he has a happy disposition, but Iker está alegre means he is happy at the moment.

Vocabulary practice 2

03.07 Listen and identify the people described.

a ....

b ....

c ....

d ....

3 *Esta es mi gente*   39

Pronunciation practice

VOWELS: A, E, O

Vowels are one of the most important features of a language. Unlike English, Spanish vowels have only one sound, regardless of their position in a word or stress, and they are always short and crisp.

A will always sound like *soda*: Ana, habla.

E will always sound like *net*: Elena, ene.

O will always sound like *hole*: Óscar, oso.

Listen and repeat. Try to pronounce all the vowels the same way.

03.08

Ana	barba	alta	gafas	cantará
Elke	ene	pelé	vete	enhebre
bochorno	zorro	coso	solo	monótono

CONVERSATION 2

¿Quién es la mujer de la foto? *Who is the woman in the photo?*

Here are a few words and expressions to help you understand the conversation.

03.09

Mira.	Look.
Ahí.	There. (meaning in that photo)
No lo sé.	I don't know.
¿Qué haces aquí?	What are you doing here?
Te presento a mi padre.	Let me introduce you to my father.
Encantado de conocerle.	Pleased to meet you.
Por favor, trátame de tú.	Please, use *tú* (the informal form).
Nunca he oído hablar de ella.	I have never heard of her.

1 Listen to the conversation without looking at the text. Play it a few times and try to make out new words and phrases. Then listen to it again and read the text.

03.10

> Ana, Álvaro, and Paula are still in El Rincón de Ana. Álvaro and Paula are fascinated by the pictures on the walls: some are of Ana's family and there are also many of Uncle Farid with famous people who have visited his restaurant. But... wait, someone is entering the restaurant. Who could it be? Notice the forms of the verb tener (*to have*) and the way Álvaro greets Julián, Ana's father.

Paula	Ana, mira esta foto. ¿Quién es la mujer rubia?
Ana	Es mi abuela Paca. Ahora tiene ochenta años.
Álvaro	Y la niña morena, ¿quién es?
Ana	Soy yo... Ahí tengo ocho años.
Paula	¿Y quién es la chica joven de esta foto? Está con tu tío Farid. Es guapa...
Ana	Pues... no lo sé.
	Paula and Álvaro keep asking Ana about the people in the photographs. Suddenly, someone opens the door.
Ana	Hola, ¿quién está ahí?
	Ana goes to the entrance.
Ana's father	¿Ana?
Ana	Papá, ¿qué haces aquí?
Ana's father	Sorpresa... Tenemos una persona interesada en comprar el restaurante.
Ana	¿Comprar el restaurante? Espera.
	Paula and Álvaro come to the entrance.
Paula	Ana, ¿estás bien?
Ana	Sí. Paula, Álvaro, os presento a mi padre, Julián. Papá, ellos son Paula y Álvaro, mis amigos de Madrid.
Paula	Encantada de conocerle, Julián.
Álvaro	Encantado. ¿Cómo está usted?
Ana's father	Bien, bien, pero, por favor, trátame de tú. No soy tan mayor.
Ana	Papá, mira.
	Ana shows her father the photo of her uncle with the young and beautiful woman.
Ana	¿Quién es?
Ana's father	Es Ana, la novia de tu tío Farid.
Ana	¿Ana? Nunca he oído hablar de ella.

2 Answer these questions.

   a ¿Quién es la mujer rubia de la foto?
   b ¿Quién es la niña morena?
   c ¿Quién es Julián?
   d ¿Quién es la mujer joven y guapa que está con el tío Farid?

LANGUAGE BUILDER 3

💡 Language discovery 3

Look at the conversation again and find these phrases. Notice the different forms of the verb tener.

a Ana says her grandmother Paca is eighty years old now:

....

b Ana says she is eight years old in the photo:

....

c Julian says they have someone interested in buying the restaurant:

....

What do you notice about these forms? Do they follow the pattern for -er verbs?

The verb tener (to have)

The verb tener (*to have*) is an irregular verb. Like the verb ser, it does not follow the typical pattern. While all the endings, except the first one (tengo), are the same (-es, -e, emos, éis, en), the root changes (tú tienes, él/ella tiene, ellos/as tienen), so tengo is completely different. Like many irregular verbs, the nosotros and vosotros forms are completely regular.

tener (*to have*)

(yo)	tengo	(nosotros/as)	tenemos
(tú)	tienes	(vosotros/as)	tenéis
(él/ella)	tiene	(ellos/as)	tienen

It can be used to express general possession:

| Tengo una foto de mis padres. | I have a picture of my parents. |
| Tenemos una persona interesada en comprar el restaurante. | We have a person interested in buying the restaurant. |

As in English, the verb tener is often used in physical descriptions: tener barba/bigote/gafas (*to have a beard/moustache/eyeglasses*), tener los ojos claros/oscuros/azules/verdes/negros/marrones (*to have light/blue/green/black eyes*). Unlike in English, however, tener is also used to express age.

¿Cuántos años tienes?	How old are you?
Tengo treinta años.	I am thirty years old. (literally: I have thirty years.)
¿Cuántos años tiene?	How old is he/she?
Tiene cuarenta y ocho años.	He/she is forty-eight years old. (literally: He/she has forty-eight years.)

Language practice 3

1 Imagine you are interviewing a famous Spanish film director, screenwriter, and producer. Complete with the appropriate form of the verb tener.

A: ¿A qué te dedicas?

B: Soy director, guionista y productor de cine.

A: ¿Cuántos años a ....?

B: b ...., 75 años.

A: ¿Y ella? ¿Quién es?

B: Se llama Penélope Cruz, es mi actriz favorita. Los dos c ...., las mismas aficiones: nos gusta ir leer y estar con amigos y, sobre todo, hacer cine.

2 Guess which director, screenwriter, and producer is being talked about.
Among other awards, he won two Oscars: one for the Best Foreign Language Film with *Todo sobre mi madre* (All About My Mother) and another for best original director for *Hablé con ella* (Talk to Her).

3 Complete again with his name and the appropriate form of the verb tener.

Se llama a .... b .... 74 años. En la foto, está con Penélope Cruz, su actriz favorita. c .... las mismas aficiones: les gusta leer, estar con amigos y, sobre todo, hacer cine.

LANGUAGE BUILDER 4

💡 Language discovery 4

Listen to the conversation again and repeat each line. Try to imitate the phrasing and intonation. Then read the text and complete these phrases. Notice how Álvaro asks Ana's father how he is doing and how he asks him again.

Ana	Paula, Álvaro, os presento a mi padre, Julián.
Álvaro	Encantado. ¿Cómo **a** ....?
Ana's father	Por favor, trátame de tú. No soy tan mayor.
Álvaro	De acuerdo ¿cómo **b** ...., Julián?

Remember the verb estar. Why does the verb form change?

Formal and informal address: tú or usted

Unlike the English *you*, which is a one-size-fits all, regardless of who you are speaking to, the Spanish '*you*' has two different forms: tú and usted. The easiest way to remember the difference between both words is that usted is formal while tú is informal.

Use tú in the following cases:

1 With someone you know well or are close to.
2 Among young people, even when they don't know each other well (as when Ana and Álvaro meet for the first time).
3 When talking to children.

Use usted in the following cases:

1 With people you don't know well or are meeting for the first time (as when Álvaro first meets Julián).
2 To show respect to people who are older than you (e.g. Álvaro asks Ana's father, Julián).
3 At a business meeting or when talking to your supervisor or a senior executive.

When addressing a group of people, use vosotros or ustedes, using the same criteria.

¿Sois (vosotros) Paul y Ximena?	*Are you Paul and Ximena?* (informal)
Bienvenidos. ¿Tienes (ustedes) una reserva?	*Welcome. Do you have a reservation?* (formal)

Notice that the verb forms used with usted and ustedes are those of third person singular and plural. From now on, we will add usted and ustedes for the third person (singular and plural) in the verb tables. The possessive adjectives for usted and ustedes are su and sus.

Language practice 4

1 Choose what to say in these situations.

   a You just met a person on the train. You have asked him to help you with the train timetables. This person is clearly older than you. Ask him where he is from.
   b Pedrito is eight years old. Ask him how he is doing.
   c You have just been introduced to your friend Amir's grandfather. Ask him how he is doing.
   d Ask your mom how she is doing.
   e You are introduced to Mercedes Sánchez Fortea, the CEO of the company you have just been hired at. Ask her how she is doing.

> The rules for when to use tú and usted are not fixed, and they are changing. Among coworkers, tú is more and more common, and usted is reserved for addressing superiors. Younger people tend to be much more informal, even in traditionally formal settings. So, it is not unusual for a young sales clerk to address you with tú even if they are clearly younger than you. People in their 50s and above tend to be more formal and will use usted more often. Generally, it is polite to wait for the older person to suggest moving to tú.

2 Now play Conversation 2 again and play Paula's role. Speak in the pauses. Try not to refer to the text.

03.12

SKILL BUILDER

1 Find the odd one out.

   a alto   moreno   delgado   trabajador
   b tímido   inteligente   simpático   bajo
   c tío   primo   abuelo   puntual
   d hermana   prima   abuela   rubia

2 Complete with the possessive adjective using the hints in parentheses.

   a (yo) .... primas son los hijas de (yo) .... tía Cristina y (yo) .... tío César.
   b (ella) .... hermana es rubia y alta como (ella) .... madre.
   c (nosotros) .... abuelos viven en Cádiz.
   d (ellas) .... hermanas se llaman Claudia y María.
   e Todas las noches leo (tú) .... blog. Me encanta.
   f ¿Cuántos años tiene (vosotros) .... hijo Álex?
   g ¿Dónde vive (vosotros) .... hija Patricia?
   h Los lunes invito a (nosotros) .... tías a comer a casa.

3 Complete with the correct form of the verb in parentheses.

a ¿Cuántos años (tener) .... Dong?
b Cris y Paloma (vivir) .... en Zaragoza.
c Pablo (comer) .... en mi casa los viernes.
d (Escribir, yo) .... en mi blog todos los días.
e Mis hermanas (tener) .... el pelo castaño.
f ¿(Leer, tú) .... novelas en alemán?
g ¿Dónde (vivir, ellos) .... Ángel y Pedro?

4 Complete the description of the family picture with the missing endings or words.

Es una familia **a** .... de **b** .... personas. La madre Olivia y sus tres hijas: Mireia, tiene **c** .... 13 años; Eva y Patricia, tiene **d** .... 7 y 6 años. La madre y sus hijas tienen el pelo castaño. Mireia y Eva llev **e** .... **f** ....

5 Describe a photo of your family or friends, using the model above to help you.

TEST YOURSELF

Choose the right option to complete the sentences.

a Mi / Tu / Nuestro .... primo Rafa es hijo de mi tía Ana y mi tío Alfredo. Rafa comes / come / comemos .... en mi casa los sábados. ....

b Paloma es alta / alto .... y rubio / rubia ....

c Mi hijo Luis tienes / tenemos / tiene .... los ojos negros como su / nuestro / vuestro .... padre, mi marido.

d Andreea es una chica generosa / generoso .... y bohemia / bohemio .... su / vuestro / nuestro .... hermano, Manu, también es generoso.

e ¿Quién / De dónde / qué come hoy en su / nuestro / tu .... casa, Silvia?

f Pilar, ¿quiénes / cuántos / quién es tu / nuestros / vuestras .... primo Paul?

g María tiene el pelo rubio / morena .... y los ojos claros / oscuros ....

h Carmen, ¿dónde vivimos / viven / vivís .... Gonzalo y tú?

i Ana lee / leemos / leo .... el blog de su / nuestros / vuestra .... primo Antonio. Es su primo favorito / favorita ....

Before you move on to the next unit, assess your progress using the **My review** section on the first page of the unit, and reflect on your learning experience with the **My takeaway** section available online.

In this lesson you will learn how to:

» Talk about your home and objects in it.
» Express *there is/there are*.
» Describe location with **estar** (*to be*).
» Ask for permission using **poder** (*can*).

Como en casa en ningún sitio

My study plan

I plan to work with Unit 4
○ Every day
○ Twice a week
○ Other _____

I plan to study for
○ 5–15 minutes
○ 15–30 minutes
○ 30–45+ minutes

My progress tracker

Day / Date

My goals

What do you want to be able to do or say in Spanish when you complete this unit?

Done

1 .... ○
2 .... ○
3 .... ○

My review

SELF CHECK	
	I can ...
○	... talk about my home and objects in it.
○	... express *there is/there are*.
○	... describe location with estar (*to be*).
○	... ask for permission using poder (*can*).

4 *Como en casa en ningún sitio*

CULTURE POINT 1

La vivienda en españa *Housing in Spain*

Spain has always been a country of propietarios (*property owners*). Unlike other European regions, home ownership has always been a priority in this country. Even Gen Z is very traditional when it comes to choosing the perfect home, and they prefer to comprar (*buy*) a home rather than alquilar (*to rent*). According to one of the leading Spanish real estate portals, four out of ten young people want to buy a home because they consider renting a waste of money. However, due to their unstable working conditions, they often have to rent un apartamento (*an apartment*) or un estudio (*a studio*).

When it comes to choosing where to live, the precio (*price*) is the priority. However, other aspects should be taken into account, such as the number of habitaciones (*rooms*), buena comunicación (*good access to transportation*), as well as buena conexión a internet (*good internet connection*). Other amenities, like con aire acondicionado (*with air-conditioning*) or con ascensor (*with elevator*), are less important.

To avoid unpleasant surprises, renters need to ask about the fianza (*deposit*) required before renting!

> Learn more about housing costs in Spain.
>
> Housing is one of the basic services to society, so the Ministry of Housing and the Urban Agenda carries out initiatives in areas such as access to housing and the coordination of support. Find out more about el bono de alquiler joven here.

VOCABULARY BUILDER 1

04.01

Look at the words and phrases and complete the missing English words and expressions. Then listen and try to imitate the pronunciation of the speakers.

LA VIVIENDA	HOUSING
el barrio, la zona	neighborhood, area
la casa	house
el edificio	building
el piso	small apartment
el apartamento	....
el estudio	....
el chalet	detached house
comprar, vender	........................, to sell
alquilar	....
Se alquila	for rent
pagar	to pay
el precio	price
la fianza	....

CARACTERÍSTICAS	FEATURES
la habitación	room
viejo/a, nuevo/a	old, new
caro/a, barato/a	expensive, inexpensive (cheap)
buena/mala comunicación	........................./poor ....
piso exterior/interior	outward facing/interior apartment
el aire acondicionado	....
la calefacción	heating
buena conexión a internet	....
totalmente equipado	fully-furnished
el ascensor	....

NÚMEROS CARDINALES DEL 100 AL 9999	CARDINAL NUMBERS FROM 100 TO 9999
cien	100
ciento uno, ciento dos...	101, 102 ...
ciento diez, ciento veinte...	110, 120 ...
doscientos	200
trescientos	300
cuatrocientos	....
quinientos	500
seiscientos	600

4 *Como en casa en ningún sitio*   49

setecientos	....
ochocientos	*800*
novecientos	....
mil	*1000*
dos mil, tres mil...	*2000, 3000 ...*
mil doscientos tres...	*1203*
tres mil quinientos cuatro	*3504*
nueve mil novecientos noventa y nueve	*9999*

> Note that cien is only used for full hundreds. When a number also has tens or units, it becomes ciento:
> cien (100), cien mil (100 000)　　　BUT　　　ciento cinco (105), ciento ochenta (180)

Vocabulary practice 1

1 Match the definitions with the nouns.

1 Something built with a roof and walls, such as a house or a factory.
2 Having no shared wall with another building.
3 A set of rooms for living in, usually on one floor of a large building.
4 A self-contained space with everything in a single room with a separate bathroom.

a chalet
b edificio
c piso
d estudio

2 Find the opposites.

1 viejo
2 caro
3 buena comunicación
4 piso interior
5 el aire acondicionado

a mala comunicación
b barato
c la calefacción
d nuevo
e piso exterior

3 Order these numbers from low to high.

cinco mil seiscientos treinta — cuatro mil ciento sesenta y dos — ochocientos veinticuatro

....

4 Write the previous and the next number.

Example: seiscientos cuarenta y uno — seiscientos cuarenta y dos — seiscientos cuarenta y tres

a .... quinientos cuatro ....

b .... tres mil ....

c .... ciento diez ....

CONVERSATION 1

Ana busca piso *Ana is looking for an apartment*

04.02 Here are a few words and expressions to help you understand the conversation.

La estación de metro está a 5 minutos andando.	The metro station's a 5-minute walk.	Para mí es suficiente.	It's enough for me.
¿Qué precio tiene?	How much is it?	¡Cómo echo de menos mi patio cordobés!	How I miss my Andalusian patio!
Se sale de mi presupuesto.	It's over my budget.		

04.03

1 Listen to the conversation without looking at the text. Listen to the conversation again and read the text.

> After a long conversation with her father, Ana has decided to take over her uncle Farid's restaurant. Her friends are going to help her to find an apartment in Madrid. They are now looking at Fotohogar and Realista, the leading real estate portals in Spain.
>
> **Paula** Ana, hay un piso en el barrio de Embajadores, está en la calle Miguel Servet.
> **Ana** ¿Está bien comunicado?
> **Paula** Sí, la estación de metro está a 5 minutos andando, pero no tiene ascensor.
> **Álvaro** ¿Y este? También está en Lavapiés. En la calle Atocha.
> **Ana** Sí, pero ese... ¿qué precio tiene?
> **Álvaro** 1500 euros.
> **Ana** Uff, eso se sale de mi presupuesto.
> **Álvaro** ... hay dos pisos en la zona de Embajadores. No son caros. El precio medio es entre 900 y 1100 euros.
> **Paula** ¿Y este? Está en la calle Mesón de Paredes.
> **Paula** Es nuevo, con aire acondicionado.
> **Ana** ¿Cuántas habitaciones tiene?
> **Paula** Es un estudio.
> **Ana** Para mí es suficiente.
> **Álvaro** Además, está amueblado.
> **Ana** Sí, está amueblado y la cocina está totalmente equipada. También tiene un pequeño balcón... ¡cómo echo de menos mi patio cordobés!
> **Paula** ¿Buscas un patio andaluz en Madrid? Misión imposible, jaja.

4 *Como en casa en ningún sitio*

2 Decide if these statements are *true* (verdadero) or *false* (falso).

a Ana no busca un piso en Madrid.	verdadero	falso
b Paula y Álvaro no buscan piso.	verdadero	falso
c Ana no echa de menos su patio andaluz.	verdadero	falso
d El piso de la calle Atocha tiene un buen precio para Ana.	verdadero	falso
e Álvaro ve dos pisos en la zona de Embajadores.	verdadero	falso

LANGUAGE BUILDER 1

💡 Language discovery 1

Read the conversation again and complete the sentence.

Álvaro Ana, **a** .... un piso en el barrio de Embajadores, **b** .... en la calle Miguel Servet.

Which verb is being used here to express existence? And which one is being used to express location?

There is/there are (hay)

In Spanish, the form *hay* is used to express existence. It is equivalent to *there is/there are*.

¿Hay aire acondicionado en la casa?	Is there air-conditioning in the house?
Hay un piso en el barrio de Embajadores.	There is an apartment in the Embajadores neighborhood.
Hay dos pisos en la zona de Embajadores.	There are two small apartments in the Embajadores neighborhood.

Answers usually include *sí* or *no*:

Sí, hay aire acondicionado.	Yes, there is air-conditioning.
No, no hay aire acondicionado.	No, there isn´t air-conditioning.

Remember that when specifying location, the verb *estar* is used.

El piso está en la calle Mesón de Paredes.	The small apartment is on Mesón de Paredes Street.

Language practice 1

Reorder the words to make sentences.

a Hay / restaurante / en / calle / un / la / Goya.
b estudio / está / El / en / Velázquez. / calle / la
c ¿ / aire acondicionado / ? / Hay / piso / el / en
d ? / calefacción / en / ¿ / chalet / Hay / el

LANGUAGE BUILDER 2

💡 Language discovery 2

Listen to the conversation again and repeat each line in the pauses provided. Then look at the conversation again and complete the sentences.

Paula   Sí, la estación de metro está a solo 5 minutos andando.
Álvaro ¿Y a **a** ....? También está en Lavapiés. En la calle Atocha.
Ana   Sí, pero **b** .... ¿qué precio tiene? [...]
Paula   ¿Y **c** ....? Está en la calle Mesón de Paredes

Which words are used to indicate how far something is from the speaker?

This and *that* (*este*, *ese*, *aquel*...)

Demonstratives (*este, ese, aquel...*) indicate how far something is located from the person speaking. *Aquella casa* is far from the speaker, and *este apartamento* is closer to the speaker.

| Aquella casa está en la calle Velazquez y este apartamento está en la calle Goya. | That house is in Velazquez Street and this apartment is in Goya Street. |

Demonstratives (*este, ese, aquel...*) can be used as adjectives (in front of the noun) or pronouns (replacing the noun). Both agree with the gender and number.

| Ese apartamento es caro grande y este es barato. | That apartment is big and this one is inexpensive. |

In Spanish you need to be precise when something is not close by and choose *ese* or *aquel* depending on the distance.

este edificio (*this building*—meaning the closest building to you)

ese edificio (*that building*—meaning a building a middle distance away from you)

aquel edificio (*that building*—meaning the building farthest away from you)

	Singular		Plural	
distance from speaker	masculine	feminine	masculine	feminine
near	este	esta	estos	estas
at a distance	ese	esa	esos	esas
far away	aquel	aquella	aquellos	aquellas

4 *Como en casa en ningún sitio*

Language practice 2

1 **Complete the sentences with the correct form of the word.**

   a Me gusta este / esta / estos / estas piso.
   b Aquel / Aquella / Aquellos / Aquellas casas tienen aire acondicionado.
   c Ese / Esa / Esos / Esas apartamentos tienen una buena conexión a internet.
   d Este / Esta / Estos / Estas estudio tiene calefacción.
   e Aquel / Aquella / Aquellos / Aquellas edificio es nuevo.

2 **Now play Conversation 1 again and play Ana's role. Speak in the pauses provided. Try not to refer to the text.**

04.05

CULTURE POINT 2

Sorolla, el pintor de la luz *Sorolla, painter of light*

Looking for a place to admire the art of the Spanish Master of Light? Don´t miss the Sorolla Museum! Located in the heart of the Chamberí neighborhood in Madrid, it was the home of the renowned Spanish painter, Joaquín Sorolla (born in Valencia, 1863), and it is one of the best-preserved casa museos (*house museums*) in Europe.

The entrance to the house is via the jardín (*garden*) that surrounds it. The jardín is itself another of the painter's creations, a little oasis in the city. Once inside the museum, the tour continues through what was once his despacho (*office, study*) and workshop, composed of successive habitaciones (*rooms*), which have been preserved exactly as they were, including paint brushes as well as the original sofá (*sofa*). The light that floods through the ventanas (*windows*) is remarkable and one can almost see Sorolla working there.

The architecture of the house has continuous changes in levels separated by incredible stairs full of history. This primera planta (*first floor**) with the former cocina (*kitchen*) is organized around the Patio Andaluz (*Andalusian patio*—a central garden decorated with fragrant flowers and marble fountains, of which there are countless examples throughout the region of Andalucía, notably in the historical quarter of Córdoba where la Fiesta de los patios is celebrated each year).

The segunda planta (*second floor*) has been transformed into exhibition rooms. The salón (*living room*) and comedor (*dining room*), which Sorolla decorated with a Tiffany lámpara (*lamp*), sillas y mesas (*chairs and tables*), and where it is easy to imagine a family scene, everyone drinking hot chocolate, one of the artist's favorite drinks!

*Note the European system of floor numbering, which begins with the ground floor and the first floor above that, i.e. la primera planta would be the second floor in the United States.

Learn more about the Sorolla Museum, and find three types of items, other than painting and sculpture, which are part of the museum's collection.

VOCABULARY BUILDER 2

04.06

Look at the words and phrases and complete the missing English words and expressions. Then listen and try to imitate the pronunciation of the speakers.

EL CUARTO DE BAÑO	**BATHROOM**
la ducha, el baño	shower, bath
el lavabo	sink
EL DORMITORIO	**BEDROOM**
la cama	bed
el armario	closet
la lámpara	....
el cuadro	picture
LA COCINA	**KITCHEN**
la nevera	fridge
el microondas	microwave
el lavaplatos	dishwasher
EL COMEDOR	....
la mesa, la silla	....
EL SALÓN	**LIVING ROOM**
el sofá, el sillón	........................, armchair
la alfombra	rug
la ventana, la puerta	........................, door
el jardín, el garaje	........................, garage
la terraza	balcony
la maceta	flowerpot
NÚMEROS ORDINALES	**ORDINAL NUMBERS**
primero/a	....
segundo/a	....
tercero/a	third
cuarto/a	fourth
quinto/a	fifth
sexto/a	sixth
séptimo/a	seventh
octavo/a	eighth
noveno/a	ninth
décimo/a	tenth

> To describe what floor of a building you live on, or what floor a room is on, use an ordinal number.
>
> Remember, in Europe, the first floor is upstairs. The floor at ground level is called the ground floor and in Spanish planta baja.

4 *Como en casa en ningún sitio*   55

Vocabulary practice 2

1 Match the beginnings and endings.

1 Una estantería is to
2 Una alfombra is to
3 Una lámpara is to
4 Un lavabo is to
5 Un lavaplatos is where you

a protect part of the floor.
b store books or decorative items.
c give light.
d wash the dishes.
e wash your hands and face.

2 Put the floor numbers in order from lowest to highest.

quinto   tercero   décimo   cuarto   sexto

Pronunciation practice

CLOSED VOWELS: I, U

I, u are closed vowels because they are pronounced with closure in the mouth in contrast to a, e, o.

i will always sound like the *i* in *pin*: Iris, mini

u will always sound like the *u* for *put*: Úrsula, udu.

04.07 Listen and repeat the following words in the pauses provided. Make sure you pronounce all the vowels the same way.

Iris	mini	Pili	chili	kiwi
udu	gurú	cucú	chus	tungús

CONVERSATION 2

Ana está buscando apartamento *Ana is looking for an apartment*

04.08 Here are a few words and expressions to help you understand the conversation.

Me gusta mucho.	I like it a lot.
Estoy hecha un lío.	I´m so confused./I am a mess.
inconveniente	inconvenient
estar en forma	to be in shape
no tener que pagar un gimnasio	to not have to pay for the gym
Esta es la cocina.	This is the kitchen.

1 Listen to the conversation without looking at the text. Then listen to the conversation again and read the text.

04.09

After looking for different apartments with the help of her friends, Ana is interested in a small apartment in the Embajadores neighborhood. She has called to arrange a viewing. The owner is showing her around. Listen for how to ask for permission.

Propietaria	... y esta es la cocina, no es grande, pero está totalmente equipada.
Ana	¿Hay microondas?
Propietaria	Sí, el microondas está a la derecha de la nevera.
	They leave the kitchen and head for the bedroom.
Ana	¿Y este es el dormitorio?
Propietaria	Sí, hay una cama en el centro de la habitación y al lado está el armario. Ese es el cuarto de baño con ducha. Vamos al salón. Mira, tiene una ventana grande, el piso es muy luminoso.
Ana	Me gusta la terraza. ¿Puedo poner una mesa y sillas?
Propietaria	Sí, puedes poner una mesa y dos sillas. Tambien puedes poner macetas.
Ana	El alquiler son 950 euros al mes, ¿verdad?
Propietaria	Sí, son 950 euros al mes y un mes de fianza.
Ana	Estoy hecha un lío, me gusta pero... tiene un inconveniente, es un segundo piso sin ascensor.
Propietaria	¿Inconveniente? ¡Así puedes estar en forma sin tener que pagar un gimnasio!

Barrio de Lavapiés-Embajadores/*Lavapiés-Embajadores neighborhood* is a multicultural neighborhood with narrow cobbled streets and trendy cafés. Picasso's *Guernica* is among the Spanish masterpieces housed in the Reina Sofía Museum. Street artists paint in the former Tabacalera tobacco factory. Antiques and leather goods are on sale at the El Rastro flea market.

2 Complete the missing information.

a El piso cuesta ....

b La cocina está ....

c Ana puede poner ...., ... y .... en la terraza.

d El piso no tiene ....

4 *Como en casa en ningún sitio* **57**

LANGUAGE BUILDER 3

💡 Language discovery 3

Read the conversation again and complete the sentences.

A: ¿a ....? poner una mesa y sillas?

B: Sí, b ....? poner una mesa y una silla, también c ....? poner macetas.

Which verb is used to ask for permission? Is it regular or irregular?

Asking for permission (¿puedo...?)

In Spanish, as in English, the verb poder (*may, can*) is used to ask for or give permission, or to express ability. Note that it is always followed by another verb in the infinitive.

¿**Puedo** poner una mesa y sillas?   *May I put out a table and chairs?*

Poder is an irregular verb—the endings are regular, but it has a stem change (o>ue) in all but the nosotros and vosotros forms. Volver (*to return, come back*) is another useful verb that works the same way.

	yo	tú	él, ella, usted	nosotros/as	vosotros/as	elllos/ellas, ustedes
pod-er	puedo	puedes	puede	podemos	podéis	pueden
vol-ver	vuelvo	vuelves	vuelve	volvemos	volvéis	vuelven

Notice that volver (*to come back*) is usually used with the preposition de:

Vuelvo de Madrid.   *I'm coming back from Madrid.*
Vuelvo del apartamento.   *I'm coming back from the apartment.*

> Notice: de + el = del

Other o>ue stem-changing verbs like poder are costar (*to cost*) and dormir (*to sleep*):

¿Cuánto cuesta el alquiler del apartamento?   *How much is it to rent the apartment?*
Duermo hasta tarde los domingos.   *I sleep late on Sundays.*

Language practice 3

Complete these sentences with the correct form of poder, costar, volver **or** dormir.

a Amir y yo .... muy bien en esta cama.
b Ellos .... de la discoteca muy tarde.
c El sillón .... 700 €.
d Yo no .... tener mascotas en este piso.
e Las estanterías .... 400 €.

LANGUAGE BUILDER 4

💡 Language discovery 4

Listen to the conversation again and repeat each line in the pauses provided. Then complete the sentences.

Sí, el microondas está **a** .... la nevera.

Sí, hay una cama **b** .... la habitación y **c** .... está el armario.

What type of information do a la derecha de, en el centro de, **and** al lado **provide?**

The location of objects in a room

Use the verb estar (*to be*) + a la derecha/debajo/encima... to talk about the location of objects in a room. Here are some useful expressions:

a la derecha/izquierda	on/to the right/left
encima/debajo de	on top of/underneath
delante/detrás de	in front of/behind
en el centro de	in the middle of/between
al lado de	to the side of

Here are some example sentences:

Hay una maceta **encima de** la mesa.	There is a flowerpot on the table.
Hay una alfombra **debajo de** la mesa.	There is a rug under the table.
Hay una lámpara **a la derecha de** la foto, está **encima del** suelo.	There is a lamp on the right of the photo, it is on the floor.
Hay dos lámparas en el techo, están **en el centro de** la foto.	There are two lamps on the ceiling, they are in the middle of the photo.
Hay dos ventanas grandes **detrás del** sofá que está **a la izquierda de** la foto.	There are two big windows behind the sofa that is on the left of the photo.
Hay un cojín gris **al lado del** cojín amarillo.	There is a gray cushion next to the yellow cushion.
Hay una mesa **delante de** los sofás.	There is a table in front of the sofas.

4 *Como en casa en ningún sitio*

Language practice 4

04.11

1 Listen and choose Picture 1 or 2.

a 1 / 2
b 1 / 2
c 1 / 2
d 1 / 2
e 1 / 2
f 1 / 2
g 1 / 2

PICTURE 1   PICTURE 2

04.12

2 Now play Conversation 2 again. You are Ana. Speak in the pauses. Try not read to the text.

SKILL BUILDER

1 Complete the advertisement with these words. There are two extra words.

cocina	ascensor	luminoso	segunda	dormitorios
minuto	salón	viejo	piso	

Bonito Piso en La calle del Amparo, Lavapies-Embajadores

Se alquila un **a** .... amueblado de 80 m2 en Lavapiés, a **b** ....
del metro de Acacias, y a 15 minutos de la Estación de Atocha.

El piso tiene una **c** .... totalmente equipada, 2 cuartos de baño y tres
d .... Además, es muy **e** .... y con vistas a la antigua fábrica
de la Tabacalera. El piso se encuentra en una **f** .... planta exterior sin
g ....

2 Complete the sentences using these words. Not all the words are used.

encima	a la derecha	debajo	al lado
entre	detrás	a la izquierda	

a Hay un lavaplatos .... de la foto.
b El microondas está .... del lavaplatos.
c El lavaplatos está .... del microondas.
d Hay un armario .... de la nevera.
e La nevera está .... de la foto.

3 Read these three ads and write the price of the three kinds of housing in words and match them with the person/people who are looking.

a

PISO IDEAL PARA COMPARTIR Y ESTUDIANTES

Se alquila piso de 3 dormitorios y amplio salón con aire acondicionado en la ciudad universitaria.
Precio: 1400€/mes

b

MAGNÍFICO ESTUDIO EN ZONA TETUÁN

Se alquila estudio en zona norte de Madrid, a solo 15 minutos de la Plaza de Castilla.
Precio: 1295€/mes

c

FANTÁSTICO CHALET EN ZONA SUR DE MADRID

Se alquila chalet de cuatro dormitorios y cocina totalmente equipada.
Precio: 2650€/mes

	apartment	price
a family of five		
students		
a single architect		

TEST YOURSELF

1 Write in words.

a 125 b 594 c 1245 d 2568

2 How would you say the following in Spanish? Prepare your answer then say it out loud.

a It's for rent? May I see the apartment?
b I like this studio, but that one has air conditioning.
c Is there a dishwasher in the apartment?
d Can you talk? I'm on my way back from work.
e Do you see that house over there? That's my parents' house.
f How much is the rent for this apartment?
g Can we sleep on your couch tonight?
h There are two bedrooms and a bright living room, but there's no garage.

Before you move on to the next unit, assess your progress using the **My review** section on the first page of the unit, and reflect on your learning experience with the **My takeaway** section available online.

5

In this lesson you will learn how to:
» Talk about places and services in the city.
» Talk about where someone is going using **dónde** and **ir**.
» Provide and understand basic directions.
» Express desires and preferences with **querer** and **preferir**.

Mi barrio, mi ciudad

My study plan

I plan to work with Unit 5
○ Every day
○ Twice a week
○ Other _____

I plan to study for
○ 5–15 minutes
○ 15–30 minutes
○ 30–45+ minutes

My progress tracker

Day / Date	🎧	🎤	📖	✏️	💬
	○	○	○	○	○
	○	○	○	○	○
	○	○	○	○	○
	○	○	○	○	○
	○	○	○	○	○
	○	○	○	○	○
	○	○	○	○	○

My goals

What do you want to be able to do or say in Spanish when you complete this unit?

Done

1 .... ○
2 .... ○
3 .... ○

My review

SELF CHECK	I can ...
○	... talk about places and services in the city.
○	... talk about where someone is going using **dónde** and **ir**.
○	... provide and understand basic directions.
○	... express desires and preferences with **querer** and **preferir**.

CULTURE POINT 1

Barcelona: la ciudad condal *Barcelona: The city of counts*

La ciudad (*the city*) of Barcelona in northwestern Spain is la capital cosmopolita (*the cosmopolitan capital*) of Cataluña. It is the second most populated city in Spain and also second in economic activity.

Barcelona is best known for its art and architecture. El Museo Picasso (*Picasso Museum*) and the Fundació Joan Miró (*Joan Miró Foundation*) showcase the best of Spanish modern art. The modernist architecture of Antonio Gaudí, inspired by nature, makes Barcelona truly unique—from the unparalleled Iglesia de la Sagrada Familia (*Sagrada Familia Church*), whose construction began in 1882 and which remains the largest unfinished Catholic church in the world, to the magical el parque Güell (*Guell Park*). The story of el parque Güell is that of the union between a brilliant architect, Gaudí, and an industrialist eager to invest in the real estate business, Eusebi Guell. Due to life circumstances, only the builder's house and the architect's house, today converted into the Casa Museo Gaudí (*Gaudí House Museum*), were ever lived in. In 1922, the city of Barcelona purchased the land and created Guell Park four years later. In fact, there are seven structures in Barcelona designed by Gaudí which have been declared UNESCO World Heritage Sites.

Do you know why Barcelona is also known as La ciudad condal?
Do you want to know more about Barcelona?
Visit the website of the Barcelona City Council.

5 *Mi barrio, mi ciudad*

VOCABULARY BUILDER 1

Look at the words and phrases and complete the missing English words and expressions. Then listen and try to imitate the pronunciation of the speakers.

05.01

ESPACIOS URBANOS

la ciudad antigua/moderna	the ancient/modern city
la ciudad universitaria/tranquila	university/quiet city
el/la habitante	resident
la zona comercial/residencial/industrial	commercial/residential/industrial area
el centro/las afueras	center/the outskirts
la calle peatonal/mayor/comercial	pedestrian/main/commercial street
la esquina	corner
el semáforo	traffic light
la plaza (mayor)	(main) square
la tienda, el mercado	shop, market
la oficina de información/turismo	....
el casco histórico/antiguo	historic/old town
la iglesia, la catedral	church, cathedral
la galería de arte	art gallery
el colegio/ la escuela	school
el palacio	palace
el monumento	....

URBAN SPACES

MEDIOS DE TRANSPORTE

el metro, el autobús	metro, bus
la boca de metro	metro entrance
la línea (de metro/autobús)	(metro/bus) line
la parada (de autobús/metro/taxi)	(the bus/metro/taxi) stop

MEANS OF TRANSPORTATION

DIRECCIONES EN LA CIUDAD

Sigue recto.	Go straight
Gira a la derecha	Turn right
Gira a la izquierda	Turn left
Ve hacia carrer de Santa Clotilde	Go toward Carrer de Santa Clotilde.
¿Dónde está la estación?	Where is the station?
está a cinco minutos del centro andando/en coche/en autobús	it's five minutes from the center on foot/by car/by bus
cerca, lejos	nearby, far

DIRECTIONS IN THE CITY

Vocabulary practice 1

1 Complete the texts about two famous neighborhoods in Barcelona.

> bares y restaurantes   Museo Picasso   catedral del mar
> Palau (Palacio) de la música catalana   Mercado de Santa Caterina

Barrio de Born

Es una de las zonas más de moda de la ciudad. En los últimos años se ha llenado de numerosos **a** .... donde disfrutar de la mejor gastronomía. También en este barrio se encuentra el **b** .... donde se pueden ver más de cuatro mil obras del artista malagueño. Otros lugares interesantes de este barrio son la **c** .... el **d** .... y el **e** .... el mercado cubierto más antiguo de la ciudad.

> calle comercial   galerías de arte   calles estrechas
> Iglesia de Santa María del Pi   casco antiguo

Bárrio gótico

Está ubicado en el **a** .... de la ciudad. Para entrar en este barrio, puedes caminar por la **b** .... Portal de l'Angel hasta llegar a la catedral de Barcelona. Después de perderte en su **c** ...., llenas de **d** ...., te recomendamos subir a la **e** .... que ofrece las mejores vistas del centro.

CONVERSATION 1

Plaça del Diamant, número 7 *7 Diamante Square*

Here are a few words and expressions to help you understand the conversation.

05.02

Esto es lo que dice la aplicación.	*This is what the application says.*
tenía un puesto de comida marroquí	*had a Moroccan food stall*
Ya no vive aquí.	*She no longer lives here.*

5 *Mi barrio, mi ciudad*

🎧 05.03

1 Listen to the conversation a few times without looking at the text. Then listen to the conversation again and read the text.

> Ana can't stop thinking about the woman in the photo with her uncle Farid. Who could the mysterious Ana be? They have the same name, and she feels a connection. She sees that there is an address on the back: plaça del Diamant-Gracia-Barcelona and decides to go to Barcelona in search of the woman who was so important to her uncle. She, Paula, and Álvaro rent a place in calle San Salvador, 20 in Barcelona's Gracia neighborhood.
>
> **Ana** Chicos, la plaza del Diamante está también en el barrio de Gracia. Estamos a seis minutos andando.
>
> **Paula** Esto es lo que dice la aplicación:
> Ve por carrer de Sant Salvador hacia carrer de Santa Clotilde.
> Gira a la izquierda hacia carrer del Torrent de l'Olla.
> Gira a la izquierda hacia carrer d'Astúries.
> Gira a la derecha hacia plaça del Diamant.
>
> **Ana** ¿Vamos?
>
> *Ana, Paula, and Álvaro arrive at plaça del Diamant, 7.*
>
> **Paula** Plaça del Diamant, 7. Aquí estamos.
> **Ana** Este es el edificio de la foto.
> **Álvaro** Sí, sí.
>
> *At that moment, a woman comes out of the doorway. Ana is hesitant, but finally decides to approach her.*
>
> **Ana** Perdón... Buscamos a una mujer de mediana edad, ojos y pelo negro. Su nombre es Ana.
> **Mujer** ¿Ana? ¿Y su apellido?
> **Ana** No sé..., pero tengo esta foto.
>
> *Ana shows the woman the picture of Ana with her uncle Farid.*
>
> **Mujer** Aya. La mujer de la foto es Aya, no Ana. Su nombre es Aya El Mach García. Ya no vive aquí... Pero... ella tiene (o tenía) un puesto de comida marroquí en el Mercado de Santa Caterina.

> Gracia is a bohemian neighborhood with many picturesque squares and narrow streets. You will be surprised by the multitude of artsy shops and small restaurants.

2 Complete the summary of the conversation.

Álvaro, Paula y Ana **a** ...., en Barcelona. **b** ....
a Ana, la misteriosa novia del tío Farid, pero la novia del
tío Farid no **c** .... Ana. Su nombre **d** .... ,
Aya, Aya El Mach García y **e** .... , un **f** .... de
comida marroquí en el Mercado de Santa Caterina.

> Remember that in la Comunidad Autónoma de Cataluña both Castilian and Catalán are used. The Catalán words carrer and plaça often replace calle (*street*) and plaza (*square*).

LANGUAGE BUILDER 1

💡 Language discovery 1

Look at the conversation again and find the verb Ana uses to suggest her friends go to la plaça del Diamante 7.

Ana ....

What does vamos mean? What do you notice when comparing it to the infinitive ir?

The verb ir (*to go*)

Ir (*to go*) is a very useful verb when going around town. It is irregular.

ir (*to go*)

(yo)	voy	(nosotros/as)	vamos
(tú)	vas	(vosotros/as)	vais
(él/ella/usted)	va	(ellos/ellas/ustedes)	van

To say where someone is going, use ir + a:

¿Dónde vas?	Where are you going?
Voy a la iglesia.	I am going to the church.
Voy al museo.	I am going to the museum.

Notice: a + el = al.

Language practice 1

Complete with the correct form of the verb ir and al, a la or a las.

a Yo .... hospital de la Paz, tú .... Cinco Torres.
b Ellas .... Museo Picasso.
c Ana .... calle Cava Baja, 43.
d ¿ .... usted .... plaça del Diamante?
e Nosotros .... Mercado de Santa Caterina.
f Ainhoa, Iker ¿ .... Barrio Gótico?

5 *Mi barrio, mi ciudad*

LANGUAGE BUILDER 2

💡 Language discovery 2

05.04

Listen to the conversation again and repeat each line in the pauses provided. Try to imitate the phrasing and intonation you hear. What verb does the GPS use to give directions?

Giving directions (ve..., gira...)

The imperative is used to give commands or instructions. It is only used in the second person, the formal usted/ustedes and informal tú/vosotros forms. However, whenever the imperative seems overly direct, it's good to add por favor or use other forms like ¿Vamos? or ¡Vamos!.

To form the imperative, replace the -ar/-er/-ir endings with the appropriate personal ending.

	girar (to turn)	leer (to read)	escribir (to write)
(tú)	gir-a	le-e	escrib-e
(usted)	gir-e	le-a	escrib-a
(vosotros)	gir-ad	le-ed	escrib-id
(ustedes)	gir-en	le-an	escrib-an

Here are some shortcuts to help you remember the rules for the imperative:

singular	plural
Tú: drop the final -s of the present tense form: giras → gira, lees → lee, escribes → escribe.	Vosotros: replace the final -r from the infinitive with -d: girar → girad, leer → -leed, escribir → escribid.
Usted: -ar verbs end in -e and -er / -ir verbs in -a: gira → gire, lee- → lea, and escribe → escriba.	Ustedes: add -n to the usted imperative: gire → giren; lea → lean, escriba → escriban.

Ir has irregular command/imperative forms:

(tú)	ve
(usted)	vaya
(vosotros)	id
(ustedes)	vayan

Ve a la calle Pelai.   Go to Pelai Street.

Id a la calle Portal de l'Angel.   Go to Portal de l'Angel Street.

Language practice 2

1 Make sentences using the imperative for these situations.

a Navigate for your friend. Tell them to turn left at the next (próximo) traffic light.
b Tell your friends to wait for you (esperar) at Plaza Mayor.
c Ask your clients to write down their names.
d Ask an older person on the street to stop at the next corner.
e Tell your friend to go to the market.

2 Now play Conversation 1 again and play Paula's role. Speak in the pauses provided. Try not to refer to the text.

05.05

CULTURE POINT 2

Comercio de proximidad *Local trade*

Have you ever heard of the concept of local trade? It is a form of consumption that is making a comeback in contrast to large shopping malls. The expression comercio de proximidad refers to the shops where our parents or grandparents used to buy their daily groceries. Panaderías (*bakeries*), fruterías (*greengrocers*), pescaderías (*fishmongers*), carnicerías (*butchers*) or even tiendas de ropa (*clothing stores*) or peluquerías (*hairdressers*) where the dependiente (*shop assistant*) helped the cliente (*customer*) find what they were looking for and advised them on the product. They often knew their clients' names because el dependiente and el cliente had known each other for their entire lives.

Now we have replaced small local shops with huge supermercados (*supermarkets*), hipermercados (*hypermarkets*) or centros comerciales (*shopping malls*), located on the outskirts of cities. Fortunately, many people have already realized the importance of promoting this type of commerce and have launched awareness campaigns in cities such as Barcelona and Madrid, because local commerce is good for the consumer, for the local economy, and for the planet. Traditional markets are still in existence and are a good way to promote local trade.

> El Mercado de Santa Caterina is the oldest covered market in the city and one of Barcelona's best loved food markets. It was built in 1844 over a former convent, from which it inherited its name. Find three stalls you'd like to visit when you go to Barcelona.

5 *Mi barrio, mi ciudad*

VOCABULARY BUILDER 2

Look at the words and phrases and complete the missing English words and expressions. Then listen and try to imitate the pronunciation of the speakers.

05.06

ESTABLECIMIENTOS COMERCIALES / RETAIL BUSINESSES

el supermercado	....
el centro comercial	....
la papelería	stationery store
la peluquería	....
la farmacia	....
la frutería	....
la carnicería	....
la pescadería	fishmonger
la panadería	....
tienda de ropa/de deportes/de regalos	clothing/sports/gift shop
agencia de viajes	travel agency

PROFESIONES COMERCIALES / COMMERCIAL PROFESSIONS

el/la comprador/a	customer
el/la vendedor/a	sales clerk/shop assistant
el/la frutero/a	greengrocer
el/la carnicero/a	butcher
el/la panadero/a	baker
el/la farmacéutico/a	pharmacist
el/la peluquero/a	hair stylist
el/la dependiente/a	shop assistant
el/la cliente/a	....

ACTIVIDADES / ACTIVITIES

devolver	to return
cambiar	to (ex)change
ir de compras/ir de tiendas	to go shopping

Vocabulary practice 2

1 Match the names of the businesses with their picture.

a la farmacia   b la carnicería   c la panadería   d la frutería

1   2   3   4

2 Find the words for the people who work in these places in the following line.

médicofarmacéuticacompradorfruterocarnicerotaxistapeluqueratenistapeluquero

Pronunciation practice

1 Listen and repeat these words containing /p/.

05.07

| comprador | panadería | panadero | parque | pescadería |
| dependiente | palacio | papelería | peluquería | plaza |

2 Listen and repeat after the pause these words containing /b/ or /v/.

05.08

| Barcelona | autobús | vendedor | Valencia | Vizcaya |
| barrio | habitante | Burgos | Valladolid | Badajoz |

Notice that b and v are pronounced exactly the same as b in bar, which can make spelling tricky. There are many rules about the use of b and v. Here are two:

- always write b before a consonant: hablar, sobrino or abril.
- always write b after m: cambiar.

CONVERSATION 2

Mercado de Santa Caterina? *Santa Caterina market*

Read these words and expressions to understand the conversation.

05.09

algo para la cena	something for dinner	Necesito saber.	I need to know.
Déjame pensar.	Let me think.	Había un puesto...	There was a stall ...
era	was		

5 *Mi barrio, mi ciudad*

1 Listen to the conversation without looking at the text. Then listen and read and note how they express how they feel and what they want to do.

05.10

> Álvaro, Paula, and Ana are in their apartment in San Salvador, 20. They are exhausted. They visited the Sagrada Familia, took a walk along the Ramblas, and had lunch in the Born. Now they are planning their afternoon.
>
> **Ana** Chicos, ¿qué queréis hacer esta tarde?
>
> **Paula** Uf. Estoy un poco cansada.
>
> **Álvaro** Yo estoy muy cansado. Tú, Ana, ¿qué quieres hacer?
>
> **Ana** También estoy bastante cansada, pero necesito saber si hay un puesto de comida marroquí en el mercado de Santa Caterina...
>
> **Paula** Vale. Vamos al Mercado de Santa Caterina, pero antes vamos al supermercado a comprar algo para la cena.
>
> *Vale is the word most used by Spanish people to show agreement.*
>
> **Ana** ¿Y no prefieres comprar en el mercado de Santa Caterina? Tienes frutería, carnicería, panaderías...
>
> **Álvaro** Sí, Paula, comercio de barrio.
>
> **Ana** ¿Cómo vamos?
>
> **Paula** En metro, línea 3.
>
> *Álvaro, Paula, and Ana take the metro 3 line to the market. They can't find the food stall, so they ask the fruit and vegetable seller.*
>
> **Ana** Perdone, ¿sabe si hay un puesto de comida marroquí en el mercado de Santa Caterina?
>
> **Frutero** Ummm, déjame pensar. Había un puesto de comida marroquí, pero ya no está. ¿La propietaria? Una mujer un poco bohemia... una artista.
>
> **Ana** ¿Artista?
>
> *Ana turns to her friends.*
>
> **Ana** Mi tío Farid también era artista, pintor.

2 Decide if these statements are *true* (verdadero) or *false* (falso). Correct the false ones.

a Paula está muy cansada. verdadero falso
b Álvaro necesita saber si hay un puesto de comida marroquí en el Mercado de Santa Caterina. verdadero falso
c Álvaro, Paula y Ana necesitan ir al supermercado. verdadero falso
d Álvaro, Paula y Ana van en metro al mercado de Santa Caterina. verdadero falso
e Ana pregunta al frutero si hay un puesto de comida marroquí en el mercado de Santa Caterina. verdadero falso

LANGUAGE BUILDER 3

💡 Language discovery 3

Look at the conversation again and complete the sentences.

a Chicos, ¿qué .... hacer esta tarde?
b Tú, Ana, ¿qué .... hacer?
c ¿Y no .... comprar en el mercado de Santa Caterina?

Notice the forms queréis and quieres from the infinitive querer. How are they different from the infinitive querer? Notice the form prefieres. How is it different from the infinitive preferir?

Expressing desires and preferences (quiero/prefiero)

Querer (*to want*) and preferir (*to prefer*) are used to talk about wishes/preferences.

Amir quiere ir al Museo Picasso.   Amir wants to go to the Picasso Museum.
Ana prefiere ir al mercado de Santa Caterina.   Ana prefers to go to Santa Caterina market.
Carmen prefiere este libro, pero Inés   Carmen prefers this book, but Inés wants
  quiere ese.   that one.

Both verbs can be followed either by a noun (e.g. libro) or by a verb in the infinitive (e.g. ir).
Querer and preferir both have a stem change e>ie in all but the nosotros and vosotros forms:

	querer (*to want*)	preferir (*to prefer*)
(yo)	quiero	prefiero
(tú)	quieres	prefieres
(el/ella/usted)	quiere	prefiere
(nosotros/as)	queremos	preferimos
(vosotros/as)	queréis	preferís
(elllos/ellas/ustedes)	quieren	prefieren

Language practice 3

05.11 Listen to these couples talk about their trip to Barcelona. Match the names and places.

a Monjuic   b Parque Güell   c Las Ramblas   d Villa Olímpica   e Casa Batló

1 Antonio   2 Paloma   3 Miguel   4 Claudia   5 Juan   6 Berta

5 *Mi barrio, mi ciudad*

LANGUAGE BUILDER 4

💡 Language discovery 4

Listen to the conversation again and repeat each line in the pauses provided. Then compare the following phrases.
a Estoy un poco cansada.
b Yo estoy muy cansado.
c También estoy bastante cansada...

What are un poco, bastante, and muy used for in Spanish?

Quantity and degree (nada, poco, bastante, muy)

For qualities or states of people, it is very common to use words such as muy (*very*), bastante (*pretty, somewhat*), un poco (*a little*) or nada (*not at all*) to qualify the adjective.

Estoy muy cansado/cansada.	*I am very tired.*
Estoy bastante cansado/cansada.	*I am pretty tired.*
Estoy un poco cansado/cansada.	*I am a little tired.*

Un poco is used only with adjectives that express negative qualities.

Aitana es un poco egoísta/perezosa.	*Aitana is a bit selfish/lazy.*
Aitana es ~~un poco~~ trabajadora.	*Aitana is a bit of a hard worker.*

Finally, nada is used to mean *not at all* and is only used in negative sentences.

No estoy nada cansada.	*I am not tired at all.*

Language practice 4

What would you say in these situations?

a It's midnight. It's been a hard day at work and you are eating dinner out. Your friends are going clubbing. Say you're pretty tired and prefer to go home.
b You have passed the last exam of your degree. Say you are very happy and want to invite your friends to celebrate.
c You have a job interview this afternoon and have been preparing all week. Your friends suggest going for lunch. Say that you are a little nervous (nervioso/a) and want to eat at home.
d You have been walking around Barcelona all day, but are not tired at all. Your friends want to go back to the hotel and visit the Sagrada Familia tomorrow. Say that you are not tired at all and want to go to see the Sagrada Familia today.

Now play Conversation 2 again and play Ana's role. Speak in the pauses provided. Try not to refer to the text.

SKILL BUILDER

1 Listen to a description of a neighborhood. Write the places named in order.

05.14

bar	boca de metro	carnicería	estanco
frutería	farmacia	panadería	parada de autobús
supermercado	tienda de ropa	gimnasio	peluquería

a .... c .... e .... g ....

b .... d .... f .... h ....

Which four places from the list are not mentioned?

....

2 Complete the directions for 7, plaça del Diamant to plaça Revolució de Setembre.

a .... por plaça del Diamante **b** .... carrer d'l'Or. **c** .... a la izquierda hacia carrer de l'Or. Gira **d** .... la derecha hacia carrer de Verdi. Gira a la izquierda hacia carrer de Terol. Gira a la derecha **e** .... plaça Revolució de Setembre.

3 Follow the prompts to answer different people proposing a plan. Use the verbs *querer*, *preferir*, *también*, and *tampoco* when necessary.

Manuel	No me gusta ir a cenar a un restaurante. Prefiero cenar en casa.	You	a	Tell Manuel that you don't like to have dinner out either and that you want to stay at home.
Lola	Me encanta pasear por las Ramblas.	You	b	Tell Lola you prefer a stroll through Barceloneta.
Iker	Me encanta hacer deporte. ¿Vamos a la Barceloneta? Podemos correr por la playa.	You	c	Tell Iker that you also like to do sports, but that you prefer to go to Monterols to play basketball.

4 Read what Mireia says about her weekend. Complete with the appropriate forms of *ir*.

Me llamo Mireia. Soy catalana, de Barcelona. Los viernes me gusta **a** ....
al Born a cenar con mis amigos. El sábado por la mañana, Manel, mi novio, y yo
b .... al Mercado de la Boquería. Él **c** .... a la frutería y yo
d .... a la carnicería.

El sábado por la tarde **e** .... a la Barceloneta a hacer deporte. Manel prefiere ver series en casa. ¿Y tú? ¿Qué haces el fin de semana? ¿Dónde **f** ....?

5 *Mi barrio, mi ciudad*

TEST YOURSELF

Read and complete Ana's description of the main characters in the story.

Tengo	gusta	carnicerías	encanta	tiene
invitar	carnicero	es	bares	
rubia	centro	Llevo	soy	

Soy Ana, **a** .... morena. **b** .... el pelo muy largo y rizado. **c** .... gafas y soy alta. Soy generosa, divertida y un poco bohemia. Me **d** .... salir con mis amigos, me encantan los bares, estar en la calle… También me gusta cocinar. ¡Ah! Y me encanta comprar ropa.

Mi amigo Álvaro **e** .... moreno, **f** .... barba y el pelo rizado. Álvaro es responsable, bastante trabajador y un poco tímido. A Álvaro le **g** .... cocinar, **h** .... a amigos a casa, ver series. Es bastante tranquilo. Le gustan las ciudades pequeñas. Le encanta comprar en las tiendas de barrio: fruterías, **i** ...., panaderías. Le encanta comprar y hablar con el **j** ...., el frutero, el panadero…

Su novia, Paula, es **k** .... Tiene el pelo largo y liso. Paula es abierta y muy simpática. A Paula también le gusta salir, estar en la calle, en los **l** .... Le encanta Madrid. Sobre todo, el **m** .... ¡Ah! Y le encanta la vida cultural de Madrid: sus museos y galerías de arte.

Remember to use **My review** and **My takeaway** to assess your progress and reflect on your learning experience.

6

In this lesson you will learn how to:
» Talk about daily routine.
» Say the time.
» Express obligations and duties.
» Tell how often something is done.

Día a día

My study plan

I plan to work with Unit 6
○ Every day
○ Twice a week
○ Other _____

I plan to study for
○ 5–15 minutes
○ 15–30 minutes
○ 30–45+ minutes

My progress tracker

Day / Date	🎧	🎤	📖	✏️	💬
	○	○	○	○	○
	○	○	○	○	○
	○	○	○	○	○
	○	○	○	○	○
	○	○	○	○	○
	○	○	○	○	○
	○	○	○	○	○

My goals

What do you want to be able to do or say in Spanish when you complete this unit?

Done

1 .... ○
2 .... ○
3 .... ○

My review

SELF CHECK	
	I can ...
○	... talk about daily routine.
○	... tell the time.
○	... express obligations and duties.
○	... say how often something is done.

CULTURE POINT 1

Las tareas *Chores*

According to a recent study by the Organization for Economic Co-operation and Development (OECD), women in Spain spend more than twice as many hours as men on tareas del hogar (*household chores*). The MeToca (*MyTurn*) app, developed by the Ministerio de Igualdad (*Spanish Ministry of Equality*), aims to make all members of the family unit jointly responsible for tasks such as el cuidado de hijos o mayores (*caring for children or the elderly*), la compra (*shopping*), la cocina (*cooking*), and la limpieza (*cleaning*).

The app generates a series of estadísticas semanales o mensuales (*weekly and monthly statistics*), showing the time spent on these tasks and highlighting possible inequalities. Each member of the household is allotted a certain number of hours to spend on household chores. They can see how much time they have spent on the different chores and the 'balance' available. It is then possible to know whether a person has completed their allotted time and whether they are excused from carrying out more tasks.

Learn how the MeToca app works and maybe try it out yourself.

VOCABULARY BUILDER 1

Look at the words and phrases and complete the missing English words and expressions. Then listen and try to imitate the pronunciation of the speakers.

TAREAS DEL HOGAR
limpio, sucio
limpiar la casa/la cocina/el baño
lavar los platos/la ropa
hacer la cama
pasar la aspiradora
regar las plantas
sacar la basura
poner la lavadora
poner la mesa
hacer la compra
comprar el pescado/la carne/
   la fruta/la verdura/el pan
cuidar a los/las hijos/as
cuidar a los mayores

HOUSEHOLD CHORES
........................, dirty
to clean the house/kitchen/bathroom
to wash the dishes/clothes
to make the bed
to vacuum
to water the plants
to take out the trash
to load the washing machine
to set the table
....
to buy fish/meat/fruit/vegetables/
   bread
....
....

EXPRESIONES DE FRECUENCIA
¿Cómo es tu rutina/tu día a día?
siempre, nunca
normalmente/generalmente
una vez al día/mes/año
dos/tres veces a la semana
todos los días/meses/años
todas las semanas
casi siempre
a diario
semanalmente
a veces
semanal, mensual, anual

FREQUENCY EXPRESSIONS
What is your routine/day-to-day life like?
always, never
usually/normally
once a day/month/year
two/three times a week
every day/month/year
every week
almost always
daily
weekly
sometimes
weekly, monthly, yearly (adj).

Vocabulary practice 1

Write how often you do the following household chores.

a hacer la cama ....
b sacar la basura ....
c limpiar la casa ....
d regar las plantas ....

6 *Día a día*   79

CONVERSATION 1

La nueva rutina de Ana *Ana's new routine*

06.02 Here are a few words and expressions to help you understand the conversation.

dar un paseo — *to take a walk*
nada que ver con — *nothing to do with*

06.03

1 Listen to the conversation without looking at the text. Then listen to the conversation again and read the text.

> Back from Barcelona, Ana makes a video call telling her parents all about her nueva vida (*new life*) in Madrid: el teletrabajo (*remote work*) with the Córdoba office and working on the restaurant's reopening. Notice the verbs Ana uses to express her routine and the words to express quantity.
>
> **Ana** ¡Hola! ¡Hola, papá! ¡Hola, mamá!
>
> **Julián** ¡Hola, Ana!
>
> **Elena** ¡Hola, hija! ¿Qué tal?
>
> **Ana** Bien, bien. Nueva vida...
>
> **Julián** ¿Qué tal? ¿Cómo es tu rutina, tu día a día? ¿Qué tal llevas el teletrabajo, todo el día en casa?
>
> **Ana** Bueno... doy un paseo todas las mañanas, de lunes a viernes, para salir de casa... Además, todos los días voy al restaurante. ¡Ah! y salgo con mis amigos dos o tres veces a la semana.
>
> **Elena** Y las tareas de la casa, ¿qué tal? ¿Pones lavadoras? ¿Pasas la aspiradora? ¿Haces la compra? ¿Diaria o semanal?
>
> **Ana** Haces muchas preguntas, mamá. Pero sí... pongo la lavadora y paso la aspiradora todos los días. Hago la compra una vez a la semana.
>
> **Julián** ¿Y Madrid? ¿Qué tal Madrid? ¿Mucha gente? ¿Mucho tráfico?
>
> **Ana** Bastante gente y bastante tráfico... ¡y poco tiempo! Nada que ver con Lucena.

2 Answer these questions.

  a ¿Qué actividad hace Ana de lunes a viernes? ....

  b ¿Qué hace Ana dos o tres veces a la semana? ....

  c ¿Qué hace Ana una vez a la semana? ....

  d ¿Qué tres tareas del hogar hace Ana? ....

LANGUAGE BUILDER 1

Language discovery 1

Look at the conversation again and complete Ana's routine.

a .... un paseo todas las mañanas... ¡Ah! y b .... con mis amigos dos o tres veces a la semana.

c .... la lavadora, paso la aspiradora y d .... la compra una vez a la semana.

Think about these verbs: dar, salir, poner and hacer. Are they regular?

Verbs like dar (*to give*) and poner (*to put*)

The verbs dar (*to give*), poner (*to put*), hacer (*to do*), and salir (*to go out*) are regular, except in the yo form: doy, pongo, hago, and salgo.

Doy una vuelta todos los días con mis amigos. — *I go for a walk every day with my friends.*

¿Ponéis la lavadora todos los días? — *Do you put the washing machine on every day?*

Siempre hago mi cama. — *I always make my bed.*

Complete the grid with the regular forms of dar, poner, hacer and salir.

	dar (*to give*)	poner (*to put*)	hacer (*to do*)	salir (*to go out*)
(yo)	doy	pongo	hago	salgo
(tú)	das	....	haces	....
(él/ella/usted)	....	pone	....	sale
(nosotros/nosotras)	damos	....	hacemos	salimos
(vosotros/vosotras)	dais	ponéis	....	salís
(ellos/ellas/ustedes)	....	ponen	hacen	....

Language practice 1

Complete the following sentences using dar, poner, hacer or salir as appropriate.

a Inés .... un paseo por las tardes.
b Pedro, Carmen, ¿.................... la cama todos los días?
c Amir y yo .... los viernes.
d ¿ .... tus hijos la mesa todos los días?
e Yo .... un paseo por la tardes.
f Bea, ¿.................... la compra los martes?
g Rocío .... los sábados.
h Yo .... las tareas de la casa con mis hijos.
i Ana y yo .... la lavadora todos los días.
j Yo .... con mis amigos los domingos.

LANGUAGE BUILDER 2

💡 Language discovery 2

Listen to the conversation again and repeat each line in the pauses provided. Try to imitate the phrasing and intonation you hear. Can you find the words for *a lot* and *a little*?

¿Mucho o poco?

To express a general quantity, use poco (*a little*), mucho (*a lot*) or bastante (*quite a lot, plenty*). These act as adjectives and agree with the noun in number and gender. Compare: mucha gente (*a lot of people*), mucho tráfico (*quite a lot of traffic*), muchos problemas (*a lot of problems*), muchas casas (*a lot of houses*), but bastante tráfico (*quite a lot of traffic*) and bastante gente (*quite a lot of people*).

Singular		Plural	
masculine	feminine	masculine	feminine
poco	poca	pocos	pocas
mucho	mucha	muchos	muchas
bastante		bastantes	

Tengo poco dinero y muchos problemas. — *I have little money and a lot of problems.*

Hay muchas casas en esa zona. ¡Y bastante tráfico! — *There are a lot of houses in this neighborhood. And quite a lot of traffic!*

Tengo bastantes primos. — *I have a lot of cousins.*

Poco, **mucho** and **bastante** can also be used as pronouns to take the place of a noun.

¿Cuántos amigos tienes? –Bastantes. — *How many friends do you have? –Quite a few.*

¿Tienes muchas tareas hoy? –¡Sí, tengo muchas! — *Do you have many chores today? –Yes, I have a lot!*

Language practice 2

1 **What would you say in these situations?**

  a Your friend Amir suggests staying at a four-star hotel. Tell him you don't have much money and prefer to go camping.

  b Your landlord offers to lend you her furniture to decorate the house you rented. Tell her that you have plenty of furniture and you prefer to use your own.

  c You have moved to Málaga and your friend Carlos wants to know about the city. Tell him it's a fairly quiet city. There isn't much traffic and there aren't many people.

2 **Now play Conversation 1 again and play Ana's role.**

CULTURE POINT 2

Los mercados españoles *Spanish markets*

Los mercados españoles (*Spanish markets*) are arguably some of the best places to celebrate the Spanish love for gastronomy. Some of these markets are centuries old and many are located in the heart of their respective towns and cities.

Some of the best known in Madrid are el Mercado de la Cebada, which dates back to the 16th century, with open-air stalls in the plaza de la Cebada; el Mercado de San Miguel, located in the heart of Madrid, next to the Plaza Mayor, has recently become well known for its tapas bars donde puedes comer o cenar (*where you can have lunch or dinner*); and el Mercado de Maravillas, one of the largest bazaars in the capital, with fresh food stalls, but also with some art or craft stalls.

Some of these markets have a horario partido (*split schedule*), with a pausa a mediodía (*midday break*) para la comida (*for lunch*). They are open de nueve de la mañana a las dos de la tarde (*from nine in the morning to two in the afternoon*) and de cinco y media a ocho y media de la tarde (*from five thirty to eight thirty in the afternoon*). Others, however, have a continuous schedule and do not close a mediodía (*in the middle of the day*). Most open at nueve o diez de la mañana (*nine or ten in the morning*) and close at las ocho de la tarde (*eight in the evening*), but some stay open a las doce de la noche (*until midnight*) or una de la madrugada (*1 a.m.*) on weekends.

Explore Madrid's iconic Mercado de la Cebada. Find out which Metro line and stop you could use to get there.

6 *Día a día*   **83**

VOCABULARY BUILDER 2

06.06

Look at the words and phrases and complete the missing English words and expressions. Then listen and try to imitate the pronunciation of the speakers.

RUTINAS DIARIAS	DAILY ROUTINE
levantarse	to get up
despertarse	to wake up
acostarse	to go to bed
dormirse	to fall asleep
lavarse	to wash oneself
ducharse	to take a shower
desayunar	to have breakfast
comer	....
cenar	....
dormir	to sleep

COMIDAS	MEALS
el desayuno	breakfast
la comida	....
la cena	....

DECIR LA HORA / TELLING THE TIME

¿Qué hora es?/¿Tiene/s hora? — What time is it?
Es la una. — It's one o'clock.
Son las dos. — It's two o'clock.

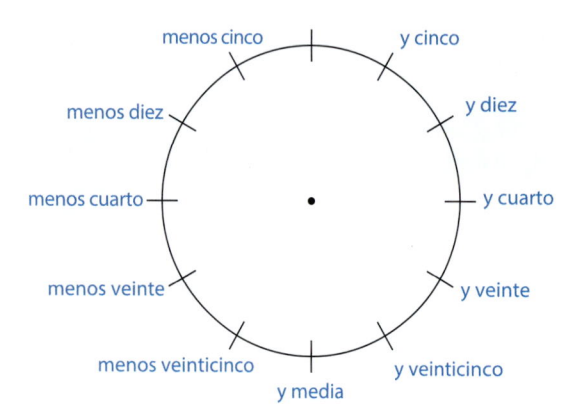

menos cinco / y cinco
menos diez / y diez
menos cuarto / y cuarto
menos veinte / y veinte
menos veinticinco / y veinticinco
y media

Note that you use the singular **es** when the time starts with one o'clock and the plural **son** for all other hours of the day. Use **y** (*and*) to specify minutes past the hour and **menos** (*less*) to specify minutes before the hour.

¿A qué hora es la comida? — What time is lunch?
La comida es a las dos. — Lunch is at two o'clock.

> The 12-hour clock is commonly used in conversation, but the 24-hour clock is preferred in writing, especially for schedules, timetables, and business hours. When using the 12-hour clock, you can add **de la mañana/tarde/noche** (*in the morning/afternoon/night*) for clarity. The expression **de la madrugada** refers to the *dawn hours* in the middle of the night.

Vocabulary practice 2

1 Write the time in Spanish using the 12-hour clock and **de la mañana**, **de la tarde** or **de la noche**. **¿Qué hora es?**
Example: 7:30—*Son las siete y media de la mañana.*

- **a** 7:35
- **b** 7:45
- **c** 8.00
- **d** 8:15
- **e** 14:00
- **f** 21:15
- **g** 23:25

2 Match the times with the activities.

1. 7:30 a.m.
2. 7:35 a.m.
3. 7:45 a.m.
4. 8:00 a.m.
5. 8:15 a.m.
6. 2:00 p.m.
7. 9:15 p.m.
8. 11:25 p.m.

- **a** desayunar
- **b** acostarse
- **c** cenar
- **d** lavarse los dientes
- **e** despertarse
- **f** ducharse
- **g** ir al trabajo
- **h** comer

Pronunciation practice

06.07

1 Listen and repeat after each pause. (**Palabras con...** means *words with ...*)

Palabras con t	Palabras con d
acostarse	diario
plato	dormir
levantarse	ducharse
tender	día

06.08

2 Choose the word you hear.

- **a** día / tía
- **b** dé / té
- **c** tienda / tienta
- **d** dos / tos
- **e** duna / tuna
- **f** domo / tomo
- **g** saldo / salto
- **h** soldado / soltado
- **i** codo / coto
- **j** seda / seta

CONVERSATION 2

El chef Koldo *Chef Koldo*

06.09 Here are a few words and expressions to help you understand the conversation.

cuéntame	*tell me*
¿Cómo te organizas?	*How do you organize yourself?*
alimentos frescos	*fresh food*
Creo que nos vamos a entender.	*I think we will understand each other.*

06.10

1 Listen to the conversation without looking at the text. Then listen to the conversation again and read the text.

> Ana's search for a chef for the restaurant has finally come to an end! Koldo is a top chef with over twenty years' experience. Here they are talking about the tasks that have to be done every day. Notice the verbs used to express obligation and the one used for daily routines.
>
> **Ana** Y cuéntame, ¿cómo es tu rutina?, ¿cómo te organizas?
>
> **Koldo** Pues... hay que hacer compra diaria.
>
> **Ana** ¿Hay que comprar todos los días?
>
> **Koldo** Sí, sí. Tengo que ir al mercado todos los días. Me levanto temprano, a las siete y media. Me ducho, me visto, desayuno... y voy al mercado. Hay que estar ahí a las nueve en punto. A esa hora llegan los alimentos frescos.
>
> **Ana** ¿A qué mercado vas? ¿Al de la Cebada?
>
> **Koldo** Sí, al de la Cebada, en la plaza de la Cebada. Está a solo a dos minutos andando.
>
> **Ana** Estupendo. Me encanta el Mercado de la Cebada. Creo que nos vamos a entender.

2 Read the text and identify the TWO correct sentences.

a Koldo es el nuevo chef del restaurante de Ana.
b Koldo hace compra semanal.
c Koldo se despierta a las 9:00.
d A Koldo tampoco le gusta el mercado de la Cebada.
e A Ana le gusta el mercado de la Cebada.

LANGUAGE BUILDER 3

💡 Language discovery 3

Complete the sentences. What do you notice about the verbs used?

Koldo	Pues... **a** .... hacer compra diaria.
Ana	¿ **b** .... comprar todos los días?
Koldo	Sí, sí. **c** .... ir al mercado todos los días.

Expressing obligation with **tener que** and **hay que**

There are two common ways to express obligation in Spanish. Use tener que + infinitive to express an obligation referring to a specific person. Remember that tener is irregular.

(Yo) tengo que ir al mercado todos los días.	I have to go to the market every day.
(Tú) tienes que lavar la ropa.	You have to wash the clothes.
(Él/ella/usted) tiene que pasar la aspiradora.	He has to vacuum.
(Nosotros/as) tenemos que poner la lavadora.	We have to put the washing machine on.
(Vosotros/as) tenéis que regar las plantas.	You have to water the plants.
(Ellos/ellas/ustedes) tienen que cuidar a sus hijos.	They/you have to take care of their/your children.

When talking about a general obligation where the subject is generic *you*, *people* or *someone*, use hay que + infinitive.

| Hay que comprar todos los días. | You (someone) have to shop every day. |
| Hay que estar en el mercado a las nueve en punto. | You have to be at the market at nine o'clock. |

Language practice 3

06.11

1 Listen to Fernando Solís and match the chores with the name of the person who does them in his family. There is one extra chore, that for the time being, no one is taking care of.

1 Fernando Solís and his wife
2 Rocío
3 Juan
4 Rocío y Juan

a pasar la aspiradora
b regar las plantas
c hacer la compra semanal
d poner la mesa
e poner la lavadora

2 Write about how the Solís family share household chores, using full sentences.

Example: *Rocío tiene que poner la mesa todos los días.*

3 Now talk about how you share chores in your household.

6 *Día a día*   87

LANGUAGE BUILDER 4

💡 Language discovery 4

Listen to the conversation again and repeat each line in the pauses provided. Try to imitate the phrasing and intonation you hear.

Find out what Koldo does in the morning. What words come before the verb?

Reflexive verbs (me levanto, te levantas...)

Sometimes the action of a verb is 'reflected' back onto the subject, as in *to dress oneself*, or *get dressed*. This idea is expressed by adding a reflexive pronoun—me, te, se, nos, os, se—before the verb.

lavarse (*to wash oneself*)

(yo)	me lavo	(nosotros/nosotras)	nos lavamos
(tú)	te lavas	(vosotros/vosotras)	os laváis
(él/ella/usted)	se lava	(ellos/ellas/ustedes)	se lavan

Many verbs related to routines or habits are reflexive verbs: despertarse, levantarse, acostarse, dormirse, ducharse, lavarse and also peinarse (*to comb your hair*) and maquillarse (*to put on makeup*). The reflexive pronoun can also be attached to the end of an infinitive: tienes que peinarte (*You have to comb yourself = your hair*).

Language practice 4

1 Complete the conversations with the correct forms of the verbs in parentheses.

a Eva, ¿A qué hora (levantarse) **1** .... Cris y tú normalmente?

Yo, de lunes a viernes (levantarse) **2** .... a las siete y media. Cris (levantarse) **3** .... a las ocho. Los fines de semana las dos (despertarse) **4** .... a las nueve o nueve y media, pero (levantarse) **5** .... a las diez.

¿Y a qué hora (acostarse) **6** ....

Tarde, (acostarse) **7** .... a las once y media. A veces, a las doce. Y yo no (dormirse) **8** .... hasta la una.

b Fátima, tienes el pelo muy rizado. ¿(peinarse) **1** .... todos los días?

Sí, (peinarse) **2** .... todos los días. A veces, dos veces al día.

2 Now play Conversation 2 again and play Koldo's role. Speak in the pauses provided. Try not to refer to the text.

SKILL BUILDER

1 **Complete the sentences using dar, poner, hacer or salir.**

   a Nosotros .... un paseo todos los días.
   b Yo .... la cama todos los días. ¿Y tú? ¿También .... la cama todos los días?
   c Ana y yo .... los viernes.
   d ¿ .... tú la mesa todos los días?
   e Yo .... un paseo todos los jueves.
   f ¿Vosotros .... la compra los viernes?
   g Manu .... los sábados.
   h Javier y Santi .... la lavadora los lunes.
   i Yo .... con mis primos siempre.
   j Yo .... la compra con mi marido todas las semanas.

2 **Complete these sentences using mucho, poco or bastante in the correct form.**

   a Mañana voy a Madrid. Quiero ir a .... sitios: el Museo del Prado, el Palacio Real, el Santiago Bernabéu... Tengo .... amigos y no necesito reservar hotel.
   b Tengo .... comida. ¿Vienes conmigo al Mercado de Maravillas? Hay .... tiendas y está en el centro.
   c Tengo .... tiempo. Salgo a las cinco en punto y tengo que volver a las cinco y media. A estas horas hay .... tráfico. ¿Vamos andando?

3 **Complete the table with the missing forms for the regular verb (desayunar), reflexive (levantarse), and three irregular verbs (ir, volver, and dormir).**

	levantarse	desayunar	ir	volver	dormir
(yo)		desayuno			
(tú)	te levantas		vas		duermes
(él/ella/usted)				vuelve	
(nosotros/as)	nos levantamos				dormimos
(vosotros/as)				volvéis	
(ellos/ellas/ustedes)	se levantan	desayunan	van		

4 **Write the times.**

   a 15:45
   b 09:30
   c 09:45
   d 17:20
   e 03:15
   f 11:10
   g 16:55
   h 13:25

TEST YOURSELF

Read the email from Álvaro to his parents about his and his friends' daily routines. Choose the correct answer.

✉ Nuevo mensaje

¡Hola, papá! ¡Hola, mamá!

¿Qué tal estáis?

Os escribo para hablaros de mis primeras semanas en Madrid. ¿Cómo os imagináis mi día a día?

En casa, Paula se levanta a las seis y media. Trabaja de ocho a tres. A veces tiene guardias y tiene que trabajar por la noche. Normalmente, hace tres o cuatro al mes. Cuando no tiene guardia se acuesta a las once y media.

Yo me levanto a las ocho menos cuarto. A las 8 y media voy a la oficina. Trabajo toda la mañana hasta las dos o dos y media. A esa hora salgo a comer con mis compañeros de trabajo. Por la tarde, trabajamos hasta las siete o siete y media. Algunos días, Paula y yo vamos al restaurante de Ana, nuestra nueva amiga, a ayudar un poco. Normalmente, me acuesto a las once u once y media.

Por último, os cuento sobre Ana, nuestra nueva amiga, que es ¡dueña de un restaurante! Ana, de lunes a viernes, se levanta a las siete. Se ducha, se viste, desayuna y sale a dar un paseo. Luego vuelve a casa y teletrabaja toda la mañana hasta las dos. Por la tarde, trabaja de tres a cinco. Luego, va al restaurante. El día de Ana es agotador: tiene dos trabajos. También, como nosotros, se acuesta a las once y media.

Y este es nuestro día a día... A ver si venís a Madrid a conocer a Ana y nuestra nueva casa.

Un abrazo. Vuestro hijo.

Álvaro

a Paula se levanta...
 1 las seis y media. 2 las ocho menos cuarto. 3 las siete y media.

b Todas las mañanas de lunes a viernes, Ana
 1 va a la oficina. 2 da un paseo. 3 va al hospital.

c Álvaro...
 1 está muy cansado por la noche. 2 trabaja de ocho a tres. 3 come con sus compañeros de trabajo.

d Ana, Álvaro y Paula normalmente se acuestan...
 1 a las diez y media. 2 a las once menos cuarto. 3 a las once u once y media.

e ¿Quién trabaja hasta las cinco?
 1 Paula 2 Ana 3 Álvaro

f ¿Quién trabaja toda la noche tres o cuatro veces al mes?
 1 Ana 2 Álvaro 3 Paula

Remember to use **My review** and **My takeaway** to assess your progress and reflect on your learning experience.

In this lesson you will learn how to:
» Talk about an action in progress.
» Go shopping at the market.
» Order in a restaurant.
» Give and follow a recipe.

¿Tomamos algo?

My study plan

I plan to work with Unit 7
○ Every day
○ Twice a week
○ Other _____

I plan to study for
○ 5–15 minutes
○ 15–30 minutes
○ 30–45+ minutes

My progress tracker

Day / Date	🎧	🎤	📖	✏️	💬
	○	○	○	○	○
	○	○	○	○	○
	○	○	○	○	○
	○	○	○	○	○
	○	○	○	○	○
	○	○	○	○	○
	○	○	○	○	○

My goals

What do you want to be able to do or say in Spanish when you complete this unit?

Done

1 .... ○
2 .... ○
3 .... ○

My review

SELF CHECK	
	I can ...
○	... talk about an action in progress.
○	... go shopping at the market.
○	... order in a restaurant.
○	... give and follow a recipe.

CULTURE POINT 1

El aceite de oliva *Virgin olive oil*

El aceite de oliva (*olive oil*) is one of the most popular cooking ingredients, not only for its taste, but also for its many health benefits. Its history has always been linked to the Mediterranean, be it ancient Egypt, classical Greece, or the Roman Empire. In fact, it was the ancient Phoenicians and Greeks who introduced olive cultivation to Spain, but it wasn't until the Roman Empire that it became more widespread and el aceite de oliva from Hispania (the Roman name for Spain) was one of the most valued of the time.

Today, Spain is the world's top olive-oil producer, and olive oil is un ingrediente básico de la cocina española (*a basic ingredient of Spanish cuisine*). It is used crudo (*raw*), como aderezo para platos fríos y ensaladas (*as a dressing for cold dishes and salads*), en platos fritos (*in fried dishes*), al horno (*baked*), a la plancha (*grilled*), and even in postres (*desserts*), like the famous Mediterranean Lemon Olive Oil Cake.

El aceite de oliva, along with frutas (*fruit*), verduras (*vegetables*), and jamón ibérico (*Iberian ham*), has earned Spain worldwide fame not only for sus platos tradicionales (*its traditional dishes*): paella, tortilla de patatas (*potato omelet*), and gazpacho, but also for the ingredients that make them possible.

To learn more about productos españoles (*Spanish products*), comidas locales (*local foods*), and the farmers, chefs, and other professionals who make it all possible, have a look at Alimentos de España, el país más rico del rico. This local campaign was launched by the Ministry of Agriculture, Fisheries and Food in the early 2020s with the goal of inspiring the people of Spain to value and choose local products.

Do you know which precious metal Spanish virgin olive oil has been compared to?

VOCABULARY BUILDER 1

Look at the words and phrases and complete the missing English words and expressions. Then listen and try to imitate the pronunciation of the speakers.

ALIMENTOS	FOOD
la leche	milk
el queso	cheese
el yogur	....
el huevo	egg
el pimiento	pepper
la patata	potato
el ajo	garlic
la cebolla	onion
el pepino	cucumber
el tomate	....
el plátano	banana
la manzana	apple
la fresa	strawberry
el jamón	ham
el salmón	salmon
el marisco	seafood
la sal/la pimienta	....
el azúcar	sugar
un kilo/dos kilos	one kilo/two kilos
una docena de huevos	a .... eggs
una lata de atún	a can of tuna
bebidas	beverages
el agua	water
el vino blanco/el tinto/el rosado	red/white/.................... wine

EN EL MERCADO	AT THE MARKET
Quiero un kilo de tomates.	I want one kilo of tomatoes.
¿Me pone medio kilo de fresas?	Can you give me half a kilo of strawberries?
¿Cuánto cuesta el kilo de plátanos?	How much does a kilo of bananas cost?

Vocabulary practice 1

Find the odd one out.

a leche   queso   yogur   pimientos
b manzana   fresa   plátano   salmón
c agua   vino   café   patatas
d una lata de atún   un kilo de tomates   una docena de huevos   azúcar

7 ¿Tomamos algo? 93

CONVERSATION 1

De la huerta a la mesa *From farm to table*

07.02 Here are a few words and expressions to help you understand the conversation.

No queda ninguna.	There are none left.	¿Ya tienes todo?	Do you have everything?
la competencia	the competition	Creo que hacemos un buen equipo.	I think we make a good team.

07.03 **1 Listen to the conversation without looking at the text. Then listen to the conversation again and read the text.**

> Ana hires Koldo as the new chef for her restaurant. Koldo is at the Mercado de la Cebada and Ana has just arrived. They are going to shop together.
>
> **Koldo** ¿A cuánto está el kilo de tomates?
>
> **Frutero** A dos euros.
>
> **Koldo** Um... ¿Me pone ocho kilos de tomates?
>
> **Frutero** De acuerdo. ¿Quiere alguna cosa más?
>
> **Koldo** Sí, cinco kilos de pepinos y... cebollas... Creo que no queda ninguna. Dos bolsas de cebollas, por favor.
>
> **Ana** Hola, Koldo. Llego tarde. Disculpa. ¿Ya tienes todo?
>
> **Koldo** Umm... Déjame pensar. Ya tenemos los tomates, los pepinos, las cebollas. No tenemos que comprar pimientos. Tenemos bastantes... Pero espera, quiero comprar algunas fresas también para el gazpacho. (*to the fruit seller*). Disculpe ¿tiene fresas?
>
> **Frutero** Sí, me quedan algunas. ¿Cuántas quiere?
>
> **Koldo** Dos kilos, por favor.
>
> **Ana** ¿Fresas para el gazpacho?
>
> **Koldo** Además de los ingredientes tradicionales: tomates, pimientos, pepinos, ajos, aceite de oliva y sal... Mi gazpacho tiene fresas. Es gazpacho afrutado.
>
> **Ana** Tienes que darme esa receta, Koldo. Sé hacer gazpacho, pero no conozco esa receta del gazpacho afrutado.
>
> **Koldo** Claro...
>
> **Ana** ¿Sabes, Koldo? Ya sé por qué El Rincón de Ana es diferente. La característica <u>que</u> nos distingue de la competencia es que trabajamos con productos (carne, fruta o pescado) frescos. El Rincón de Ana: de la huerta a la mesa.
>
> **Koldo** Sí, Ana. Creo que hacemos un buen equipo.

que means that, or which, and links two sentences together.

2 Read the text and choose the TWO correct sentences.

a El kilo de tomates está a dos euros.
b Koldo cree que tiene alguna cebolla.
c El gazpacho de Koldo tiene sabor a marisco.
d Ana no sabe hacer gazpacho.
e Lo que hace diferente a El Rincón de Ana son los ingredientes.

LANGUAGE BUILDER 1

💡 Language discovery 1

Look at the conversation again and complete the sentences.

Frutero	De acuerdo. ¿Quiere **a** .... cosa más?
Koldo	Sí, cinco kilos de pepinos y... cebollas... creo que no queda **b** ....)
Koldo	.... quiero comprar **c** .... fresas también para el gazpacho....)
Koldo	Disculpe ¿tiene fresas?
Frutero	Si me quedan **d** .... ¿Cuántas quiere?

Quantities: *some, any* and *none* (algún, ningún)

The idea of *some/any* or *no/none* is expressed with algún (*any*) and ningún (*no/none*). Like poco, mucho, and bastante, they act as adjectives and agree with the noun in gender and number.

¿Quiere alguna cosa más?   *Is there anything else you would like?*
No queda ninguna cebolla   *There are no onions*

	singular	plural
some/any	algún/a	algunos/as
no/none	ningún/a	ningunos/as

algún and ningún can also work as pronouns and take the place of a noun.

¿Tiene cebollas? No, no me queda ninguna.   *Do you have onions? No, I don't have any left.*
¿Tiene fresas? Sí, me quedan algunas.   *Do you have strawberries? Yes, I have some left.*

They can also be used with the preposition de to mean *some of* or *none of*. In this case, algún and ningún become alguno and ninguno.

Ninguno de mis amigos es médico.   *None of my friends is a doctor.*
Algunos de mis amigos son abogados.   *Some of my friends are lawyers.*

Language practice 1

Complete with the correct form of algún or ningún.

a No hay .... plato vegano en este restaurante.
b Tengo .... libros de cocina de Arguiñano, el famoso chef vasco.

7 *¿Tomamos algo?*   **95**

c Tengo .... algunas recetas de platos tradicionales peruanos. ¿De verdad? Yo no tengo ....

d ¿Hay .... apartamento en alquiler? –Lo siento, no tenemos ....

LANGUAGE BUILDER 2

💡 Language discovery 2

Listen to the Conversation 1 again and repeat each line in the pauses provided. Then translate this line into English. Do you notice any differences between the English and the Spanish?

Sé hacer gazpacho, pero no conozco esa receta del gazpacho afrutado.

07.04

The verbs saber and conocer (to know)

The verbs conocer and saber can both be translated as *to know*, but they are used differently.

Conocer refers to familiarity with a person (used with the preposition a), place, thing or concept.

Conozco a Nihad desde la guardería.	I have known Nihad since kindergarten.
No conozco esta receta.	I'm not familiar with this recipe.
Conozco Madrid, pero no conozco Barcelona.	I know Madrid, but I don't know Barcelona.

Conocer is also used to mean *to meet* or *to discover* for the first time.

¿Conoces a Marisa? –No, no la conozco.	Do you know Marisa? –No, I don't know her.
Por fin conozco a tus padres.	I'm finally meeting your parents.

Saber refers to having abilities or knowing facts.

Sé hacer gazpacho andaluz.	I know how to make gazpacho andaluz.
Sé dónde está el mercado de la Cebada.	I know where the Mercado de la Cebada is.
No sé a qué hora desayunas.	I don't know what time you have breakfast.

Both saber and conocer have an irregular yo form: sé and conozco. The rest are regular: sabes, sabe, sabemos, sabéis, saben and conoces, conoce, conocemos, conocéis, conocen.

Language practice 2

1 Choose which verb saber (s) or conocer (c) should be used with these actions.

a el norte de Italia
b dividir (*to divide*)
c tocar la guitarra (*play the guitar*)
d a qué hora cenas normalmente
e el final de la película (*the end of the movie*)
f nadar (*swim*)
g las costumbres de este país (*the customs of this country*)
h el camino de regreso a casa (*the way back home*)

2 Now play Conversation 1 again and play Koldo's role. Speak in the pauses provided. Try not to refer to the text.

07.05

CULTURE POINT 2
El país de los bares *The country of bars*

There is a famous song from the 1980s which everyone in Spain knows. It goes Bares qué lugares tan gratos para conversar (*Bars, what pleasant places for conversation*). A 2022 study confirms these lyrics: 85% of people of Spain prefer to socialize in bars and there is one bar for every 170 inhabitants. So, if you want to meet Spanish people … visit the bars! Spanish people like to socialize outdoors rather than indoors. The plazas are usually filled with people, young and old, who often hop from one bar to another.

Los bares españoles abren generalmente a las ocho u ocho y media de la mañana. You can enjoy a typical Spanish breakfast of tostada con aceite de oliva y tomate (*toast with olive oil and tomato*) or chocolate con churros (*chocolate with churros*) and eavesdrop on some of the animated conversation. The typical continental breakfast is also available: café con tostadas, mantequilla (*butter*) y mermelada (*coffee with toast, butter, and jam*).

Lunch is served from noon or 1 p.m. until 4 p.m., when you can enjoy some traditional Spanish dishes like paella or gazpacho, or choose from a variety of tapas (small portions of food served with a drink), like tortilla española (*Spanish omelet*), jamón ibérico (*Iberian ham*) or croquetas (*croquettes*).

Dinner is served late, usually from 9 p.m. onwards, and bars are open until midnight. You may find yourself stranded if you are used to eating between 4 p.m. and 9 p.m., with only fast food or an isolated restaurant as an option. You can continue socializing afterhours at a bar de copas (*cocktail lounge*). These are usually open until three in the morning.

¡Que aproveche! (*Bon appétit!*)

Do you want to know which tapas to order? Discover the top 20, according to the Tourism Office of Spain.

7 ¿Tomamos algo?   97

VOCABULARY BUILDER 2

07.06

Look at the words and phrases and complete the missing English words and expressions. Then listen and try to imitate the pronunciation of the speakers.

PLATOS Y SABORES DE LA COCINA ESPAÑOLA	DISHES AND FLAVORS IN SPANISH CUISINE
el bocadilllo	sandwich
la tarta	cake
la mermelada	....
la sopa	....
la ensalada	....
la paella	....
la tortilla española	....
la tapa	tapa
el aperitivo	....
estar rico	to be tasty

EN EL RESTAURANTE	AT THE RESTAURANT
el camarero/la camarera	waiter/waitress
el primer/segundo plato	first/second course
el postre	dessert
la cuenta	the bill
reservar una mesa	to reserve a table
pedir el menú	to ask for the menu
tomar el plato del día	to take the daily special
pedir/traer la cuenta	....
la ración	portion
¿Saben qué van a pedir?	Do you know what you are going to order?
¿Nos puede traer la carta?/¿Puede traernos la carta?	Can you bring us the menu?
¿Qué quieren de comida/bebida?	What would you like to eat/drink?
¿Nos puede traer la cuenta, por favor?	Can you bring us the bill?

RECETAS	RECIPES
cocer	to boil
cortar	to cut
pelar	to peel
freír	to fry
asar	to roast
hacer a la plancha	to grill
hacer al vapor	to steam
el tiempo de preparación	preparation time

Vocabulary practice 2

Complete this conversation with a waiter.

Hola, buenas noches.   Say good evening to the waiter and ask him for the menu.
Tiene un QR en la mesa. Mire.   Say thank you.
The waiter leaves and returns in a few minutes ...
¿Sabe ya que va a pedir?   Say yes, you are going to have the soup of the day.
¿Y de segundo?   For the main course, you want grilled (*a la parrilla*) salmon.
¿De postre?   For dessert, you want strawberry ice cream.
                                  You have finished your dinner. Ask the waiter for the bill.
¿Quiere un café?   Say no, thank you.

Pronunciation practice

In Spanish, three different letter combinations all represent the k sound: k (which mainly appears in foreign words), c, and qu. Notice the k and the g sound are produced in the same spot in the mouth.

1 Listen and repeat.

07.07

calabacín (*zucchini*), kiwi, quinoa, cuchillo (*knife*), comida, queso

galleta, gamba (*shrimp*), hamburguesa, guisante (*pea*), legumbre

2 Identify the word you hear.

07.08

a gama / cama   c gana / cana   e gallo / callo   g guita / quita
b gasa / casa   d goma / coma   f gana / cana   h bloc / blog

3 There are rules governing when c, k and qu are used. Look at these words, say them out loud, and put them in the table.

> kilo   kétchup   cuchillo   karaoke   koala   cáscara
>   comida   queso   quinoa   kung fu

c +	a .... o .... u	k +	a .... e .... i .... o .... u	qu +	e .... i ....

7 *¿Tomamos algo?*

Language practice 3

Complete with the present continuous of the verb in parentheses.

a Ana (*poner*) .... la mesa para sus amigos.
b Koldo (*preparar*) .... el menú degustación.
c Lola y yo (*hacer*) .... tortilla de patatas.
d Dong, ¿(*entender*) .... el audio?
e Miguel y Andrés (*cocinar*) .... en su casa.

LANGUAGE BUILDER 4

💡 Language discovery 4

07.10

Listen to the conversation again and repeat each line in the pauses provided. Try to imitate the phrasing and intonation you hear. Then complete the conversation.

Ana	Pues, de primero, Koldo está haciendo gazpacho. Normalmente, **a** .... hace con los ingredientes tradicionales, pero hoy **b** .... está haciendo con fruta.
Álvaro	¿Y de segundo?
Ana	De segundo, está haciendo tortilla de patatas.
Álvaro	¿Con o sin cebolla?
Ana	Koldo siempre **c** .... hace con cebolla.

Which words do **lo** and **la** refer to? Why are they different?

Direct object pronouns (lo, la, nos...)

A direct object receives the action of the verb.

Koldo prepara gazpacho andaluz.   *Koldo prepares gazpacho andaluz.*

Yo como verduras.   *I eat vegetables.*

When the direct object refers to people or pets, it is preceded by the preposition a.

Amir está escribiendo a sus   *Amir is writing to his Colombian*
  amigos colombianos.   *friends.*

Paseo a mi perro Gus todos los días.   *I walk my dog Gus every day.*

A pronoun can take the place of a direct object that has previously been mentioned to avoid repeating it. This pronoun then agrees in gender and number with the direct object it refers to.

Estoy preparando bocadillos de jamón.   I am making ham sandwiches. I make
   Los hago con pan del día.   them with fresh bread.

Direct object pronouns

singular		plural	
me	me	us	nos
you	te	you	os
him/her	lo/la	them	los/las

Direct object pronouns normally go before the verb, as in the previous examples. In the command form (the imperative), however, they are attached to the end of the verb, and with an infinitive or present participle, they can precede or be attached to the verb.

Cocínalo	Cook it.
Lo sabe hacer./Sabe hacerlo.	He knows how to cook it.
La está cocinando./Está cocinándola.	He is preparing it.

Language practice 4

1 Complete with me, te, lo, la, nos, os, los, or las.

a Tu amigo quiere a mí. Tu amigo .... quiere.
b Amir está escribiendo un mensaje. Amir .... está escribiendo.
c Marta busca a nosotros. Marta .... busca.
d Preparo paella todos los martes. .... preparo todos los martes.
e Leo libros todos los días. .... leo todos los días.
f María adora a vosotros. María .... adora.
g Paseo a mis perras todos los días. .... paseo todos los días.
h Koldo está haciendo tartas de manzana. Está haciéndo ....

2 Now play Conversation 2 again. You are Álvaro. Speak in the pauses provided. Try not to refer to the text.

07.11

SKILL BUILDER

1 Complete the recipe. Use the second person imperative of the verbs in parentheses and direct object pronouns.

Pisto de calabacín (*zucchini*) y cebolla

1 kilo y medio de calabacines
1 kilo de cebollas
1 taza de aceite de oliva
Sal

Tiempo de preparación: 50 min
Ingredientes para cuatro personas

Limpia y (pelar) **a** .... las verduras. Corta **b** ....

Fríe la cebolla en una sartén. (Añadir) **c** .... el calabacín. Añade

d .... cuando la cebolla esté dorada (*when the onion is golden brown*).

Cocina **e** .... durante 15 minutos.

Echa sal y cocina **f** .... tres minutos más.

¡Qué aproveche!

2 What would you say in these situations?

a Your friend Itziar is looking for chefs for her new restaurant in Bilbao. Tell her that you have some friends who are chefs and live in Bilbao.

b Mireia is looking for a lawyer in Barcelona. Tell Mireia that some of your friends are lawyers and work in Barcelona.

c Pedro is looking for actors for his new movie. Tell Pedro that you are sorry, you don't know any actors, none of your friends are actors.

d Rocío is looking for a roommate to share an apartment in Seville. She is asking if you have any friends who might be interested. Tell her no, you're sorry. None of your friends are looking for an apartment in Seville.

TEST YOURSELF

1 Complete the sentences using saber or conocer.

a (Yo) .... jugar a ese videojuego.
b (Tú) .... a su madre, pero no .... a su hermano.
c ¿..................... la casa de Amir? No, no .... la casa de Amir.
d Nosotros no .... qué desayunas.
e Vivo en Madrid y .... todos sus museos.
f (Vosotros) .... dónde podemos comer paella.

2 Change these sentences from the present to the present progressive, and replace the object with a direct object pronoun. Use the example. Remember: put the direct object before the verb estar if attached to the present participle.

Example: Todos los domingos hago paella de marisco. Hoy, paella de pollo.
Hoy la estoy haciendo de pollo./Hoy estoy haciéndola de pollo.

a Los sábados compro los ingredientes frescos en el Mercado de la Boquería. Hoy, en el mercado de Santa Caterina.

....
....

b Todos los días leo el blog de mi primo Tomás en el autobús. Hoy, en el metro.

....
....

c Todas las noches preparo la verdura a la plancha. Hoy, cocidas.

....
....

d Siempre frío los churros con aceite de girasol. Hoy con aceite de oliva.

....
....

e Los sábados tomamos las tapas de mediodía en el bar de Lola. Hoy, en el bar de Manuel.

....
....

Remember to use **My review** and **My takeaway** to assess your progress and reflect on your learning experience.

8

In this lesson you will learn how to:
» Talk about the body and healthy habits.
» Talk about how you feel.
» Give advice.
» Express conditions.

Mens sana in corpore sano

My study plan

I plan to work with Unit 8
○ Every day
○ Twice a week
○ Other _____

I plan to study for
○ 5–15 minutes
○ 15–30 minutes
○ 30–45+ minutes

My progress tracker

Day / Date

My goals

What do you want to be able to do or say in Spanish when you complete this unit?   **Done**

1 .... ○
2 .... ○
3 .... ○

My review

SELF CHECK	
	I can …
○	… talk about the body and healthy habits.
○	… talk about how I feel.
○	… give advice.
○	… express conditions.

CULTURE POINT 1

La dieta mediterránea *The Mediterranean diet*

La dieta mediterránea is renowned for its benefits to our salud (*health*). Full of flavor, highlighting the use of aceite de oliva and fresh, local, seasonal fruta and verdura, whole cereales, and legumbres (*pulses*). It has been declared an Intangible Cultural Heritage of Humanity by UNESCO.

Following the Mediterranean diet helps to stabilize blood sugar levels and lower cholesterol and the risk of enfermedades del corazón (*heart disease*). El pescado and el marisco play a central role, providing essential Omega-3 fatty acids. Poultry and huevos (*eggs*) are enjoyed in moderation, while the consumption of red carne is limited. The diet also includes moderate amounts of dairy, with yogur and queso being popular choices to provide calcium and keep los músculos (*muscles*), huesos (*bones*), and dientes (*teeth*) healthy.

One of the hallmarks of the Spanish Mediterranean diet is the joy of communal eating, where la familia and los amigos come together to share meals and create lasting memories. This lifestyle not only nurtures la salud física (*physical health*) but also promotes good mental health and well-being.

Learn more about the Mediterranean diet. Find out when it was listed on UNESCO's Cultural Heritage list.

8 *Mens sana in corpore sano*

VOCABULARY BUILDER 1

Look at the words and phrases and complete the missing English words and expressions. Then listen and try to imitate the pronunciation of the speakers.

08.01

LA SALUD	HEALTH
la nariz, los ojos, la boca	nose, eyes, mouth
el oído/la oreja	ear
los dientes/la muela	....
la cabeza, la cara	head, face
el brazo, la mano, el dedo	arm, hand, finger
la pierna, el pie	leg, foot
la garganta	throat
el estómago	stomach
la espalda	back
el cuello	neck
el músculo	....
el hueso	....
la piel	skin
el corazón	....
¿Qué te pasa?	What's wrong?
¿Qué te duele?	What hurts?
tener buena/mala cara	to look well/unwell
estar sano/enfermo/malo	to be healthy/ill/unwell
encontrarse/sentirse bien/mal	to feel good/bad
llevar una vida saludable	to keep a healthy lifestyle
tener una enfermedad	to have an illness
tener dolor de cabeza/espalda/estómago	to have a head-/back-/stomach ache
estar resfriado/mareado	to have a cold/to be dizzy
tener frío/calor	to be cold/hot
estar cansado/agotado	to feel tired/exhausted
estar nervioso/estresado	to feel nervous/stressed

Vocabulary practice 1

1 What is it? Un estado físico (EF—a physical state) or un estado anímicos (EA—an emotional state)? Label each condition.

    a dolor de estómago …….   **d** dolor de espalda …….   **g** tener hambre …….
    b estar estresado …….   **e** dolor de cabeza …….   **h** estar nervioso …….
    c tener frío …….   **f** estar agotado …….   **i** estar resfriado …….

2 Listen and note each person's health issues.

08.02

    a Carlos   **b** Sara   **c** Elena   **d** Pedro

CONVERSATION 1

Ana está agotada *Ana is exhausted*

08.03 Here are a few words and expressions to help you understand the conversation.

Tengo sueño	*I'm sleepy*
¡No he pegado ojo!	*I didn't sleep a wink!*
Tienes que cuidarte más.	*You have to take better care of yourself.*
una dieta equilibrada	*a well-balanced diet*
Te recuerdo que…	*Can I remind you that …?*

08.04

1 Listen to the conversation without looking at the text. Then listen to the conversation again and read the text.

> Back in Madrid, Ana doesn´t feel well. She has severe headaches and is not sleeping very well at night. Paula tries to convince her to lead a healthier life. Note the way Ana tells Paula about her physical state and how Paula gives her advice.
>
> **Paula** … Uy Ana, hoy no tienes buena cara. ¿Qué te pasa?
>
> **Ana** No me siento bien, estoy agotada.
>
> **Paula** ¿Te duele algo?
>
> **Ana** Me duele la cabeza. Además, no descanso bien y tengo sueño ¡hoy no he pegado ojo!
>
> **Paula** Es normal, últimamente estás haciendo demasiadas cosas: el restaurante, el piso, el teletrabajo…
>
> **Ana** Ya… no sé qué puedo hacer, estoy estresada.
>
> **Paula** Tienes que cuidarte más, duerme al menos siete horas, y… ¿por qué no vas al gimnasio?
>
> **Ana** ¿Gimnasio? ¡Te recuerdo que vivo en un segundo piso sin ascensor!

2 Identify who made these statements in the conversation.

　a Duerme al menos siete horas. …………………

　b ¿Por qué no vas al gimnasio? …………………

　c No me siento bien, estoy agotada. …………………

　d Además, no descanso bien y tengo sueño. …………………

LANGUAGE BUILDER 1

💡 Language discovery 1

Look at the conversation again and complete the sentences.

Paula   ¿Te a .... algo?

Ana   Me b .... la cabeza. Además, no descanso bien y tengo sueño ¡hoy no he pegado ojo!

What do you think the missing words mean?

Describing aches and pains

To say that something hurts, use the verb doler (*to hurt, to ache*), which has an o>ue stem change (like poder).

Me duele la cabeza.   I have a headache.

Doler is used in the same way as gustar, with an indirect object pronoun (me, te, le, nos, os, les). It is mainly used in these two forms: the singular duele and the plural duelen:

Me duele la garganta.   My throat hurts.

Me duelen los pies.   My feet hurt.

If specifying a person's name, use a before the name and remember that you still need the pronoun: A María le duele la mano. *María's hand hurts.*

	singular	plural
(a mí)	me duele	me duelen
(a ti)	te duele	te duelen
(a usted, a él/a ella)	le duele	le duelen
(a nosotros/a nosotras)	nos duele	nos duelen
(a vosotros/a vosotras)	os duele	os duelen
(a ustedes, a ellos/a ellas)	les duele	les duelen

Language practice 1

1 Reorder the words to make sentences, then match with the answers.

a ? / pasa / Qué / te / ¿
b duele / ? / la / ? / Te / mano
c ? / Qué / duele / os / ?
d ¿ / Les / los / oídos / duelen / ?
e ¿ / Os / los / duelen / pies?

1 No, no me duele la mano. Me duele bastante el brazo.
2 No me encuentro bien, estoy agotado.
3 Nos duele la espalda.
4 Sí, nos duelen mucho los pies y las piernas.
5 Sí, les duelen un poco.

LANGUAGE BUILDER 2

💡 Language discovery 2

1 Listen to the conversation again and repeat each line in the pauses provided. Then complete the sentence where Paula is giving advice to Ana.

Ana   Ya... no sé qué puedo hacer, estoy estresada.

Paula   a ...., y... ¿ b ....?

Which expressions are used to give advice?

Giving advice

To give advice in a personal way, use:

The imperative:	Duerme al menos siete horas.	*Sleep at least seven hours.*
Tener + infinitive:	Tienes que cuidarte más.	*You should take care of yourself.*
¿Por qué no...?	¿Por qué no vas al gimnasio?	*Why don't you go to the gym?*

To give advice in an impersonal way, use:

Hay que + infinitive: Hay que beber, al menos, cinco vasos de agua al día.
Drink at least five glasses of water a day.

Es importante/necesario + infinitive:

Es necesario comer de todo.   *It is necessary to eat a variety of foods.*

Language practice 2

1 Match the beginning of the sentences with the endings.

1 Tienes que llevar una dieta equilibrada, ...   a un deporte?
2 Es necesario mantener...   b come fruta, verdura y pescado.
3 ¿Por qué no practicas...   c ejercicio tres veces a la semana.
4 Hay que hacer...   d los dientes y los huesos sanos.

2 Write four sentences to give advice on staying healthy.

....
....
....
....

3 Now play Conversation 1 again and play Paula's role. Speak in the pauses provided. Try not to refer to the text.

8 *Mens sana in corpore sano*

CULTURE POINT 2

El país más sano del mundo *The healthiest country in the world*

Spain is arguably one of the world's healthiest countries—it has topped the list of the Bloomberg Global Health Index, the Global Security Index, and the Money UK Index, which takes into account criteria such as the cost of healthcare, air pollution, obesity rates, safety, and hours of sunlight. Spain also ranks among the top five countries in the world in terms of la expectativa de vida (*life expectancy*). Many of its cities also regularly appear at the top of Best Places to Live lists, and Valencia was twice chosen by Money UK as the world's healthiest city (despite such recognition, the city's greatest claim to fame remains paella—did you know the iconic Spanish rice dish originated here?)

Una alimentación sana (*a healthy diet*) which incorporates productos naturales (*natural products*) rich in vitaminas (*vitamins*), proteínas (*proteins*), and fibra (*fiber*) certainly has something to do with it. A rich social life contributes greatly to el bienestar mental (*mental well-being*), while physical activity ensures una buena salud física (*good physical health*). Spanish cities are very walkable, and wherever you go, you are likely to see people of all ages and generations interacting with each other.

Learn more about which Spanish customs contribute to el bienestar. Which three do you think are most important?

VOCABULARY BUILDER 2

Look at the words and phrases and complete the missing English words and expressions. Then listen and try to imitate the pronunciation of the speakers.

08.07

ACCIONES Y DEPORTES

andar, pasear, caminar
saltar
estar sentado/de pie
hacer ejercicio/gimnasia/deporte
nadar
esquiar
jugar al fútbol/al baloncesto/al tenis
montar en bicicleta
hacer senderismo

DIETA Y NUTRICIÓN

el producto natural
la comida pesada/ligera
las calorías
las vitaminas
las proteínas
la fibra
alimentar(se)

SALUD Y ENFERMEDADES

el bienestar
la salud (mental)
el cáncer
la expectativa de vida
ponerse enfermo/malo/bien
tener buena/mala salud

ACTIVITIES AND SPORTS

....
to jump
to be sitting/standing
to do exercise/gymnastics/sport
to swim
to ski
to play soccer/basketball/tennis
to cycle
to go hiking

DIET AND NUTRITION

....
heavy/light meal
....
....
....
....
to feed

HEALTH AND DISEASE

well-being
....
....
....
to get sick/unwell/well
to be in good/bad health

8 Mens sana in corpore sano

Vocabulary practice 2

Complete with the Spanish words in the box.

| hacer senderismo | tener buena salud | vitaminas | jugar al baloncesto |
| salud mental | jugar al tenis | expectativa de vida | alimento |

a Cada una de las sustancias orgánicas que existen en los alimentos. Existen varios tipos: A, B, C, etc. ....

b Juego entre dos personas o dos parejas, en el que los jugadores se lanzan con raquetas una pelota ....

c Estado de bienestar mental que permite afrontar momentos estresantes de la vida ....

d El número de años que una persona espera seguir viviendo ....

e Actividad deportiva no competitiva que consiste en caminar por una ruta determinada ....

f Estado de completo bienestar físico, mental y social ....

g Conjunto de sustancias que la gente come o bebe para sobrevivir ....

h Juego entre dos equipos de cinco jugadores cada uno. El objetivo es introducir el balón en la canasta del contrario ....

Pronunciation practice (r and rr)

1 Look at the table. Listen and repeat.

08.08

The soft /r/ sound	is written	sounds
between vowels	-r-	cara (ca-ra)
at the end of a syllable or word	-r-	carta (car-ta) hablar (ha-blar)

The strong /r/ sound	is written	sounds
at the beginning of a word	r-	rosa (ro-sa)
between vowels	-rr-	corro (co-rro)
after l, n, and s	-r-	alrededor (al-re-de-dor) Enrique (En-ri-que) Israel (Is-ra-el)

2 Listen and identify the word you hear.

08.09

a pero / perro   c caro / carro   e parra / para   g jarra / jara   i cerro / cero
b careta / carreta   d ahora / ahorra   f mirra / mira   h Corea / correa   j foro / forro

CONVERSATION 2

Un estilo de vida más saludable *A healthier lifestyle*

1 **Listen to the conversation without looking at the text. Then listen to the conversation again and read the text.**

08.10

> After talking to Paula, Ana decides to take her advice and asks for help with specific tips for a healthier lifestyle. Notice how Paula gives advice to Ana.
>
> **Ana** … Paula, te voy a hacer caso. Dime, ¿qué puedo hacer? Échame una mano con esto.
>
> **Paula** Para estar sano, hay que comer de todo: fruta, verdura, carne, pescado… come cinco veces al día.
>
> **Ana** Pues yo creo que mi comida sí es sana, pero solo como cuatro veces al día.
>
> **Paula** Levántate temprano y empieza con un buen desayuno. La comida tiene que tener un primer plato, un segundo plato y postre. La cena puede ser más ligera. A media mañana y a media tarde también puedes comer algo.
>
> **Ana** Vale, vale.
>
> **Paula** ¡Y bebe agua, Ana! Más de la mitad de tu cuerpo es agua. Hay que tomar, por lo menos, cinco vasos de agua al día. Si haces deporte, tienes que beber más.
>
> **Ana** Mi problema es el descanso, yo antes dormía a pierna suelta, pero ahora…
>
> **Paula** ¿Estás siempre cansada y no duermes bien? Haz deporte, es muy importante hacer deporte tres veces a la semana.
>
> **Ana** ¿Tres veces a la semana? No tengo tiempo…
>
> **Paula** Controla el tiempo que pasas delante de la pantalla del ordenador, la tablet o el móvil.
>
> **Ana** Lo sé…
>
> **Paula** Y, por último, pero no menos importante: ¡Vacaciones! ¡Coge vacaciones ya!
>
> **Ana** ¡Ese sí que es un buen consejo!

2 **Look at the conversation again and answer the questions.**

    a ¿Necesita Paula ayuda de Ana?
    b Según Paula, ¿cuántas comidas hay que hacer al día?
    c Si haces deporte, ¿hay que beber más o menos agua?
    d ¿Cuántos vasos de agua hay que beber al día?
    e ¿Cuántas veces a la semana hay que hacer deporte?

LANGUAGE BUILDER 3

💡 Language discovery 3

Look at the conversation again and find the sentences where Paula gives Ana advice. What are the verbs Paula uses? What form are they in?

a ....cinco veces al día.

b ....temprano y empieza con un buen desayuno.

c ....agua, Ana.

d ....deporte, es muy importante hacer deporte tres veces a la semana.

The imperative: irregular verbs

You already know that the Spanish imperative is used to give commands and instructions in a direct way. It can also be used to give advice. In summary, the imperative is used to:

Give commands: Gira a la derecha.   Turn right.

Give instructions: Limpia y pela las verduras.   Clean and peel the vegetables.

Give advice: Bebe cinco vasos de agua al día. *Drink five glasses of water every day.*

An important group of commonly used verbs is irregular in the imperative:

	decir (to say)	hacer (to do)	poner (to put)	salir (to go out)	ser (to be)	tener (to have)	venir (to come)
(tú)	di	haz	pon	sal	sé	ten	ven
(usted)	diga	haga	ponga	salga	sea	tenga	venga
(vosotros)	decid	haced	poned	salid	sed	tened	venid
(ustedes)	digan	hagan	pongan	salgan	sean	tengan	vengan

Sé amable.   Be nice.

Tenga cuidado.   Be careful.

Haced la cama.   Make the bed.

Vengan a casa.   Come home.

With reflexive verbs, the pronoun is attached to the imperative:

Levántate temprano.   *Wake (yourself) up early.*

Note: in the vosotros form, the verb loses the -d before the pronoun -os: levantad + os → levantaos, duchad + os → duchaos, llevad + os → llevaos.

Sentaos.   *Sit (yourselves) down.*

Language practice 3

Choose the correct word to complete the sentence.

a Aquí tienes los platos, ... la mesa.
   1 ven	2 pon	3 haz

b .... a comer.
   1 Venid	2 Salid	3 Haced

c .... vuestra cama y recoged la habitación.
   1 Haz	2 Haced	3 Poned

d .... vuestros nombres y apellidos.
   1 Decid	2 Haced	3 Di

e ¡...................., son las 9 de la mañana!
   1 Llévate	2 Lávate	3 Levántate

f .... deporte tres veces a la semana, es bueno para vuestra salud.
   1 Haz	2 Haced	3 Venid

g .... tu dirección y tu teléfono a la policía.
   1 Decid	2 Pon	3 Di

h .... cuidado, ustedes.
   1 Tengan	2 Vengan	3 Salgan

LANGUAGE BUILDER 4

> 💡 **Language discovery 4**
>
> 08.11
>
> Listen to the conversation again and repeat each line in the pauses provided. Try to imitate the phrasing and intonation you hear. Then complete the sentence where Paula expresses a condition. Which type of sentence does Paula use to express a condition?
>
> **a** .... deporte, **b** .... que beber más.

Conditional sentences: possible or actual conditions

Conditional sentences present a scenario where an action depends on a condition:

Si haces deporte, tienes que beber más agua.   *If you do exercise, you have to drink more water.*

There are three types of conditional sentences. Let's look at the first type, which presents possible or actual conditions (which can come true or are true). The condition is introduced with si (*if*) and a verb in the present tense. The consequence can be expressed in:

- the present

Si tengo tiempo, comemos juntos.   *If I have time, we can have lunch together.*

- imperative

Si tienes sed, bebe agua.   *If you are thirsty, drink water.*

Si necesitas ayuda, llámame.   *If you need help, call me.*

Language practice 4

1 Match the beginnings with the endings of the sentences.

1 Si estás muy nerviosa,   a no te duele la espalda.
2 Si te duele la cabeza,   b puedes cerrar las ventanas.
3 Si estáis muy cansados,   c toma una pastilla.
4 Si tienes sed,   d duermes mejor.
5 Si tienes calor,   e tienes que beber agua.
6 Si tienes frío,   f puedes tomar una tila.
7 Si cenas ligero,   g dormid.
8 Si nadas todos los días,   h dúchate

2 Now play Conversation 2 again and play Paula's role. Speak in the pauses provided. Try not to refer to the text.

08.12

SKILL BUILDER

1 Use the clues to complete the puzzle in Spanish. What´s the secret health-related word?

- a leg
- b heart
- c to hurt
- d to jump
- e to run
- f vitamins
- g teeth
- h to ski
- i health

2 Complete the text about the Mediterranean diet.

| HOME | ABOUT | BLOG | PODCAST | FAQ | CONTACT US |

La dieta **a** m.....................es el pilar fundamental de una vida activa y sana. En esta dieta abundan los **b** p..................... **c** n.....................ricos en **d** h..................... como las espinacas y las legumbres.

Las **e** c..................... **f** l.....................con pescados, aceite de oliva y verduras frescas, son una pieza clave en esta dieta. Estas comidas proporcionan **g** p..................... esenciales para los músculos y para mantener el peso corporal.

Además, la dieta mediterránea se distingue por su contenido en **h** f.....................la encontramos en los granos enteros, frutas y verduras.

En este contexto, muchas personas disfrutan de **i** p.....................al aire libre como parte de su rutina diaria. También se fomenta la práctica regular de deportes, como **j** n....................., montar en **k** b....................., o hacer **l** s....................., para mantener un cuerpo activo y en forma.

Así, la combinación de **m** e....................., físico y dieta mediterránea es una opción completa y beneficiosa para la **n** s....................., en general.

3 Now answer these questions in Spanish.

- a ¿Qué productos se recomiendan para una comida ligera?
- b ¿Qué productos ricos en hierro se nombran el texto? ¿Y ricos en fibra?
- c ¿Qué actividad física diaria es beneficiosa para tu salud?
- d ¿Qué deportes aparecen en el texto?

8 *Mens sana in corpore sano*

TEST YOURSELF

1 Sort the words and phrases in the table.

nariz	hacer ejercicio	estar resfriado	estar nervioso
garganta	tener dolor de espalda	estómago	jugar al fútbol
hacer senderismo	tener sueño	huesos	andar

Partes del cuerpo	Estados físicos y anímicos	Deportes y hábitos saludables

2 Translate the sentences into Spanish.

a Manolo's ears hurt.
b Does your neck hurt?
c They have a toothache.
d She has a cold and a sore throat.
e If you're tired, Amir, go to sleep.

3 Match the condition with the advice. Then put them together into a conditional sentence.

Condition	Advice
Estamos muy cansados	tener cuidado
¡Echo de menos mi patio andaluz, mamá!	practicar todos los días
Mi habitación es un desastre	controlar tus hábitos alimenticios
Voy a escalar	hacer la cama
Quiero mejorar mi español	venir a casa
Cuidar tu corazón	ir a la cama temprano

a Si ....
b ....
c ....
d ....
e ....
f ....

Remember to use **My review** and **My takeaway** to assess your progress and reflect on your learning experience.

In this lesson you will learn how to:
» Suggest an activity and show agreement and disagreement.
» Ask questions using **cuál** and **cuáles**.
» Get help in a clothing store.
» Make comparisons.

9

¿Por qué no vamos de compras?

My study plan

I plan to work with Unit 9
○ Every day
○ Twice a week
○ Other _____

I plan to study for
○ 5–15 minutes
○ 15–30 minutes
○ 30–45+ minutes

My progress tracker

Day / Date	🎧	🎤	📖	✏️	💬
	○	○	○	○	○
	○	○	○	○	○
	○	○	○	○	○
	○	○	○	○	○
	○	○	○	○	○
	○	○	○	○	○
	○	○	○	○	○

My goals

What do you want to be able to do or say in Spanish when you complete this unit?

Done

1 .... ○
2 .... ○
3 .... ○

My review

SELF CHECK	
	I can ...
○	... suggest an activity and show agreement and disagreement.
○	... ask questions using cuál and cuáles.
○	... get help in a clothing store.
○	... make comparisons.

CULTURE POINT 1

El mercadillo madrileño de El Rastro *Madrid's El Rastro flea market*

Sunday in Madrid? Come and visit the largest and most popular open-air flea market in the capital of Spain.

There is no Spanish city that does not boast its own open air flea market. One of the most emblematic is El Rastro in Madrid. Located in the traditional neighborhood of La Latina, El Rastro is a flea market with more than 400 years of history.

In its steep and crowded streets—over 100,000 people come here every weekend—you can find more than 700 stores or stalls selling a wide variety of objects: antigüedades (*antiques*), books, paintings and art supplies, magazines, card games, birds or other pets ...

El Rastro has roots as a second-hand market. By the 1960s and 70s it was arguably the most important antiques market in all of Europe. In recent years, it has become a favorite Gen Z venue, as those born between the mid-1990s and the early to mid-2000s enjoy shopping for la ropa (*clothes*) at El Rastro. These young Spanish people have decided to change their consumer habits and are opting to buy la ropa de segunda mano (*second-hand clothes*): pantalones (*pants*), camisas (*shirts*), blusas (*blouses*), abrigos (*coats*) ... Why? For reasons of affordability, sustainability or, simply, a taste for bringing past fashion back in to style.

Learn more about the famous flea market and uncover the history of the name El Rastro.

VOCABULARY BUILDER 1

🎧 09.01
🎤

Look at the words and phrases and complete the missing English words and expressions. Then listen and try to imitate the pronunciation of the speakers.

LA ROPA	CLOTHING
los pantalones, la falda	......................., skirt
los pantalones vaqueros	jeans
la camiseta, la sudadera	T-shirt, sweatshirt
la camisa, la blusa	shirt,.......................
el traje, el vestido	suit, dress
el jersey, el suéter	sweater
el pijama	....
el abrigo, la chaqueta	coat, jacket
los zapatos, las zapatillas	shoes, sneakers
la ropa deportiva/de deporte	sportswear

DESCRIPCIONES	DESCRIPTIONS
corto, largo	short, long
estrecho, ancho	tight, loose/wide
informal, formal	casual, formal
de marca	brand name
de segunda mano	second-hand
de cuero	leather
de lana	wool
de algodón	cotton
de seda	silk

> Be careful of false friends—words which look similar but have different meanings. For example, largo means *long* not *large*. English terms are sometimes adopted so you may hear oversize instead of holgado/a, ropa casual instead of ropa informal, or shorts instead of pantalones cortos.

Vocabulary practice 1

1 Choose what you want to wear out of the descriptions listed.
   a pantalones vaqueros / blancos / rosas
   b jersey azul / verde / rojo
   c abrigo beis / negro / violeta
   d ropa deportiva / de segunda mano / formal
   e falda azul corta / azul larga / rosa larga
   f zapatillas rosas / botas beis / botas naranjas

CONVERSATION 1

¡Vamos de compras! *Let's go shopping!*

09.02

1 Listen to the conversation without looking at the text. Then listen again and read the text.

> Ana, Álvaro, and Paula are at the famous mercadillo of El Rastro in Madrid. Paula loves la ropa de segunda mano and wants to go to the second-hand clothes stores. Ana wants to buy some antigüedades for her restaurant, and Álvaro wants to eat. Notice how to make suggestions and accept or reject them.
>
> **Paula** Chicos, esta tienda tiene ropa de marca de segunda mano a buenos precios. ¿Entramos?
>
> **Ana** ¿Por qué no vamos a otras tiendas antes? Quiero ver muebles para mi restaurante en tiendas de antigüedades.
>
> **Paula** ¿Y tú, Álvaro? ¿Qué plan quieres hacer? ¿Cuál es tu propuesta?
>
> **Álvaro** Yo prefiero ir antes a tomar algo. Tengo hambre. Pero… ¿qué os parece si vemos ropa primero, la tienda que le gusta a Paula está ahí, luego vamos a la tienda de antigüedades, como quiere Ana, y luego tomamos algo?
>
> **Ana** De acuerdo.
>
> *Ana enters the store. Álvaro and Paula follow her.*
>
> **Ana** Álvaro, ¿te gusta esta camisa de Raquel Vauren?
>
> **Álvaro** Bueno, en realidad… me gustan estos pantalones vaqueros.
>
> **Ana** Paula, ¿te gustan esos vestidos vintage? ¿Ese abrigo? ¿Y esas faldas?
>
> **Paula** Ana, tengo solo veinte euros…, además, me gusta más vestirme de manera informal. No necesito un abrigo.
>
> **Ana** Ya veo… ¿Os apetece ir ahora a las tiendas de antigüedades?
>
> **Paula** ¡Vale!
>
> **Álvaro** Genial.

2 Decide if these statements are *true* (verdadero) or *false* (falso).

a A Paula le gusta la ropa nueva y cara.   verdadero   falso
b Álvaro prefiere ir a ver tiendas de antigüedades.   verdadero   falso
c A Álvaro le gusta la camisa de Raquel Vauren.   verdadero   falso
d Paula tiene solo 20 euros.   verdadero   falso
e A Paula le gusta vestirse de manera informal.   verdadero   falso

LANGUAGE BUILDER 1

💡 Language discovery 1

Look at the conversation again and list three expressions to make a proposal and three to accept it.

....

....

....

Making, accepting, and rejecting proposals

Paula uses a question to propose that they enter the store, while Ana uses the expression ¿Por qué no...? to propose going to see other stores first. Knowing how to make suggestions and accept or reject proposals is a crucial part of communication. Study these common expressions used to propose, accept or reject an activity.

Suggest an activity with:

A simple question	¿Entramos?	Shall we go in?
¿Por qué no...?	¿Por qué no damos una vuelta?	Why don't we ... check it out?
¿Vamos a...?	¿Vamos a El Rastro?	Shall we go to El Rastro?
¿Te apetece...?	¿Te apetece ir al cine?	Do you feel like going to the movies?
¿Qué tal si...?	¿Qué tal si vamos a El Rastro?	What if we all go to El Rastro?
¿Qué te/os parece si...?	¿Qué os parece si vamos de tapas?	What about if we go for tapas?
¿Quedamos/ Quedamos para...?	¿Quedamos esta tarde?	Shall we meet this afternoon?
	¿Quedamos para comer?	Shall we go to eat?

Accept with:

Vale./De acuerdo.	OK.
Sí, genial.	Yes, cool.
Me apetece mucho.	I really want to.

Reject with:

No, no me apetece.	No, I don't feel like it.
Lo siento. No puedo.	I'm sorry. I can't.
Gracias, pero no puedo.	Thank you, but I can't.

9 ¿Por qué no vamos de compras?

Language practice 1

1 Look at these examples of proposals and match them with the English.

1 **A**: ¿Te apetece ir de tapas?
   B: Sí, genial. Me apetece mucho.

2 **A**: ¿Te apetece ir al cine?
   B: Lo siento. No puedo.

3 **A**: ¿Vamos al karaoke?
   B: Vale.

a Do you feel like going to the cinema?
   Sorry, I can't.

b Let's go to karaoke.
   OK.

c Do you feel like going for tapas?
   Yes, cool. I really want to.

2 It is Sunday morning. Ana is texting with Álvaro, Paula, and Gonzalo, a friend, suggesting that they go to El Rastro. Álvaro and Paula accept, but Gonzalo has other plans. Complete the group chat.

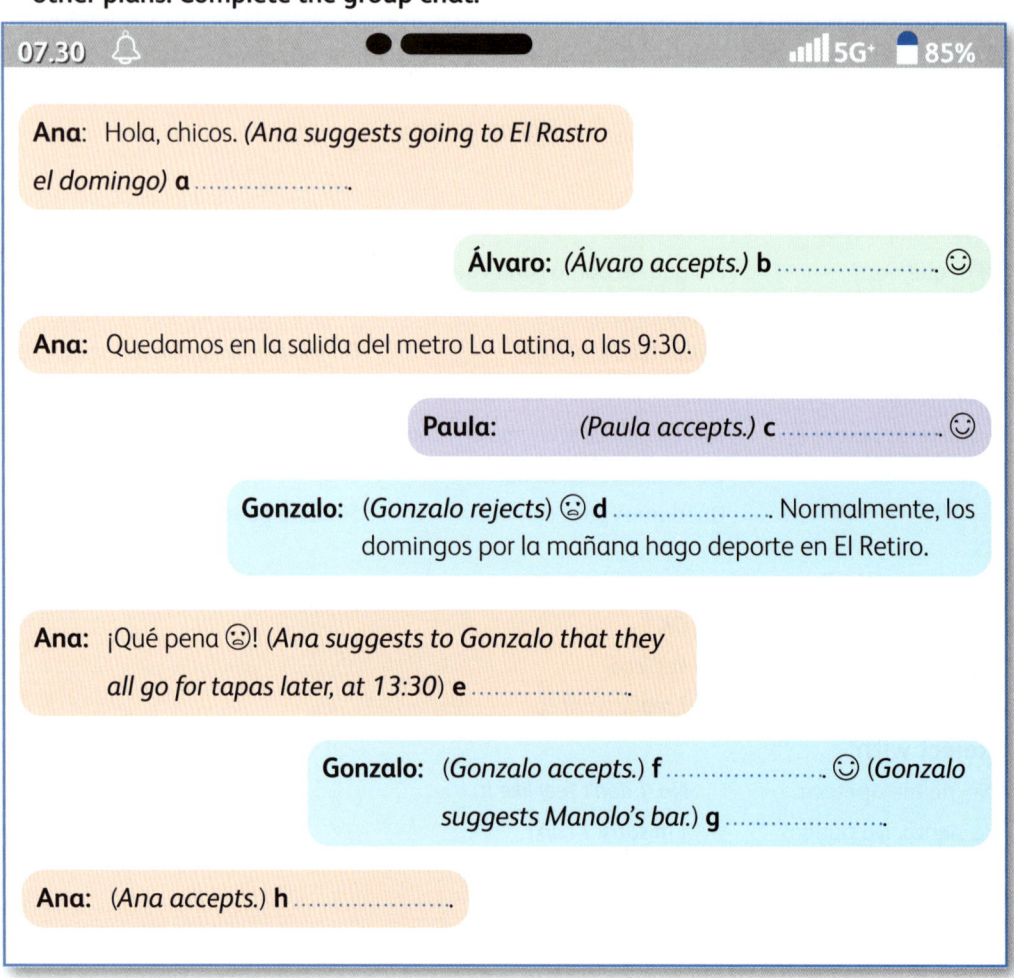

07.30   5G+ 85%

Ana: Hola, chicos. *(Ana suggests going to El Rastro el domingo)* **a** ....

                           Álvaro: *(Álvaro accepts.)* **b** .... ☺

Ana: Quedamos en la salida del metro La Latina, a las 9:30.

                           Paula: *(Paula accepts.)* **c** .... ☺

                           Gonzalo: *(Gonzalo rejects)* ☹ **d** .... Normalmente, los domingos por la mañana hago deporte en El Retiro.

Ana: ¡Qué pena ☹! *(Ana suggests to Gonzalo that they all go for tapas later, at 13:30)* **e** ....

                           Gonzalo: *(Gonzalo accepts.)* **f** .... ☺ *(Gonzalo suggests Manolo's bar.)* **g** ....

Ana: *(Ana accepts.)* **h** ....

LANGUAGE BUILDER 2

> **Language discovery 2**
>
> Listen to the conversation again and repeat each line in the pauses provided. Then complete this sentence from the conversation.
>
> ¿Y, tú, Álvaro? ¿...................... plan quieres hacer, Álvaro? ¿...................... es tu propuesta?
>
> What do the missing words mean? What do you notice about what comes after each of them?

What or which (qué or cuál)

The question words qué (*what*) and cuál/cuáles (*which*, singular/plural) are used to ask for information about objects or activities.

Qué (*what*) is used to ask general questions, and can be followed by a verb or a noun.

¿Qué te gusta hacer los fines de semana?   What do you like to do on the weekend?

¿Qué plan quieres hacer?   What do you want to do?

Cuál and cuáles (*which*) are used to specify one or more objects from a finite set, and they can only be followed by a verb. Note that which is often not used in spoken English, so that cual/cuáles are usually translated as *what*.

¿Cuál es tu propuesta?   What's your suggestion? (among a few options)

¿Cuáles son tus colores favoritos?   Which are your favorite colors? (the set of colors is finite)

Unlike the English *which*, the Spanish cuál or cuáles cannot be followed by a noun.

Which skirt is yours?   ~~¿Cuál falda es la tuya?~~ / ¿Cuál es la tuya?

Language practice 2

1 **Complete these sentences with qué or cuál.**

    a ¿...................... es tu camisa? ¿La blanca o la azul?

    b ¿...................... falda quieres: la corta o la larga?

    c ¿...................... quieres hacer?

    d ¿...................... son tus pantalones favoritos?

    e ¿...................... es tu falda? ¿La larga o la corta?

2 **Now play Conversation 1 again and play Ana's role. Speak in the pauses provided. Try not to refer to the text.**

CULTURE POINT 2

La moda internacional *International fashion*

Have you heard of Zara? Did you know that, from a single store which opened in the coastal town of A Coruña in 1975, it has grown to be the second largest fashion brand with more than 1,500 stores around the world? Indeed, the fashion sector is one of Spain's major exports: just three Spanish brands (Zara, Mango and Desigual) account for 8% of the total value of the world's fashion brands. If you feel like visiting one of their stores, here are some tips on the best days and times to do so.

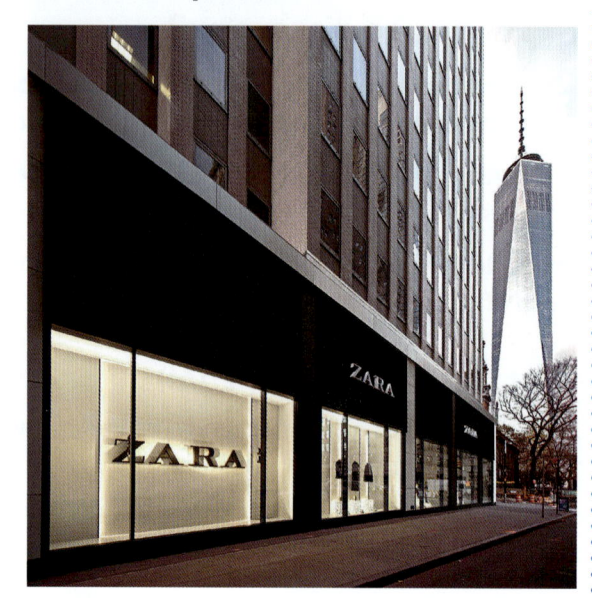

According to *Elle* magazine, Mondays and Thursdays are the best days to shop for new clothes: chaquetas, vestidos, blusas y faldas. However, Tuesdays and Wednesdays are the days for those who love complementos (*accessories*): bolsos (*purses*), pañuelos (*scarves*) and guantes (*gloves*).

And if you want to get your hands on that fashionable garment before anyone else, your best bet is to buy online. On Sundays, stores restock las tallas (*sizes*) which sold out on the web. The best time to avoid lines is before noon. Going to the store in the morning means fewer people in los probadores (*fitting rooms*) and at las cajas (*checkouts*).

Did you know that Zara launches 12,000 new designs each year? Check out the latest fashion trends on Zara's website.

VOCABULARY BUILDER 2

Look at the words and phrases and complete the missing English words and expressions. Then listen and try to imitate the pronunciation of the speakers.

COMPLEMENTOS	ACCESSORIES
el bolso	....
la gorra	baseball cap
los guantes	....
el pañuelo	....
la corbata	tie
las medias/los calcetines	socks
el cinturón	belt
los pendientes	earrings
la pulsera	bracelet
las gafas de sol	sunglasses

COMPRAR ROPA	BUYING CLOTHES
¿Qué talla tiene?	What size do you have?
¿Qué talla usa?	What size do you wear?
¿Nos puede enseñar...?	Can you show us ...?
¿Puedo probármelo/la?	May I try it (m/f) on?
¿Quiere probárselo?	Would you like to try it on?
la talla pequeña/mediana/grande	small/medium/large
¿Cómo le quedan?	How do they fit?
Me quedan muy bien.	They fit (me) very well.
Me queda grande.	It's too big for me.
¿Tiene uno/una más pequeño/a?	Do you have a smaller one? (m/f)
¿De qué color lo/la quiere?	What color do you want it in? (m/f)
Los/las prefiero en...	I prefer them in ...
las rebajas	sales
los descuentos	....

The letters **XS**, **S**, **M**, **L**, and **XL** (from the English *extra*, *small*, *medium*, and *large*) are often used in Spanish to refer to sizes: talla S, talla M, and talla L.

Vocabulary practice 2

Match the photos with the descriptions.

1 a bolso azul
   b bolso negro
   c gorra negra

2 a guantes marrones
   b guantes negros
   c corbata marrón

3 a zapatos marrones
   b cinturón gris
   c cinturón marrón

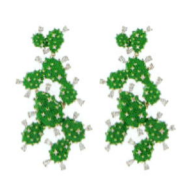

4 a pendientes rojos
   b pendientes verdes
   c pulsera verde

5 a guantes negros
   b gafas de sol negras
   c gafas de sol blancas

6 a pulsera verde
   b pulsera negra
   c pendientes rojos

Pronunciation practice

09.06

1 In Spanish the letters **g** and **j** can sound the same. Listen and repeat.

traje	julio	agencia	jueves	girar
rojo	acogedor	jamón	garaje	trabajar
cojines	rebajas	colegio	jota	gimnasio

2 Complete with **g** or **j**.

   a ……ente
   b ……eneroso
   c e……emplo
   d ho……a
   e ba……o

> Remember that **g** before **a, o, u** sounds like the *g* in *get* and **g** before **e, i** sounds like the *h* in *ham*.

130

CONVERSATION 2

Cada vez te pareces más a mí *You look more and more like me*

Here are a few words and expressions to understand the conversation.

09.07

El probador está al fondo, a la derecha.
Cada vez te pareces más a mí.

The dressing room is at the back, on the right.
You look more and more like me every time.

09.08

1 Listen to the conversation without looking at the text. Then listen to the conversation again and read the text.

> Paula and Ana go shopping for outfits for the restaurant opening, and Paula is starting to catch Ana's shopping fever. Notice the words used to refer to nouns already mentioned and the way Paula and Ana make comparisons.
>
> **Paula** Buenos días, ¿nos puede enseñar faldas y blusas en la talla 38?
>
> **Dependiente** Sí, aquí tenéis todos los modelos y colores.
>
> **Paula** Gracias. Me gustan esta falda y esta blusa azules. ¿Puedo probármelas?
>
> **Dependiente** Sí, por supuesto. El probador está al fondo a la derecha.
>
> *Paula enters the fitting room. Ana follows her.*
>
> **Paula** ¿Qué tal me quedan, Ana?
>
> **Ana** Umm. La falda te queda grande. Necesitas una talla menor y la blusa te queda pequeña, necesitas una talla mayor que esa.
>
> **Paula** ¿Y el color? ¿Qué te parece?
>
> **Ana** La falda me gusta más en rosa. El rosa es más moderno que el azul. Mira, aquí tengo la talla 36 en rosa. Pruébatela.
>
> **Paula** Me encanta la falda rosa, pero también la azul… Me las llevo las dos.
>
> **Ana** ¿Las dos? Cada vez te pareces más a mí.

2 Answer these questions.

a ¿Qué talla pide Paula a la dependienta?
b ¿Dónde está el probador?
c ¿Cómo le queda la falda a Paula?
d ¿De qué necesita Paula una talla mayor?
e ¿Qué color es más actual, según Ana?
f ¿Por qué piensa Ana que Paula se parece cada vez más a ella?

LANGUAGE BUILDER 3

💡 Language discovery 3

Look at the conversation again and find these phrases.

a How does Paula ask the store assistant to try on the skirt and the blouse?

¿ ....?

b How does Ana ask Paula to try on the pink skirt?

¿ ....?

Which pronouns are attached to the verb? In what order do they appear?

Double object pronouns: ¿Puedo probármela?

You are already familiar with the use of the indirect object pronoun.

¿Me puede traer la carta?/	Can you bring me the menu?
¿Nos puedes enseñar faldas en la talla 40?	Can you show us skirts in size 40?
Te queda grande.	It's big on you.

You are also familiar with direct object pronouns:

La hago con cebolla.	I make it with onions.

You may also remember that object pronouns go before the verb in simple statements (La hago con cebolla), or they can go before the verb or be attached to it with infinitives or imperatives (La puedes hacer/Puedes hacerla con cebolla).

But what happens when there are two object pronouns in the same sentence?

Me lo da Ana.	Ana gives it to me.
Me la quiero probar.	I want to try it on.

In this case, the indirect object pronoun comes first, followed by the direct object pronoun. Both objects can also be attached to an infinitive or imperative, and it all becomes one word.

Quiero probármela.	I want to try it on.

> When both objects are in the third person, the indirect object pronouns **le** and **les** change to **se** to make pronunciation easier:
> **le/les** + lo/la/los/las → **se** + lo/la/los/las
> ~~Le~~ lo doy a Ana. → Se lo doy a Ana.

> The main thing to watch out for is the position of me, lo/la, los/las. Remember that these normally precede the verb, unless there is an infinitive or an imperative, in which case they are attached at the end.

132

Language practice 3

You are buying some clothes and shoes for yourself. Answer for yourself.

a ¿Qué tal te quedan esas zapatillas? *Say they fit well and you'll take them.*
b Me encanta ese abrigo. *Ask whether you can try it on.*
c ¿Qué tal te queda el pantalón verde? *Say it doesn't fit well. You won't take it.*
d La camisa azul es muy bonita. *Ask whether you can try it on.*
e Ese sudadera es muy bonita. *Ask whether you can try it on.*
f Me encantan esos guantes negros. *Say you'll take them.*
g Me encanta el jersey marrón. *Ask the client, using* usted, *if they want to try it on.*

LANGUAGE BUILDER 4

💡 Language discovery 4

Listen to the conversation again and repeat each line in the pauses provided. Then complete these sentences.

Necesitas una talla .... grande .... esa.

El rosa es .... moderno .... el azul.

Making comparisons

When comparing two objects, concepts or people, use más... que (*more ... than*) or menos... que (*less ... than*):

María es más divertida que Pedro.	María is funnier than Pedro.
La camisetas son menos caras que los jerseis.	T-shirts are less expensive than sweaters.
Juan es menos inteligente que María.	Juan is less intelligent than María.

To express equality, use tan... como.

Las sudaderas son tan cómodas como las camisetas.	Hoodies are as comfortable as T-shirts.
María es tan alta como Pedro.	María is as tall as Pedro.

Look at these irregular forms and complete with the English.

grande	a	mayor	older/bigger
pequeño	small	menor	c ....
bueno	b	mejor	better
malo	bad	peor	d ....

9 ¿Por qué no vamos de compras?

Esta tienda es mejor que esa.	This store is better than that one.
Estos guantes son peores que esos.	These gloves are worse than those.

Mayor and menor can refer to size or age.

Necesito una talla más grande/mayor que esta.	I need a bigger size than this.
Mi hermana es mayor que María.	My sister is older than María.
María es menor que mi hermana.	María is younger than my sister.

Language practice 4

1 Read what Nicolás, the bank manager, and Elena, the doctor, say about their favorite clothing stores. Then complete the sentences comparing their preferred shops.

Nicolás, 45 años, directiva de banca

Mi marca favorita es Maximiliano Buddi. Tiene ropa clásica, ropa de fondo de armario (*closet staples*) que puedes utilizar este año, pero también el año que viene. No me importa (*I don't mind*) gastarme más dinero porque sé que la calidad es muy buena. Además, mi marido también encuentra la ropa que necesita. Sus tiendas no son muy grandes y son muy acogedoras (*cozy*).

Elena, 29 años, médico

Mi marca favorita es Singularius. Sus tiendas son muy grandes y tienen una gran variedad de ropa informal, muy actual y con unos precios increíbles. Solo tiene ropa de mujer y muy juvenil. Me encanta ir con mis hermanas pequeñas, Marta y Sara, que todavía están estudiando en la Universidad.

a La ropa de Singularius es más .... y más .... que la ropa de Maximiliano Buddi.

b Los clientes de Singularius son más .... que los clientes de Mariano Buddi.

c Las tiendas de Singularius son más .... que las tiendas de Mariano Buddi.

2 Now play Conversation 2 again and play Paula's role. Speak in the pauses provided. Try not to refer to the text.

09.10

SKILL BUILDER

1 Reorder the letters to make a word related to clothing.

a jamipa .... c dorbrapo ....

b tasegun .... d apro ed gasedun noma ....

2 Andreea, Pati and Álex have posted messages on social media about their purchases this week. Read them and choose the correct option.

Andreea93

Los domingos me gusta ir a El Rastro. El próximo domingo voy con Pati94 y Álex93. Mi puesto favorito tiene bolsos de todas las formas, tamaños y colores. #apostamosporelrastro #ropadesegundamano #ecología en acción.

Pati94

Mi tienda de ropa favorita está en la calle Fuencarral. Me encanta este chaqueta amarilla. Voy a comprárselo a mi mejor amiga. Te quiero Andreea93. #comerciofuencarral

Álex93

¿Qué os parece mi nuevo look? Es de Loué (Serrano, 86). Está semana los trajes tienen un descuento del 20 % @Gon94 tienes que probártelos. #ropadesegundamano #ecología en accióna

a El puesto favorito de Andreea   1 vestidos.   2 bolsos.   3 abrigos.
b Pati va a comprar   1 una falda.   2 una chaqueta.   3 unos guantes.
c Álex dice que Gon tiene que probarse   1 las corbatas.   2 los jerséis.   3 los trajes.

9 ¿Por qué no vamos de compras?   135

TEST YOURSELF

1 Reorder the words to make questions.

a tarde / ? / Quedamos / mañana / la / por / ¿
b no / cine / vamos / ¿ / al / ? / qué / Por
c ¿ / apetece / bailar / te / ? / ir
d comemos / ¿ / Lola / bar / en / el / ?
e tal / que / si / paseamos / tarde / esta / ¿ / ?

2 Match the questions with these answers.

a Sí, me apetece mucho.
b Lo siento, no puedo ir a bailar. Tengo entrenamiento.
c Genial. Podemos ir a pasear a Madrid Río. Está muy bonito por las tardes.
d Gracias, no puedo ir al bar Lola. Hoy como con mi madre.
e Vale. Podemos ver la nueva película de Amenábar.

3 Complete the sentences using the suggested adjectives.

a Los pantalones de Paula son .... que los pantalones de Ana. (grande +)

b El bolso de Ángela es .... y .... que su bolsa (caro, bueno –)

c La camiseta de Juan es .... y .... que la de Pedro (nuevo, buena +)

d La talla de Rocío es .... que la talla de Mónica. (pequeña +)

4 Choose the correct word and say these sentences. Try to answer the questions too!

a ¿Cuál/Qué es tu color favorito?
b ¿Cuál/Qué significa OTAN?
c ¿Cuál/Qué van a hacer ellos este fin de semana?
d ¿Cuál/Qué es tu puesto favorito del Rastro?
e ¿Cuál/Qué es esto?
f ¿Cuál/Qué es tu actor favorito?
g ¿Cuál/Qué chaqueta prefieres: la verde o la azul?
h ¿Cuál/Qué es su respuesta?

Remember to use **My review** and **My takeaway** to assess your progress and reflect on your learning experience.

10

In this lesson you will learn how to:
» Talk about future plans.
» Make travel arrangements.
» Express possession.
» Describe the weather and seasons.

Más que unas vacaciones

My study plan

I plan to work with Unit 10
○ Every day
○ Twice a week
○ Other _____

I plan to study for
○ 5–15 minutes
○ 15–30 minutes
○ 30–45+ minutes

My progress tracker

Day / Date

My goals

What do you want to be able to do or say in Spanish when you complete this unit?

Done

1 .... ○
2 .... ○
3 .... ○

My review

SELF CHECK	I can ...
○	... talk about future plans.
○	... make travel arrangements.
○	... express possession.
○	... describe the weather and seasons.

CULTURE POINT 1

Turismo en España *Tourism in Spain*

Spain is consistently one of the top three tourist destinations in the world, with more than 80 million international visitors a year. El turismo (*tourism*) is one of the most important sectors of the economy, accounting for about 13% of the gross domestic product. Every fourth job created in Spain is linked to the tourism industry. Not surprisingly, perhaps, the World Tourism Organization headquarters are in Madrid.

When it comes to places to visit, the options are as vast as they are captivating. En el verano (*in the summer*), many people love relaxing on las playas (*the beaches*) of Las Islas Canarias (*the Canary Islands*) and Las Islas Baleares (*the Balearic Islands*). The Sierra-Nevada range and las montañas in Asturias and Galicia are loved by hikers en el otoño (*in the fall*), and skiers and snowboarders en el invierno (*in the winter*).

With a wealth of museums, exceptional cuisine, and vibrant social life, Spain's cities—including Madrid, Barcelona, Seville, Valencia, Málaga—are popular year-round. In fact, for travelers interested in culture, Spain boasts 49 UNESCO World Heritage Sites. Córdoba has more heritage sites than any other city in the world, including the wonderful Patios Festival, held annually en la primavera (*in the spring*), when the city's courtyards are bursting with colorful flowers.

> Have you heard of los paradores? It's a network of state-run hotels housed in historic buildings, such as ancient castles and monasteries. Find three places you would like to stay. Or find the best paradores to visit en el otoño (*in the fall*), a great time to visit the Rioja wine country or go mushroom picking in Aragón.

VOCABULARY BUILDER 1

Look at the words and phrases and complete the missing English words and expressions. Then listen and try to imitate the pronunciation of the speakers.

LOS VIAJES	TRAVEL
el carné de identidad/Documento Nacional de Identidad (DNI)	identity card/national identity card
el pasaporte	passport
la maleta	suitcase
el plano/mapa	map
la información	information
un billete de ida/de ida y vuelta	one-way/return ticket
reservar un billete de tren/avión/autobús	to book a train/plane/bus ticket
las vacaciones	....
el/la turista	tourist
el horario	schedule
ir a la playa/a la montaña/al campo	to go to the beach/to the mountains/to the countryside
el guía turístico	tourist guide
el vuelo	....
el viaje corto/largo	short/long trip
ir de viaje/excursión/vacaciones	to go on a trip/hiking/vacation
viajar en avión/barco/tren/autobús	to travel by air/boat/train/bus
el sombrero	hat
el bañador/el traje de baño	swimsuit
bañarse en el mar	to swim in the sea
las botas de montaña	hiking boots
la bufanda/la mochila	scarf/backpack

Vocabulary practice 1

1 Listen to four people talk about travel. Match them with their ideal vacation.

a la ciudad   b la playa   c la montaña
1 Isabel   2 Blanca y David   3 Luis

2 Listen again and decide: *true* (verdadero) or *false* (falso)? Correct the false ones.

a A Luis le gustan los viajes culturales.   verdadero   falso
b A Blanca y a David les gusta la ciudad.   verdadero   falso
c Isabel gasta mucho dinero en sus vacaciones.   verdadero   falso
d Luis busca alojamientos baratos.   verdadero   falso
e Blanca y a David llevan muchas cosas en su mochila.   verdadero   falso
f A Isabel le gustan las calas con poca gente.   verdadero   falso

CONVERSATION 1

Rumbo a Ibiza *Heading for Ibiza*

Here are a few words and expressions to help you understand the conversation.

10.03

recargar las pilas	*to recharge the batteries*	hace demasiado calor	*it's too hot*
		Cuenta con nosotros.	*Count on us.*
¿Nos apuntamos…?	*Shall we join …?*	Rumbo a…	*Heading for …*

10.04

1 Listen to the conversation without looking at the text. Then listen to the conversation again and read the text.

Ana has decided to take a vacation and rest. She has found a postcard from her uncle's mysterious friend among the restaurant paperwork.

Paula Hola, Ana. ¿Cómo estás?

Ana Estoy mejor, gracias. Quiero recargar las pilas, voy a hacer planes para mis vacaciones. ¿Tenéis planes para las vuestras?

Álvaro ¿Las nuestras? Para estos días no tengo nada programado. Voy a ir a la playa con mi familia dentro de dos semanas, siempre vamos juntos a Jávea en Valencia.

Paula A mí me encanta la montaña y el senderismo. Tengo ganas de hacer el Camino de Santiago, pero en verano hace demasiado calor.

Ana El Camino de Santiago es una buena opción para desconectar, pero ahora me apetece más la playa. Estoy mirando vuelos a las Islas Baleares, en concreto a Ibiza. Estoy siguiendo una pista que me tiene muy intrigada, mira.

Ana shows them the postcard.

Álvaro ¡Qué curioso! Es una postal de Ibiza de los años 80 y ¿quién es esa mujer?

Ana Es Aya, la pareja de mi tío.

Álvaro ¡Suena bien! Ibiza, algo de misterio… Paula, ¿nos apuntamos al viaje a la isla Pitiusa con Ana?

Paula La Isla Pitiusa, qué nombre más gracioso. ¡Cuenta con nosotros!

Ana ¡Genial! Vamos a mirar los horarios y reservar los billetes de avión. Vamos a hacer la maleta con el bañador, el biquini, los gafas de sol y el sombrero… ¡Rumbo a Ibiza!

One of the most fascinating ways to see Spain is the Camino de Santiago or Ruta Jacobea. Whatever the reason for undertaking this fascinating journey to Santiago de Compostela (Galicia)—cultural quest, personal challenge, nature walk, or spiritual journey—it is worth experiencing at least once in a lifetime.

2 Read the conversation again and find the TWO true sentences.

a Álvaro no tiene planes con su familia.
b Paula y Álvaro tienen ganas de hacer el Camino de Santiago juntos.
c A Ana le apetece unas vacaciones en la playa.
d Ibiza no está en Las Islas Baleares.
e Paula, Álvaro y Ana van a viajar en avión.
f Ana encuentra una postal de los años 70.

LANGUAGE BUILDER 1

💡 Language discovery 1

Look at the conversation again and complete the sentences. Which verb do Álvaro and Ana use to express their intentions or plans?

Álvaro a .... a la playa con mi familia dentro de dos semanas...

Ana ¡Genial! b .... los horarios y a reservar los billetes de avión.
c .... la maleta con el bañador, el biquini, los gafas de sol y el sombrero... ¡Rumbo a Ibiza!

Future plans and intentions

There are several ways to talk about plans in the near future or to express intended actions:

ir a + infinitive

Voy a ir a la playa con mi familia.	I am going to the beach with my family.
Vamos a mirar los horarios y a reservar los billetes de avión.	I am going to look at the schedules and book the plane tickets.

pensar + infinitive

En septiembre pienso empezar el doctorado.	In September I plan to start my doctorate.

tener ganas de + infinitive

Tengo ganas de hacer el Camino de Santiago.	I am looking forward to doing the Camino de Santiago.

They are often used with one of the time markers mañana (*tomorrow*), pasado mañana (*the day after tomorrow*), en + a day, month or season.

Pensamos ir a la playa en julio.	We plan to go to the beach in July.
Voy a trabajar en verano.	I am going to work in the summer.

Language practice 1

1 Listen to Pedro and Marta, Juan and Maria, and Luis and Isabel making plans for the day. Who prefers which activity?

	Va a ir a la playa	Quiere ir al centro comercial	Va a ir al gimnasio
Luis			
María			
Marta			

2 Look at the pictures. What are they going to do for the vacation? (Use *ir* + infinitive.)

a Nicolás y Carlos ....

c Tú ....

b Sofía y yo ....

d Hugo ....

LANGUAGE BUILDER 2

💡 Language discovery 2

Listen to the conversation again and repeat each line in the pauses provided. Then complete the sentences.

Ana Quiero recargar las pilas, voy a hacer planes para mis vacaciones. ¿Tenéis planes para las **a** .... ?

Álvaro ¿Las **b** .... ? Para estos días no tengo nada programado.

What do these words refer to? Why are they different?

Possessive pronouns: el mío, la tuya...

Possessive adjectives (*my, your, their* ...) indicate a relationship (mi familia) or belonging/possession. Possessive pronouns (*mine, yours, theirs* ...) replace a noun and are very similar:

¿De quién es esto? –Es mío.   Whose is this? –It's mine.

Possessive pronouns agree in gender and number with the noun they refer to.

Esta es mi **falda** y esa es la **tuya**.   This is my **skirt** and that is **yours**.

¿De quién es este **bolígrafo**? –Es **mío**.   Whose **pen** is this? –It's **mine**.

When a possessive pronouns replaces a noun that has already been mentioned or is known, the definite article is also used.

Voy a hacer planes para mis vacaciones.   I'm going to make plans for my vacation.
 –¿Tenéis planes para las vuestras?   –Do you have plans for yours?
Mi casa es más grande que la suya.   My house is bigger than his/hers.

	singular		plural	
	masculine	feminine	masculine	feminine
(yo)	(el) mío	(la) mía	(los) míos	(las) mías
(tú)	(el) tuyo	(la) tuya	(los) tuyos	(las) tuyas
(el/ella/usted)	(el) suyo	(la) suya	(los) suyos	(las) suyas
(nosotros/as)	(el) nuestro	(la) nuestra	(los) nuestros	(las) nuestras
(vosotros/as)	(el) vuestro	(la) vuestra	(los) vuestros	(las) vuestras
(ellos/ellas/ustedes)	(el) suyo	(la) suya	(los) suyos	(las) suyas

Language practice 2

1 **Complete using possessive pronouns (mía, tuyo, suyos...).**

  a (tú) Toma. Este bolso es ....
  b Esta tarde María viene a mi casa. Yo voy a la (ella) .... mañana.
  c (él) Esta bufanda es ....
  d (yo) Esta toalla es ....
  e (ella) Aquel pasaporte es ....
  f (vosotros) Un amigo .... es muy simpático.
  g (yo) Algunos cuñados .... no han venido a la boda.
  h (tú) Aquellas gafas de sol son ....
  i (usted) Tres vecinos .... son ruidosos.
  j Estos son tus guantes y aquellos son los (yo) ....

2 **Now play Conversation 1 again and play Álvaro's role. Speak in the pauses provided. Try not to refer to the text.**

10.07

CULTURE POINT 2
Ibiza te llama *Ibiza is calling*

Ibiza is the largest of the Balearic Islands and arriving is easy, via the aeropuerto (*airport*) or puerto (*port*). Today the island is best known for its nightlife and club scene, and it is considered as one of the birthplaces of electronic dance music. But it is also one of the most beautiful and picturesque settings for an unforgettable, relaxing stay.

To experience the magic, pasea through the charming calles of Dalt Vila (*the upper town*)—the old quarter of Ibiza, the capital of the island of Ibiza, and a UNESCO World Heritage Site. Venture out and explore the island and its picturesque carreteras (*roads*) en coche (*by car*), en bici (*by bike*), andando (*walking*) or en moto (*by motorbike*). You'll discover small calas (*coves*) bathed by the blue Mediterranean, pine forests that practically reach the sea, days on board a barco velero (*sailing boat*), quiet villages with rural charm, yoga retreats, luxury beach clubs.

In the 1960s, Ibiza was a haven for free spirits, and the island continues to be a refuge for artists from all over the world. Their works are exhibited and sold in galerías de arte, tiendas, and mercadillos (*street markets*) around the island.

Do you want to know more about Ibiza? Visit the official website of Turismo de Ibiza and discover the island's six street markets. Why is each of them famous?

VOCABULARY BUILDER 2

10.08

Look at the words and phrases and complete the missing English words and expressions. Then listen and try to imitate the pronunciation of the speakers.

ALOJAMIENTO	ACCOMMODATION
el hotel	hotel
una habitación doble/individual	double/single room
una habitación con baño/la televisión/ el aire acondicionado	room with bathroom/with TV/air conditioning
la llave	key
pensión completa	full board
media pensión	half board
alojamiento y desayuno	bed and breakfast
hacer una reserva	to make a reservation
el aparcamiento	parking (lot)

TRANSPORTES	TRANSPORTATION
la carretera	....
el aeropuerto	....
el puerto	....
viajar en avión/barco	to travel by plane/boat
el barco/barco velero	....
el/la conductor/a	driver
el/la ciclista	cyclist
coger/tomar un taxi	to take a cab
la parada de taxi	cab rank

Vocabulary practice 2

Complete the conversation.

Recepcionista	**a** B................ días, ¿en qué puedo ayudarle?
Lola	Buenos **b** d................ tengo una **c** r................ para dos noches.
Recepcionista	¿Su **d** c................ .... por favor? Gracias... [consultando el ordenador] aquí veo la reserva. **e** H................ individual en régimen de **f** p................ ....
Lola	Creo que hay un error, mi reserva es alojamiento y **g** d................

Recepcionista	Disculpe, voy a comprobarlo... eso es, **h** a .... y desayuno.
Lola	¿Tienen **i** a ....? Mi coche está en esta calle, pero prefiero **j** c .... para moverme por la ciudad.
Recepcionista	Sí, tenenos aparcamiento. Justo en la entrada del hotel hay una **k** p .... de .... Aquí tiene su llave, su DNI y la clave wifi.
Lola	Muchas gracias, buen día.

Pronunciation practice

10.09

1 Listen and repeat. In Spanish **z** is pronounced *th* as in *thin*, while **s** is pronounced the same as in English. Notice that the letter **c** is also sometimes pronounced as **z**. Can you see when?

Words with /z/ sound			Words with /s/ sound		
azúcar	cereza	arroz	agosto	cosmopolita	pasta
chorizo	azul	cabeza	asar	diecisiete	esquiar
corazón	limpieza	manzana	ascensor	dormirse	museo

10.10

2 Listen and identify the word you hear.

a sueco / zueco
b seta / zeta
c casa / caza
d poso / pozo
e risa / riza
f asar / azar

g masa / maza
h sien / cien
i cosido / cocido
j sumo / zumo
k sebo / cebo
l os / hoz

CONVERSATION 2

Cala olivera *Olivera cove*

1 **Listen to the conversation without looking at the text. Then listen to the conversation again and read the text.**

10.11

> Paula, Álvaro, and Ana have already landed in Ibiza. They have just arrived at the hotel and are talking to el recepcionista (*the receptionist*) about their booking. Notice the way they use nada and nadie and the way they talk about the weather.
>
> **Recepcionista** Buenos días, ¿qué tal el viaje?
>
> **Paula** Muy bien, es un viaje corto y muy cómodo, gracias. Tenemos una reserva de una habitación individual y una doble.
>
> **Recepcionista** Sus carnés o pasaportes, por favor... Aquí veo la reserva: dos habitaciones con baño y aire acondicionado, en régimen de alojamiento y desayuno. Aquí tienen las llaves y la clave wifi.
>
> **Álvaro** Muchas gracias. Tenemos hambre, nos apetece tomar algo en una cala.
>
> **Recepcionista** Cala Olivera está muy cerca. Podéis ir en coche, tiene un pequeño aparcamiento. Es una cala tranquila y a esta hora no hay nadie.
>
> *Half an hour later, Álvaro, Ana, and Paula are sitting at the chiringuito (beach bar) in Cala Olivera.*
>
> **Álvaro** Me apetece una sangría ¡Hace mucho calor! Si mañana no hace mucho viento, podemos alquilar un barco velero.
>
> **Paula** ¡Genial!... por cierto Ana, ¿no es esta la cala de la postal?
>
> *Ana takes the postcard out of her bag.*
>
> **Ana** Tienes razón, Paula. ¡Qué casualidad! En la postal Aya dice que es una de sus calas favoritas.

> La Sangría is one of the most popular drinks in Spanish gastronomy and is commonly served in bars, restaurants, chiringuitos, and at festivals throughout the country. Although there is a multitude of recipes, it generally consists of wine, pieces of fruit, soda, some liquor, and sugar.

2 **Reorder the words to make sentences about the conversation. Which one is false?**

  a viaje / es / El / avión / cómodo. / corto / y / en
  b Olivera / Cala / aparcamiento. / tiene / pequeño / un
  c habitaciones / Las / tienen / aire / no / acondicionado.
  d sangría. / Álvaro beber / quiere / una
  e alquilar / velero / barco / Paula / A /les / Álvaro / y / gustaría / un

LANGUAGE BUILDER 3

> 💡 **Language discovery 3**
>
> **Look at Conversation 1. Álvaro says:**
>
> ¿Las nuestras? No tengo nada programado…
>
> **Look at Conversation 2. The receptionist says:**
>
> Cala Olivera está muy cerca… Es una cala tranquila y a esta hora no hay nadie.
>
> **Note the words nada and nadie, both are negative. What is the difference in meaning?**

Nothing and no one: nada and nadie

Nada and nadie are used to express *nothing* and *no one*, respectively.

¿Qué vas a hacer en Madrid?	What are you going to do in Madrid?
—Nada especial: ir a la piscina, quedar con mis vecinos…	—Nothing special: go to the pool, hang out with my neighbors …
A esta hora no hay nadie.	At this time of day there is nobody there.

Notice that when nada and nadie are the object of a sentence, they are used with no. Double negations are common in Spanish, but not in English. When they are the subject, they stand alone. Compare:

No veo a nadie.	I don't see anyone.
Nadie va a venir.	Nobody is coming.

Language practice 3

Complete with nada or nadie.

a No veo a ………………… en la parada de autobús.

b Creo que no hay ………………… en esta maleta.

c No veo a ………………… entrando en la casa.

d No quiero comer ………………… hoy.

e No conozco a ………………… en esta ciudad.

LANGUAGE BUILDER 4

💡 Language discovery 4

1 Listen to the conversation again and repeat each line in the pauses provided. Then complete the expressions that Álvaro uses to talk about the weather. What do they mean? What verb is used?

Álvaro   Me apetece una sangría ¡ **a** .... Si mañana no **b** ....
              podemos alquilar un barco velero.

The weather and the verb *hacer* (*to do*)

While in English the verb *to be* covers most weather situations (*it's sunny/windy/cold/foggy/raining*), in Spanish there are a few different ways to talk about the weather.

1 with the verb *hacer*:

   Hace frío/calor/sol/viento.   *It's cold/hot/sunny/windy.*
   Hace buen/mal tiempo.   *It's nice/bad out.*

> Note that in these phrases in Spanish, unlike in English, there is no subject (they are impersonal):
> Hace frío. *It's cold.*

2 with the verb *estar* + adjective:

   Está nublado/soleado.   *It's cloudy/sunny.*

3 with the verb *estar* + present participle to express an action in progress. Used with:
   llover (*to rain*), granizar (*to hail*), nevar (*to snow*), and tronar (*to thunder*)
   Está lloviendo/granizando/nevando/tronando. *It's raining/hailing/snowing/thundering.*

4 with *hay* (*there is*):

   Hay tormenta/niebla.   *It's stormy/foggy* (lit. *There is a storm/fog.*).

Language practice 4

1 Match the pictures with the sentences about the weather.

   a Hace sol. ....
   b Hace viento. ....
   c Hay tormenta. ....
   d Está nublado. ....
   e Está lloviendo. ....
   f Esta nevando. ....

2 Now play Conversation 2 again and play the receptionist role. Speak in the pauses provided. Try not to refer to the text.

SKILL BUILDER

1 Find the odd one out.

a bañador	gafas de sol	abrigo	toalla
b guantes	bufanda	botas de montaña	biquini
c autobús	turista	tren	avión
d hotel	aeropuerto	puerto	carretera

2 Listen and complete Teresa and Paloma´s plans for the summer.

10.14

Teresa

Está ubicado en el **a** .... de la ciudad. Para entrar en este barrio, puedes caminar por la **b** .... Portal de l'Angel hasta llegar a la catedral de Barcelona. Después de perderte en su **c** ...., llenas de **d** ...., te recomendamos subir a la **e** .... que ofrece las mejores vistas del centro.

Paloma

A Paloma le **a** .... ir de **b** .... en **c** .... a la sierra de Gredos, en Ávila. Compra un **d** .... de autobús de **e** .... Consulta un **f** .... y en su **g** .... lleva las botas de montaña, los **h** .... y el **i** .... para protegerse del frío.

3 Read and decide if these statements are *true* (verdadero) or *false* (falso).

Paco	Oye, Julia, ¿Tienes planes para este fin de semana? Quiero ir de excursión a Segovia, ¿te apetece venir conmigo?
Julia	El sábado voy a la boda de mi tío Pedro. Pero el domingo sí puedo.
Paco	¡Perfecto! El autobús sale a las 9:00 de la estación ¿Qué tal si quedamos allí a las 8:30?
Julia	Vale, guay ¿Vas a comprar los billetes tú o los compro yo por internet?
Paco	Tranquila, yo los compro ¿Por qué no preparas unos bocadillos de jamón? Podemos hacer un picnic cerca del acueducto.
Julia	De acuerdo, yo llevo los bocadillos ¡Hasta el domingo!
Paco	Nos vemos ¡chao!

a Julia no puede ir el sábado porque tiene un curso de flamenco   verdadero   falso
b Los chicos van a ir a Segovia en autobús.   verdadero   falso
c Julia va a comprar los billetes en la estación de autobuses.   verdadero   falso
d El autobús llega a Segovia a las nueve.   verdadero   falso
e Julia va a llevar unos bocadillos para el picnic.   verdadero   falso

TEST YOURSELF

1 Translate the following sentences into Spanish.

   a We plan to complete the project tomorrow.
   b I am going to call you tomorrow after work.
   c Is this your (usted) suitcase or mine?
   d I don't have the room key. Do you have yours (tu)?
   e I want to go to the beach, but it's raining.
   f In the summer, the weather is nice. It's hot and sunny.
   g Excuse me, I think this suitcase is mine and that one is yours.
   h I feel like going hiking in the Sierra Nevada Mountains.
   i I don't know anyone here.

2 Complete the conversations with the adjective or possessive pronoun matching the possessor in parentheses.

   a No tengo (yo) **1**..................... mochila preparada.

   ¿Tienes ya la (tú) **2**....................., Celia?]

   No, yo no tengo la (yo) **3**..................... preparada.

   b ¿Tenéis (vosotros/as) **1**..................... botas de montaña y (vosotros/as)

   2..................... gorros?

   Sí, las botas de montaña están en la mochila. Mario lleva (él/ella) **3**.....................

   gorro y yo, el (yo) **4**.....................

   c (nosotros/as) **1**..................... casa de la montaña está muy cerca de la casa de Pablo.

   ¿Y la (tú) **2**.....................? ¿Dónde está?

3 Complete with nada or nadie.

   a ¿Hay gente? No había .... allí.
   b Yo no sé .... de este tema.
   c ¿Qué comes? ...., no tengo hambre.
   d Eres el campeón. No te gana ....
   e En el camino no veo a ....
   f ¿Qué estudias? ...., ahora estoy trabajando.
   g ¡Que no me moleste ....! Estoy muy ocupado.
   h ¿Qué tienes en el bolsillo? No tengo ....

Remember to use **My review** and **My takeaway** to assess your progress and reflect on your learning experience.

11

In this lesson you will learn how to:
» Talk about the past using the present perfect.
» Specify what you have and have not done using **ya** and **todavía**.
» Talk about volunteering and NGOs.
» Talk about the arts and culture.

¿Qué has hecho hoy?

My study plan

I plan to work with Unit 11
○ Every day
○ Twice a week
○ Other _____

I plan to study for
○ 5–15 minutes
○ 15–30 minutes
○ 30–45+ minutes

My progress tracker

Day / Date	🎧	🎤	📖	✏️	💬
	○	○	○	○	○
	○	○	○	○	○
	○	○	○	○	○
	○	○	○	○	○
	○	○	○	○	○
	○	○	○	○	○
	○	○	○	○	○

My goals

What do you want to be able to do or say in Spanish when you complete this unit?

Done

1 .... ○
2 .... ○
3 .... ○

My review

SELF CHECK	
	I can ...
○	... talk about the past using the present perfect.
○	... specify what I have and have not done using **ya** and **todavía**.
○	... talk about volunteering and NGOs.
○	... talk about the arts and culture.

CULTURE POINT 1

Una comida, una sonrisa *One meal, one smile*

A very simple idea led Spanish chef José Andrés to create World Central Kitchen (WCK): 'The goal of la ONG (*the NGO*) is to feed those affected by desastres naturales (*natural disasters*) and emergencias (*emergencies*) in record time.'

And this is precisely what World Central Kitchen did in Haiti after the devastating terremoto (*earthquake*) of 2010, in the Bahamas after huracán Dorian (*Hurricane Dorian*) in 2019, in Madrid during la pandemia del coronavirus (*the coronavirus pandemic*), in Morocco during the terremoto of Marrakech in 2023 and in California after the incendios (*fires*) of 2025. Where there is una crisis (*a crisis*), WCK is at the frontlines, helping los refugiados de la guerra (*refugees of war*) in Ukraine and Gaza. These are just a few of the most important interventions. There are more.

World Central Kitchen's work would not be possible without los voluntarios (*volunteers*), first response chefs, and los expertos (*experts*) in logistics and transport who set up and supervise las cocinas de campaña (*field kitchens*), from which it serves three hundred thousand meals a day. For his contribution, chef José Andrés was nominated for the Nobel Peace Prize in 2019. Ron Howard's 2022 documentary *We Feed People* follows José Andrés and chronicles the WCK's emergency response efforts across the world.

Learn more about World Central Kitchen. What are the main tasks performed by volunteers?

11 *¿Qué has hecho hoy?*

VOCABULARY BUILDER 1

11.01

Look at the words and phrases and complete the missing English words and expressions. Then listen and try to imitate the pronunciation of the speakers.

CARACTERÍSTICAS GEOGRÁFICAS	GEOGRAPHIC FEATURES
la isla	....
el desierto	desert
el bosque	forest
el río	....
el lago	lake
el mar	sea
el continente	continent
la península	....
el valle	valley
la selva	jungle
la cordillera	mountain range

LAS CRISIS Y EMERGENCIAS	CRISES AND EMERGENCIES
los desastres naturales	....
el cambio climático	....
la inundación	flood
la sequía	drought
el terremoto	earthquake
el huracán	....
el incendio/fuego	fire
la crisis humanitaria	humanitarian crisis
la guerra	....
el refugiado	refugee
la pandemia	....
la ayuda	help
el/la voluntario/a	....
echar una mano	to lend a hand
colaborar	to collaborate

Vocabulary practice 1

Match the words with the definitions.

1 Fenómeno natural que se presenta cuando el agua sube mucho su nivel en los ríos, lagos o mar y llena zonas que normalmente son secas.

2 Periodo prolongado de tiempo seco por la falta de lluvia que produce escasez de agua.

3 Grandes y fuertes tormentas que se forman en el mar y que provocan vientos con una velocidad de 100 o 200 kilómetros por hora.

4 Fuego de grandes proporciones que se desarrolla sin control.

a huracán
b sequía
c inundación
d incendio

CONVERSATION 1

Voluntario en World Central Kitchen *Volunteer in World Central Kitchen*

1 **Listen to the conversation a few times looking at the text. Then listen to the conversation again and read the text.**

11.02

> When the earth shook in Morocco, World Central Kitchen set up cocinas de campaña to tackle the water and food shortages. Koldo decided to join the efforts and is on a video call with Ana, telling her about the first few hours in Morocco. Notice how he talks about the recent past and listen for the words referring to time.
>
> **Ana** Hola, Koldo. ¿Cómo estás? ¿Cómo ha sido tu llegada a Marruecos hoy? ¿Qué has hecho estas primeras horas?
>
> **Koldo** Hola, Ana. La llegada ha sido terrible. No te puedes imaginar lo que he visto..., pero lo que más me ha impresionado ha sido la organización del equipo del chef José Andrés.
>
> **Ana** Sí, cuéntame. ¿Cuántos sois? ¿Qué habéis hecho?
>
> **Koldo** Somos 100 voluntarios. Esta mañana lo primero que hemos hecho ha sido instalar una cocina de campaña en la cordillera del Atlas, la zona más afectada por el terremoto. Y luego... a cocinar. Hay mucho trabajo.
>
> **Ana** ¿Y que habéis cocinado?
>
> **Koldo** Bueno, ya sabes que la idea de José Andrés es preparar comida casera y local.
>
> **Ana** Sí, lo sé. ¿Cuál ha sido el menú?
>
> **Koldo** El menú ha sido tajiné de pavo: un plato con verduras y carne de pavo. Hemos preparado comida para 17 000 personas.
>
> **Ana** Guau. Impresionante.
>
> **Koldo** Sí, sí. Así es. Pero cuéntame, Ana, ¿cómo ha sido tu día?
>
> **Ana** Bueno, nada especial. Esta mañana me he levantado tarde, he ido al gimnasio, he comido y esta tarde he hecho mi agenda para toda la semana. Tengo que organizarme sin ti, Koldo. Te voy a echar de menos... Cuídate.

2 **Read and find the TWO true sentences.**

a Koldo está impresionado con la comida marroquí.
b Lo primero que ha hecho Koldo ha sido cocinar tajiné.
c El tajiné tiene carne de cordero y verduras.
d Ana ya sabe lo que va a tener que hacer esta semana.
e Ana va a tener más trabajo esta semana.

LANGUAGE BUILDER 1

💡 Language discovery 1

Look at the conversation again and complete it with the correct verb forms.

Koldo Cuéntame, Ana, cómo **a** .... tu día.

Ana Esta mañana **b** ...., tarde, **c** .... al gimnasio y esta tarde **d** .... mi agenda para toda la semana.

How are these verbs different from the ones you have already seen?

Past actions and the present perfect (ha sido, he ido, he visto)

The present perfect is used to describe past events which impact the present. It is formed with haber (in the present tense) + the past participle of the main verb. To form the past participle of regular verbs:

- replace the -ar ending with -ado: cocinado, preparado, trabajado.
- replace the -er and -ir endings with -ido: comido, bebido, vivido.

Notice that haber changes to reflect the subject, but the past participle is invariable.

Hemos preparado comida para 17 000 personas.   We made food for 17 000 people.
Me he dormido tarde.   I went to sleep late.

Present perfect: regular verbs

	haber (present simple)	Verbs ending in -ar cocinar	Verbs ending in -er comer	Verbs ending in -ir vivir
(yo)	he	cocinado	comido	vivido
(tú)	has	cocinado	comido	vivido
(él/ella/usted)	ha	cocinado	comido	vivido
(nosotros/as)	hemos	cocinado	comido	vivido
(vosotros/as)	habéis	cocinado	comido	vivido
(ellos/ellas/ustedes)	han	cocinado	comido	vivido

> In English, we also use the verb *have* and the participle (*we have eaten*), but we often use the simple past in conversation (*we ate*).

Some common verbs have irregular past participles:

| hacer → hecho | romper → roto | ver → visto | cubrir → cubierto | escribir → escrito |
| volver → vuelto | poner → puesto | decir → dicho | abrir → abierto | morir → muerto |

No te puedes imaginar lo que he visto...   *You can't imagine what I've seen.*
Me ha contado todo.   *She's told me everything.*

Language practice 1

Complete these sentences with the present perfect of the verbs in parentheses.

a Nihad, Sara, ¿No (abrir) .... la puerta?
   (Llamar, ellos) .... tres veces.

b Hoy (ver, yo) .... a tu hermana?

c Amir (preparar) .... comida marroquí?

d ¿(Traer, tú) .... los libros? No los (ver, yo) ....

e (Abrir, nosotros) .... la panadería a las 9:00.

f Los voluntarios españoles (volver) .... hoy de Marruecos.

g ¿Quién (escribir) .... esto?

h (Romper, nosotros) .... tu maceta.

i ¿Te (decir, yo) .... que te quiero?

j Hoy (morir) .... la cooperate Emma Igual en la guerra de Ucrania.

LANGUAGE BUILDER 2

💡 Language discovery 2

Listen to the conversation again and repeat each line in the pauses provided. Then complete the sentences. What do the missing words have in common? What type of information do they convey?

11.03

Ana   ¿Cómo ha sido tu llegada a Marruecos **a** ....? ¿Qué has hecho **b** ....
        ....?

Koldo   **c** .... lo primero que hemos hecho ha sido instalar una cocina de campaña.

Koldo   Pero cuéntame, Ana, cómo ha sido tu día.

Ana   Bueno, nada especial. **d** .... me he levantado tarde, he ido al gimnasio y **e** .... he hecho mi agenda para toda la semana.

Using the present perfect

The present perfect is a past tense that expresses past and completed actions but within a present timeframe. When the speaker uses this tense, it places past actions in or near the present. For this reason, it is common to find the present perfect accompanied by time markers: hoy, esta mañana, esta tarde, esta semana, este mes, este año, estos últimos días, últimamente, hace un momento/rato (*a moment/while ago*). Note that in English the present perfect or the simple past can be used.

Esta semana he tenido mucho trabajo.	I've had/had a lot of work this week.
Este año he hecho tres viajes maravillosos.	I (have) made three wonderful trips this year.
Últimamente, he visto mucho a Juan.	Lately, I've been seeing Juan a lot.
Han llegado hace un momento.	They arrived a moment ago.
Estos últimos días he hecho mucho deporte.	I've been doing a lot of sports these last few days.

The present perfect is also used for simple statements of fact about the past, without any time markers.

Me encantan las películas de terror. He visto muchas películas de este género.	I love horror movies. I have seen a lot of movies of this genre.
Carlos Alcaraz es muy buen jugador de tenis. Ha ganado muchos trofeos.	Carlos Alcaraz is a very good tennis player. He has won lots of trophies.

Language practice 2

1 Complete Emma's diary with time markers and the present perfect.

esta tarde	esta semana	esta mañana	estos últimos días

a .... **b** (ser) .... una semana de mucho trabajo. Reuniones con clientes, videoconferencias, viajes. **c** .... antes de las vacaciones, **d** (tener, yo) .... que dejar todo organizado para la vuelta. Por fin es viernes, **e** .... **f** (ser) .... más tranquila y **g** (poder, yo) .... desayunar con Sonia. **h** .... **i** (poder, yo) .... ir al gimnasio. Empieza el fin de semana.

2 Now play Conversation 1 again and play Koldo's role. Speak in the pauses provided. Try not to refer to the text.

11.04

CULTURE POINT 2

La noche de los museos en Madrid *Night of the Museums in Madrid*

International Museum Day is celebrated around the world every year on May 18. The aim is to raise awareness of the importance of los museos (*museums*) as a means of cultural exchange.

On the eve of International Museum Day, cities across the world celebrate Night of the Museums. Madrid is no exception and on that night los museos allow entrada libre (*free access*) until midnight and offer different types of visits to their collections, including special exposiciones (*exhibitions*), recitales (*recitals*), teatro (*theater*), conciertos (*concerts*) or visitas guiadas (*guided tours*).

One year, for example, el Museo del Traje (*the Garment Museum*) put on un recital de zarzuela (*a zarzuela recital*). At the Museum of Anthropology, there was un concierto (*a concert*) by Boudanga, a traditional Moroccan music group, while the History Museum featured una exposición (*an exhibition*) of Francisco Pradilla, one of the great madrileño painters.

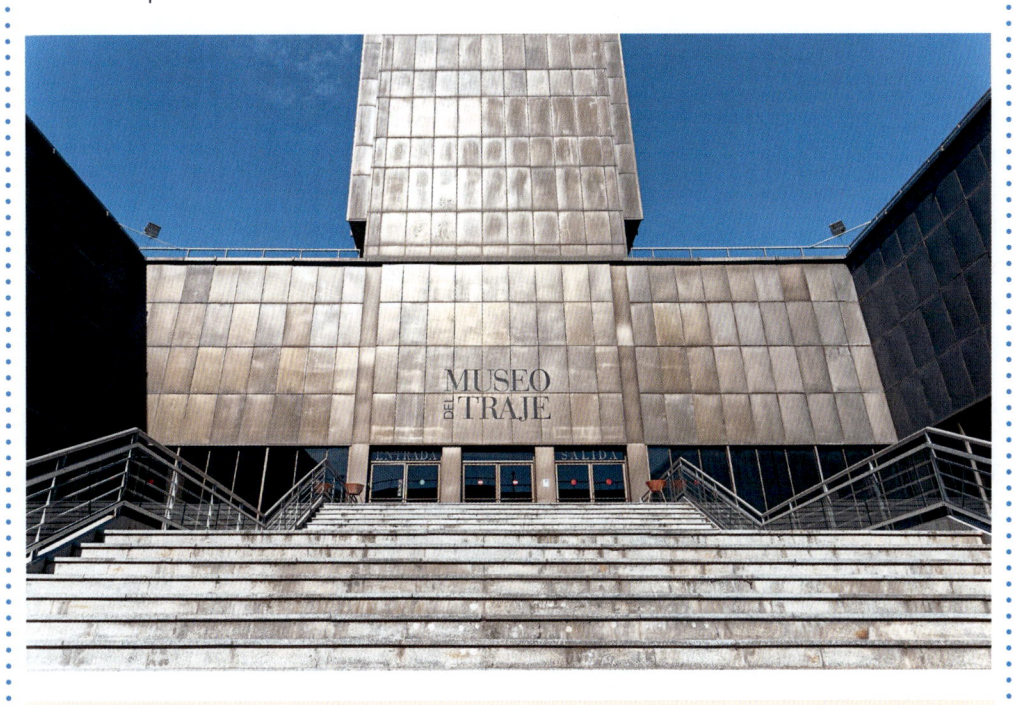

Find two activities you would like to do at the next Night of Museums. Have a look at them at the website of the Museo del Traje (The Garment Museum).

VOCABULARY BUILDER 2

Look at the words and phrases and complete the missing English words and expressions. Then listen and try to imitate the pronunciation of the speakers.

ARTE Y CULTURA	ARTS AND CULTURE
la proyección de una película	film screening
la representación teatral	theater production
la obra de teatro	theater play
la danza	....
la compañía de danza/teatro	dance/theater company
el concierto de música clásica/de rock	....
el musical	....
la exposición	....
el espectáculo	show
poner una película	to show a movie
la entrada	ticket
el pase	pass
la invitación	....
el programa	program
el asiento	seat
la fila	row
el público	audience
el aforo	seating capacity
la taquilla	box office
hacer cola	to stand in line
ser un éxito	to be a hit

Vocabulary practice 2

Complete with the words in the boxes. There is one extra word in each paragraph.

| teatro | representaciones | taquilla | aforo | danza | compañías |

1 Madrid es una ciudad con una intensa actividad cultural. En cuanto a las artes escénicas, más de un tercio de las **a** .... de toda España se realizan en la Comunidad de Madrid, que recauda más del 51, 5 % de la **b** .... Madrid cuenta con 1132 **c** .... de **d** .... o **e** .... registradas.

160

| galerías de arte | exposiciones | taquilla | museos | público | entradas |

2 Además, las **a**..................... temporales se suceden en los principales **b**..................... y **c**..................... de Madrid. Una de las más interesante en este momento es Amazonía, la exposición de Sebastião Salgado que ya se ha presentado en Roma, Londres o Los Ángeles. Es una actividad para todo tipo de **d**..................... que cuenta con diferentes tipo de **e**......................

| asientos | conciertos | aforo | danza | entradas |

3 Si hablamos de **a**....................., Madrid cuenta con una de las salas más grandes de Europa, el Movistar Arena, que tiene un **b**..................... de 17.0000 personas. Si prefieres la música clásica, tienes que conocer el Auditorio Nacional de Madrid. Hay **c**..................... de hasta 4 000 euros, pero tienes **d**..................... más baratas.

Pronunciation practice

Spanish has a letter that does not appear in any other language. It is always used between vowels (compañía, niño, español) or at the beginning of a word (ñu).

Listen and repeat. Compare the pronunciation of n and ñ.

11.06

| negro | nadie | nevera | noche | nieve | naranja | nata |
| compañia | mañana | cuñado | niño | España | baño | ñu |

CONVERSATION 2

¿Qué tal el finde? *How was your weekend?*

11.07 Here are a few words and expressions to help you understand the conversation.

| una banda sonora | recording | los sonidos de la selva | sounds of the jungle |
| las herramientas | tools | | |

11.08 **1** Listen to the conversation without looking at the text. Then listen again and read the text.

> Ana, Paula, and Álvaro are talking about last weekend at their favorite bar. Notice how they say what they have and haven't already done.
>
> **Ana** Hola, chicos, ¿qué tal el finde? ¿Habéis ido ya a Amazônia?
> **Paula** Sííí, ya hemos ido. Nos ha gustado mucho. Más de doscientas fotografías...
> **Álvaro** Además, el pase a la exposición de Sebastião Salgado incluye la proyección de una película y, durante el recorrido, puedes escuchar una banda sonora increíble con música y sonidos de la selva.
> **Ana** Guau. Tengo muchas ganas de ir, pero todavía no he podido.
> **Álvaro** Pues date prisa. Las entradas para el fin de semana se agotan rápidamente.
> **Paula** Y, tú, Ana, ¿qué has hecho?
> **Ana** He estado en una exposición que profundiza en el fenómeno de las fake news. Puedes ver cómo se fabrica una noticia falsa y qué herramientas tienes para distinguirla fácilmente.
> **Paula** ¡Qué interesante! ¿Dónde es?
> **Ana** Es en Espacio Fundación Telefónica en la Gran Vía. Pero, oye, tenemos un plan pendiente. Hay algo que todavía no hemos hecho.
> **Álvaro** ¿Sí? ¿De qué plan se trata? Danos una pista...
> **Ana** Pues todavía no hemos ido a la zarzuela. Madrid es un lugar único para disfrutar de la zarzuela.
> **Álvaro** Es verdad. Tienes razón.
> **Ana** Podemos ir a ver *Doña Francisquita*.
> **Paula** Sí, claro. ¿Has comprado ya las entradas?
> **Ana** No, todavía no las he comprado, pero, probablemente, voy a ir esta tarde.
> **Álvaro** Perfecto. Cuenta con nosotros.

2 Read the conversation and answer the questions.

a ¿Han ido Álvaro y Paula a ver la exposición de Sebastião Salgado?
b ¿Ha podido ir Ana a esta exposición?
c ¿Qué ha hecho Ana este fin de semana?
d ¿Qué es lo que no han hecho Álvaro, Paula y Ana?
e ¿Quién va a sacar las entradas para la zarzuela?

LANGUAGE BUILDER 3

💡 Language discovery 3

Look at the conversation again and complete these phrases.

Paula Sí, claro. ¿Has comprado **a** .... las entradas?

Ana No, **b** .... no las he comprado.

What do the missing words mean? Are they similar or opposite in meaning?

The present perfect

The present perfect is used to talk about actions in the past, whether completed or not.

If the actions have already been completed, use the marker ya.

¿Has visto ya la exposición? *Have you seen the exhibition yet?*
—Sí, ya la he visto. *—Yes, I have already seen it.*

If the actions have not been completed, use the markers todavía no, aún no.

¿Has visto ya la exposición? *Have you seen the exhibition yet?*
—No, todavía/aún no la he visto. *—No, I haven't seen it yet.*

Todavía, aún, and ya can all go either before or after the full verb, but never between haber and the past participle.

¿Has visto ya Amazonía?   ¿Ya has visto Amazonía?   ~~¿Has ya visto Amazonía?~~
—No, todavía/aún no la he visto.   —Todavía/aún no la he visto.   ~~—No la he todavía/aún visto Amazonía.~~

Language practice 3

Look at Paula's planner and write what she has already done and what she hasn't done yet. It is Thursday night.

Lunes	Martes	Miércoles	Jueves	Viernes	Sábado	Domingo
Acompañar a Ana al mercado	Sacar las entradas de Amazonía	Hacer la compra con Álvaro	Pagar el gimnasio	Llamar a mis padres	Ordenar mi armario	Comida con los compañeros del hospital
Regar las plantas del vecino del quinto	Ir a la biblioteca	Comprar el regalo de Álvaro	Pasar la aspiradora	Preparar la comida del domingo con Álvaro	Ir a ver Amazonía	Hacer mi agenda de la semana que viene

Example: *Ya he regado las plantas del vecino del quinto. Todavía no he llamado a mis padres esta semana.*

LANGUAGE BUILDER 4

> ### 💡 Language discovery 4
>
> Listen to the conversation again and repeat each line in the pauses provided. Try to imitate the phrasing and intonation you hear. Then read the text again and try to find the words meaning *quickly*, *easily* and *probably*.
>
> **a** increíble   **c** fácilmente   **e** probablemente
> **b** rápidamente   **d** claro   **f** interesante
>
> What do these words have in common?

11.09

Adverbs ending in -mente

Adverbs are used to indicate the place (aquí, abajo...), time (temprano, ayer...), or manner (bien, demasiado...) in which an action occurs. They can describe a verb, an adjective or another adverb. They do not show agreement.

Las entradas se agotan rápidamente.   *Tickets sell out quickly.*

Puedes distinguirla fácilmente.   *You can distinguish it easily.*

In English, adverbs often end in *-ly* (*quickly, naturally, eventually*). In Spanish, the typical adverb ending is -mente, which is attached to the feminine singular form of an adjective. For example:

lento (m) → lenta (f) + -mente → lentamente   *slow → slowly*

rápido (m) → rápida (f) + -mente → rápidamente   *quick → quickly*

If the masculine singular adjective ends in a consonant or -e, just add -mente: fácil-fácilmente, amable-amablemente.

Language practice 4

1 Form adverbs from the adjectives provided.

     a deportivo ....   **f** formal ....

     b agresivo ....   **g** enorme ....

     c alegre ....   **h** correcto ....

     d increíble ....   **i** correcto ....

     e feliz ....

2 Now play Conversation 2 again and play Ana's part. Speak in the pauses provided. Try not to refer to the text.

11.10

SKILL BUILDER

1 Find the meanings of these words, and then sort them into the categories listed.

> isla   maremoto   incendio   lago   cooperante   continente   valle
> cordillera   terremoto   voluntario   huracán   emergencia   ONG   ayuda
> inundación   cambio climático

a 5 accidentes geográficos:

....
....

b 6 palabras relacionadas con el clima y los desastres naturales:

....
....

c 5 palabras relacionadas con los servicios sociales:

....
....

2 Complete the texts about the activities that Miguel and Nihad have done today.

> han estrenado   comedia   entrada   teatro

a Nihad ha estado en el **1** .... Ha visto una **2** .... titulada *Un secreto a voces*. La **3** .... en el teatro Luchana. La **4** .... cuesta 11,90 euros.

> entrada   exposición   cola   éxito

b Miguel ha estado en una **1** .... de Picasso en el museo Thyssen. La exposición ha sido un **2** .... y Miguel ha tenido que hacer **3** .... para entrar. Los lunes, la **4** .... es gratis.

11 *¿Qué has hecho hoy?*

TEST YOURSELF

1 Complete Marta's journal entry with the time markers below and the correct form of the present perfect.

| este año | cinco veces | últimamente | hace un rato | estos últimos meses |

a .... **b** (ver, yo) .... mucho a Raquel. **c** ....
.... la **d** (ver, yo) .... en el ascensor. Es increíble, **e** ....
.... no la **f** (ver, yo) .... durante meses y **g** ....
h (coincidir, nosotros) .... en la ascensor **i** ....

2 Correct the mistakes in these conversations.

a
> ¿Qué has hacido hoy? Me han decido que has estado en el cine. ¿Es verdad?

> Sí, es verdad. He veido una película.

> Y ¿te ha gustado?

> Sí, me ha encantado. Luego, he volvido a casa a las nueve y he escribido un mensaje de correo a mi profesor de español.

b
> ¿Qué ha pasado con la lavadora?

> Pues no sé. Creo que se ha rompido. Esta mañana la he abrido para sacar la ropa y me la he encontrado así.

c
> ¿Sabes que hoy se ha morido María Jiménez?

> Hoy he ponido todas sus canciones. Me gusta mucho cómo canta.

Remember to use **My review** and **My takeaway** to assess your progress and reflect on your learning experience.

In this lesson you will learn how to:
» Talk about specific events in the past using the simple past.
» Describe someone's life.
» Talk about education in Spain.
» Say the date.

Cuéntame tu vida

My study plan

I plan to work with Unit 12
○ Every day
○ Twice a week
○ Other _____

I plan to study for
○ 5–15 minutes
○ 15–30 minutes
○ 30–45+ minutes

My progress tracker

Day / Date	🎧	🎤	📖	✏️	💬
	○	○	○	○	○
	○	○	○	○	○
	○	○	○	○	○
	○	○	○	○	○
	○	○	○	○	○
	○	○	○	○	○
	○	○	○	○	○

My goals

What do you want to be able to do or say in Spanish when you complete this unit?   **Done**

1 ....   ○
2 ....   ○
3 ....   ○

My review

SELF CHECK

	I can ...
○	... talk about specific events in the past using the simple past.
○	... describe someone's life.
○	... talk about education in Spain.
○	... say the date.

CULTURE POINT 1

Salvador Dalí: "Yo soy el surrealismo". *Salvador Dalí: 'I am surrealism.'*

The famous Spanish surrealist painter, sculptor, and writer, Salvador Dalí, nació (*was born*) en Figueres el 11 de Mayo de 1904. He was known for his genius, madness, extravagance, and irreverence.

Dalí went through a strange and terrible identity crisis during his infancia (*childhood*). His parents gave him the same name as su hermano mayor (*his older brother*) who had died nine months before Dalí was born. Dalí believed he was the reincarnation of his brother.

As a teenager, together with a group of compañeros (*friends, classmates*), he founded the journal *Studium* in which he published his first writings. In 1920, he began his studies at the San Fernando Academy of Art in Madrid but was expelled after leading a student protest.

In 1934, Dalí se casó (*got married*). Gala, who had a fascinating life in her own right, was his great love and his muse. Their matrimonio (*marriage*) was tumultuous but enduring, lasting until Gala's muerte (*death*) in 1982. No tuvieron hijos (*they didn´t have children*) of their own. Dalí was so inspired by Gala that he signed many of his paintings with both their names.

Dalí murió (*died*) at his home in Figueres el 23 de enero de 1989 while listening to his favorite record, Richard Wagner's *Tristán e Isolda.*

His iconic mustache was a tribute to the pintor andaluz (*Andalucian painter*) Diego Velázquez. But Dalí took it to the extreme!!

Learn more about Dalí and Gala here, and explore some of his works. You can take a virtual tour of El Teatro-Museo Dalí in Figueres. Did you know that Dalí was fascinated by flies? Which part of the museum was designed to resemble the eye of the insect? What lies beneath it?

VOCABULARY BUILDER 1

Look at the words and phrases and complete the missing English words and expressions. Then listen and try to imitate the pronunciation of the speakers.

12.01

EL CICLO DE LA VIDA

nacer, crecer
vivir, morir
la muerte
la infancia, edad adulta, vejez
casarse, divorciarse
el matrimonio, divorcio
tener hijos, nietos
mudarse

THE CYCLE OF LIFE

........................, to grow up
to live, ...
....
........................, adulthood, old age
to get married, divorced
........................, divorce
to have ...., grand-children
to move

EDUCACIÓN

la promoción
la universidad
la clase, el aula
el estudiante
enseñar, estudiar, aprender
hacer, tener un examen
graduarse
el diploma, certificado
aprobar, suspender
las calificaciones

EDUCATION

promotion
....
classroom
student
to teach, study, learn
to take a test
to graduate
diploma, certificate
to pass, to fail
grades

LA FECHA

el día, mes, año
¿Cuál es la fecha de hoy?
Hoy es jueves, 30 de octubre de 2025.
¿Cuándo nació Dalí?
Dalí nació el 11 de mayo de 1904.

THE DATE

day, month, year
What's today's date?
Today is Thursday, October 30, 2025.
When was Dalí born?
Dalí was born on May 11, 1904.

> When stating the date in Spanish, use el before the number and de before the month and the year. Notice that in Spanish, as in the rest of Europe, the day comes before the month.

Vocabulary practice 1

1 Find eight words related to the lifecycle.

lñovejezphtcrecerikgmudarsewvbtenernietoslhminfanciaqazcasarsekijmuerteolnacer

a ....   b ....   c ....   d ....
e ....   f ....   g ....   h ....

12 *Cuéntame tu vida* 169

CONVERSATION 1

Vamos de cañas? *Shall we have a beer?*

1 Listen to the conversation without looking at the text. Then listen to the conversation again and read the text.

12.02

> Paula is at una conferencia médica (*a medical conference*), where she made a new friend who is a doctor. After a long day, they decide to go out for cañas (*beers*) and tapas, a favorite Spanish tradition. Gonzalo is telling Paula about his life. Listen to how Gonzalo talks about events in the past.
>
> **Paula** ¡Qué día tan agotador! (*to the waiter*) Me apetece una caña fresquita.
>
> **Gonzalo** Otra para mí, y nos pone la tapa del día, por favor... cómo he echado esto de menos estos años.
>
> **Paula** ¿No has vivido siempre en España?
>
> **Gonzalo** No, qué va. He vivido en tres paises: Francia, Italia y Alemania. Mi padre es español y mi madre es francesa. Aunque nací en España, viví en Francia durante mi infancia y fui a un colegio hispano-francés.
>
> **Paula** Pero estudiaste en la Universidad Autónoma de Madrid, ¿verdad?
>
> **Gonzalo** Sí, me gradué en España, pero el último año estuve en Italia con una beca Erasmus. Me gustó tanto este país que volví en el año 2022.
>
> **Paula** Y también hablas alemán.
>
> **Gonzalo** El año pasado trabajé en Alemania, pero ahora echo de menos España y estoy pensando en dar un giro a mi vida instalarme definitivamente aquí.
>
> **Paula** En España... ¡Qué sorpresa! Qué vida tan interesante, Gonzalo.
>
> **Gonzalo** Pero yo no sé nada de ti. Cuéntame tu vida, ¡soy todo oídos!

2 Complete the summary of the conversation.

Gonzalo y Paula se van **a** .... Gonzalo le cuenta a Paula su vida, ha **b** .... en tres **c** .... y habla diferentes **d** .... Su padre es de **e** .... y su **f** .... es francesa. Durante su **g** .... vivió en Francia. Se graduó en España, pero el último **h** .... estuvo en Italia.

El año pasado trabajó en **i** .... y ahora está pensando en volver a España.

A Paula le parece que la vida de Gonzalo es muy **j** ....

LANGUAGE BUILDER 1

💡 Language discovery 1

Look at the conversation again and complete the sentences with the correct verb forms. Do Gonzalo and Paula refer to the past or the present?

Gonzalo   Aunque **a** .... en España, **b** .... en Francia durante mi infancia.
Paula   ... pero **c** .... en la Universidad Autónoma de Madrid, ¿verdad?
Gonzalo   Sí, **d** .... en España [...]. Me **e** .... tanto este país que **f** .... en el año 2022.

The simple past: yo nací, yo viví, trabajé...

The simple past is used to talk about completed actions in the past.

El año pasado trabajé en Alemania.   *Last year I worked in Germany.*

It is formed by replacing the -ar, -er, and -ir infinitive endings with the appropriate personal ending. Note that verbs ending in -er/-ir have the same endings.

The simple past of regular verbs

	(yo)	(tú)	(él/ella/usted)	(nosotros/as)	(vosotros/as)	(elllos/ellas/ustedes)
-ar trabajar	trabaj-é	trabaj-aste	trabaj-ó	trabaj-amos	trabaj-asteis	trabaj-aron
-er nacer	nac-í	nac-iste	nac-ió	nac-imos	nac-isteis	nac-ieron
-ir vivir	viv-í	viv-iste	viv-ió	viv-imos	viv-isteis	viv-ieron

Nació y vivió en el mismo lugar toda su vida.   *He was born and lived in the same place all his life.*

The verbs ir (*to go*) and estar (*to be*) are irregular in the simple past tense:

	(yo)	(tú)	(él/ella/usted)	(nosotros/as)	(vosotros/as)	(elllos/ellas/ustedes)
ir	fui	fuiste	fue	fuimos	fuisteis	fueron
estar	estuve	estuviste	estuvo	estuvimos	estuvísteis	estuvieron

Fui a un colegio hispano-francés.   *I was at a Spanish-French school.*
Estuve en Italia con una beca Erasmus.   *I was in Italy on an Erasmus scholarship.*

Language practice 1

Complete the sentences with the correct form of the verbs in parentheses.

a ¿Qué día (nacer) .... tu hermano? —El 12 de octubre de 2004.
b ¿Cuántos años (vivir) .... tu familia y tú en España?
c Los estudiantes (trabajar) .... mucho durante el curso pasado

d Yo (vivir) .... durante mi infancia en Valencia, a los 24 años (volver) .... a trabajar a esta ciudad.

e Mis hijos (nacer) .... en Barcelona pero luego nos trasladamos a Gerona.

f Pedro (estar) .... en este restaurante con su familia.

g Mi padre (trabajar) .... muy duro para pagar mis estudios.

h Mis abuelos se casaron en Bilbao y (vivir) .... toda su vida allí.

i Mis amigos y yo (estar) .... en esta discoteca ayer.

j Yo (ir) .... a este colegio en el año 1999.

LANGUAGE BUILDER 2

Language discovery 2

1 Listen to the conversation again and repeat each line in the pauses provided. Then complete the exercise. What do the phrases reveal about the events?

Gonzalo Sí, me gradué en España, pero **a** .... estuve en Italia con una beca Erasmus. Me gustó tanto este país que volví **b** ....

Paula [...]Y también hablas alemán.

Gonzalo **c** .... trabajé en Alemania, pero ahora echo de menos España [...]

Uses of the simple past

The main uses of the **simple past** are:

- To talk about completed actions:

Nos casamos el 5 de agosto del año pasado.   We got married on August 5th last year.

- To talk about a person´s life:

Miguel de Cervantes **nació** en 1547.   Miguel de Cervantes was born in 1547.

- To indicate a series of past events, often used to move a story forward:

Ayer me **pasó** algo increíble. Me **encontré** a un compañero de clase del colegio, **quedamos** para tomar una caña y **hablamos** un rato.

Yesterday something incredible happened to me. I met an old friend from school, we stopped for a beer, and we talked for a long time.

The simple past is usually accompanied by time markers, such as:

Anoche/ayer/el otro día   *Last night/yesterday/the other day*
Hace dos días/semanas/meses/años   *Two days/weeks/months/years ago*
semana/mes/año/verano pasado   *Last week/month/year/summer*
En el año 2022 volví a Italia.   *I returned to Italy in 2022.*
El año pasado trabajamos en Alemania.   *We worked in Germany last year.*

> The nosotros/as form of -ar and -ir verbs is the same in the simple past and in the present tense, so a time marker can be especially important.

Language practice 2

1 Translate these sentences into Spanish.
  a Last weekend I was in this clothes shop.
  b Last Monday we went to the swimming pool.
  c He vacuumed the whole house last week.
  d He returned to Spain in 2004.
  e Two months ago they went to the opera.

2 Now play Conversation 1 again and play Gonzalo's role. Speak in the pauses provided. Try not to refer to the text.

12.04

CULTURE POINT 2

El sistema educativo *The education system in Spain*

A popular Spanish saying advises Despacito y buena letra dice el maestro en la escuela. Today, only the first part, *despacito y buena letra*, is commonly used to mean *slow and steady wins the race*. La educación (*education*) in Spain is obligatoria (*compulsory*) and free between the ages of 6 and 16. There are three types of schools: escuelas públicas (*public schools*), colegios privados (*private schools*), and colegios concertados (*charter schools*), which receive part of their budget from the state and part from private sources. A majority of Spanish estudiantes attend escuelas públicas.

There are different etapas (*stages*) of education in Spain: educación infantil (*preschool*) for children from birth to 6 years of age, educación primaria (*elementary education*) which includes grades 1–6 (ages 6 to 12), educación secundaria (*secondary education*) for grades 6–10 (ages 12–16), and bachillerato (*high school*) or formación profesional (*vocational training*) for grades 11–12 (ages 16–18).

Once they complete compulsory education, students can take the examen de acceso a la universidad (*university entrance exam*) or move on to formación profesional superior (*higher vocational training*). Los grados universitarios (*university degrees*) are generally four years long, with the exception of a few areas of study.

The latest educational reforms seek to improve equity in education, establishing measures for the inclusion of estudiantes with disabilities and promoting gender equality in the sistema educativo (*education system*).

> There is no better way to improve your Spanish than to spend some time in Spain. The University of Salamanca is the oldest university in Spain and the fourth oldest in Europe. Find out who founded it and when.

VOCABULARY BUILDER 2

12.05 Look at the words and phrases and complete the missing English words and expressions. Then listen and try to imitate the pronunciation of the speakers.

SISTEMA EDUCATIVO   **EDUCATION SYSTEM**

obligatorio/a   ....
la escuela pública   ....
el colegio privado/concertado   ....
la etapa   ....
el máster   *Master's degree*
el doctorado   *doctorate*
el grado universitario   ....

ESTUDIOS Y TITULACIONES   **STUDIES AND DEGREES**

ciencias   *science*
ciencias sociales   *social sciences*
historia   *history*
medicina   *medicine*
derecho   *law*
ingeniería   *engineering*
el/la catedrático/a   *professor*
el/la tutor/a   *tutor*
el/la director/a de tesis   *thesis supervisor*
el programa de intercambio/unas prácticas *exchange program/internship*
la estancia   *stay*
la movilidad   *mobility*
la materia cuatrimestral/anual   *semester/year-long subject*
la asignatura obligatoria/común   *compulsory/common subject*
el plan de estudios   *syllabus*
el expediente académico   *academic transcript*
el certificado de idioma   *language certificate*
las competencias, el contenido   *competences, contents*
el curso presencial/virtual/a distancia   *face-to-face/virtual/distance learning course*
la clase híbrida   *hybrid classroom*
los créditos   ....

VIDA UNIVERSITARIA   **UNIVERSITY LIFE**

la residencia universitaria   *university residence*
la habitación compartida/individual   *shared/single dorm room*
la cafetería/cantina   ....
el salón de actos   *lecture hall*

Vocabulary practice 2

Complete with the words in the box. There is one extra item.

planes de estudio	cuatrimestral	programa de intercambio	beca
certificado de idioma	asignaturas	expediente académico	créditos
estancia anual	movilidad		

PÁGINA DE INICIO   CONÓCENOS   BLOG   PREGUNTAS FREQUENTES   CONTACTO

¿Quieres participar en un .... de Erasmus +?

El programa Erasmus + es un programa educativo de la Comisión Europea que tiene como objetivo promover y financiar la **a** .... académica de los estudiantes dentro de la Unión Europea. En el marco de este programa, los estudiantes reciben una **b** .... y estudian en un país de la Unión Europea con la ventaja de que pueden convalidar **c** .... de sus **d** .... mediante el sistema de **e** .... ECTS (European Credit Transfer System).

Si estás pensando participar en un programa de intercambio en la UCM lo primero que debes hacer es ponerte en contacto con el coordinador en tu universidad de origen y comprobar que tus estudios están recogidos en los acuerdos bilaterales entre tu universidad y la universidad a la que quieres ir (universidad de llegada).

Además, debes decidir si quieres hacer una **f** .... o solo **g** .... En este último caso, puedes optar entre el primer cuatrimestre (de septiembre a diciembre) o el segundo (de febrero a mayo).

Finalmente, ten en cuenta que tu solicitud debe incluir una fotografía, el acuerdo entre la universidad de origen y la universidad de llegada (Learning Agreement), tu **h** .... (Transcript of Records) y un **i** .... Normalmente, se exige un nivel mínimo de español B1 del Marco Común Europeo de Referencia (MCER).

Pronunciation practice

Ch is pronounced like the /ch/ in *chair*.

1 Identify the letters representing the /ch/ sound, then repeat them in these sentences.

   a Coge una cuchara y un cuchillo de la cocina.
   b Había más de ochenta personas en la sala.
   c Eduardo Chillida fue un escultor español.

2 Now try this tongue twister. Listen and read it out loud.

Como dice el viejo dicho y ese dicho yo he dicho, que diciendo lo del dicho que me han dicho, dicho ha sido el dicho aquel que dice: Del dicho al hecho hay mucho trecho.

As the old saying goes, and that saying I have said, that in saying what I have been told, the saying has been said: From words to deeds there is a long way to go.

CONVERSATION 2

Aya, la mujer enigmática *Aya, the enigmatic woman*

12.08 Here are a few words and expressions to help you understand the conversation.

| reapertura | reopening | no hay tiempo que perder | there is no time to waste |
| herencia | inheritance | ¡Manos a la obra! | All hands on deck! |

12.09 **1** Listen to the conversation without looking at the text. Then listen and read along.

> Álvaro is preparing a social media campaign for the restaurant opening, and he wants to know more about its history. Notice the verbs they use to talk about the past.
>
> **Álvaro** El Rincón de Ana... la reapertura va a ser un éxito. Estoy empezando a pensar en el lanzamiento en redes sociales. Necesito conocer más sobre la historia del restaurante y su primer propietario.
>
> **Paula** Sí, hay una historia que no terminaste de contarnos, Ana.
>
> **Ana** ¿A qué historia te refieres?
>
> **Paula** A la historia de tu tío Farid, el propietario del restaurante.
>
> **Ana** ¡Ah! tienes razón. Como os conté, mi tío Farid murió el año pasado y me dejó en herencia este restaurante.
>
> **Álvaro** Cuéntanos algo de su vida, Ana.
>
> **Ana** Nació en Francia, en Marsella.
>
> **Álvaro** ¿Y pasó su infancia en Francia?
>
> **Ana** Sí, vivió en Marsella y allí estudió Primaria y Secundaria, más tarde estudió Bellas Artes en París. Y luego vino a España. Empezó a trabajar en una galería de arte y montó este restaurante.
>
> **Paula** El Rincón de Ana.
>
> **Ana** Bueno... según he sabido recientemente el primer nombre del restaurante fue "El Rincón de Aya", pero mi tío, no sabemos por qué cambió el nombre a "El Rincón de Ana".
>
> **Paula** Claro, Farid, en primer lugar, eligió Aya, el nombre de la enigmática mujer morena con ojos negros.
>
> **Álvaro** Ana..., tenemos que encontrar a Aya El Mach García, e invitarla a la reapertura del restaurante, debió de ser alguien importante para él. No hay tiempo que perder, ¡manos a la obra!

2 Choose the correct word to complete the sentence.

a El antiguo propietario del restaurante era el tío / abuelo de Ana.
b El tío Farid pasó su infancia en París / Marsella.
c Farid estudió Secundaria en Marsella / París.
d Después de la Universidad, Farid vino a Francia / España.
e El restaurante de Farid en España se llamaba El Rincón de Ana / Aya.

LANGUAGE BUILDER 3

💡 Language discovery 3

Complete these phrases from the text. What do you notice about the vowels?

Ana   Como os conté, mi tío Farid **a** .... el año pasado y me dejó en herencia este restaurante.

Paula   ... claro el primer nombre, Aya. **b** .... el nombre de la enigmática mujer morena con ojos negros.

The simple past of irregular verbs

There is a group of verbs that are slightly irregular in the simple past, i.e. only the él/ella/usted and ellos/ellas forms are irregular.

	(yo)	(tú)	(él/ella/usted)	(nosotros/as)	(vosotros/as)	(ellos/ellas/ustedes)
e>i elegir (to choose)	elegí	elegiste	eligió	elegimos	elegisteis	eligieron
o>u dormir (to sleep)	dormí	dormiste	durmió	dormimos	dormisteis	durmieron

Mi padre **eligió** pescado y yo **elegí** carne.   *My father chose fish, and I chose meat.*

Después de trabajar toda la noche, **durmieron** hasta tarde y perdieron el tren.   *After working all night, they slept late and missed the train.*

Other common verbs that behave like elegir include preferir, sentir, pedir, conseguir, herir, hervir, perseguir, sonreir. Morir behaves like dormir (o>u).

Yo preferí viajar en tren pero ellos prefirieron viajar en avión.   *I preferred to travel by train, but they preferred to travel by plane.*

Picasso **murió** en Francia y sus padres **murieron** en España.   *Picasso died in France and his parents died in Spain.*

Language practice 3

Complete the sentences with the simple past of the verbs in parentheses.

a Mis amigos (elegir) .... muy buena música en el karaoke.
b Pedro (ir) .... a la fiesta, pero llegó muy tarde.
c Ayer estuve en el hospital y no (poder) .... hacer los deberes.
d Vosotros (hacer) .... un pastel de limón muy rico.
e María estaba muy cansada y (dormir) .... hasta las 12 de la mañana.
f El otro día (estar) .... en la playa con toda nuestra familia.

LANGUAGE BUILDER 4

💡 Language discovery 4

🎧 12.10 🎤

Listen to the conversation again and repeat each line in the pauses provided. Try to imitate the phrasing and intonation you hear. Then complete the conversation.

Álvaro El Rincón de Ana... la reapertura va a ser un éxito. Estoy **a** .... en el lanzamiento en redes sociales [...]

Paula Sí, hay una historia que no **b** ...., Ana.

Ana ... Y luego vino a España. **c** .... en una galería de arte y montó este restaurante al que llamó El Rincón de Aya.

Which word expresses the beginning of an action and which expresses the end?

Highlighting the beginning, end or duration of an action

To be more specific about when an action began or ended, or its duration, use:

- **Estar a punto de** + infinitive for an action that is about to begin:

La clase está a punto de empezar.   The class is about to start.

- **Empezar a** + infinitive expresses the beginning of an action:

Empezó a trabajar en una galería de arte.   He started working in an art gallery.

- **Llevar** + gerund (formed by replacing the -ar ending with -ando and -er/-ir with -endo) is used to express an action that began in the past and continues in the present:

Lleva más de tres años saliendo con Marta.   He has been dating Marta for more than three years.

- **Acabar de** + infinitive is used to refer to an action that was recently completed:

Acabo de completar el plan de marketing.   I just finished the marketing plan.

- **Volver a** + infinitive expresses returning to a previous action after a pause:

¿Has vuelto a entrenar después de la operación?   Are you back in training after the operation?

- **Seguir** + gerund stresses the duration of an action without indicating when it began:

Siguió viviendo en España hasta el año 2021.   He continued living in Spain until 2021.

- **Dejar de** + infinitive is used to indicate the interruption of an action:

Dejé de estudiar a los 16 años.   I stopped studying (dropped out of school) at 16.

- **Terminar de** + infinitive expresses the end of an action:

Hay una historia que no terminaste de contarnos.   There is a story that you didn´t finish telling us.

Language practice 4

1 Complete the sentences with the verbs in the box.

lleva	dejar	empezó	volver	termina
vuelve	acaba	llevo	está a punto	sigue

a Aunque es septiembre, pongo el aire acondicionado porque .... haciendo calor.
b El tren .... de salir, lo hemos perdido por un minuto.
c .... esperando el autobús media hora, voy a volver a casa andando.
d No entiendo este ejercicio, ¿me lo puedes .... a explicar, por favor?
e Pilar .... trabajando en esta empresa más de dos años.
f Mi hijo .... a andar a los diez meses.
g Marcos ha suspendido el examen, el mes que viene .... a hacerlo.
h ¿Cuándo vas a .... de fumar? El tabaco es malo para tu salud.
i Mi madre .... de trabajar a las 6 y llega a casa a las 7.
j Son las 10, el concierto .... de empezar.

2 Now play Conversation 2 again and play Paula's role. Speak in the pauses provided. Try not to refer to the text.

12.11

SKILL BUILDER

1 Listen to three people at different stages in their lives and their education. Who already has a job? Who failed an exam?

12.12

Paloma .... David .... Isabel ....

2 Listen again and answer the questions.

a ¿Con quién vive Paloma?
b ¿Qué examen va a hacer pronto Paloma?
c ¿Dónde trabaja David?
d ¿Qué asignatura le gustaba a David?
e ¿Qué grado estudia Isabel?
f ¿Qué examen tiene que hacer Isabel mañana?

3 Now write something about you.

a Una cosa que has dejado de hacer en los últimos meses
b Una cosa que has empezado a hacer hace poco
c Una cosa que has vuelto a hacer en el último año
d Una cosa que hacías el año pasado y sigues haciendo este
e Una cosa que has terminado de hacer hace poco

4 **Madrid-Chamartín-Clara Campoamor is a train station in Madrid. Find out who it is named after. Read and complete the text below with the words in the box.**

| nació | estación | parques | escritora | Bachillerato | madre | murió |

Clara Campoamor **a** .... el 12 de febrero de 1888 en Madrid. La familia de su padre era de Asturias y Cantabria (en el norte de España) y la familia de su **b** .... era de Madrid y Toledo. En 1920 estudió **c** .... y luego se graduó en la Universidad de Derecho. Con 36 años fue una de las pocas abogadas españolas. Además, fue **d** ...., política y defensora de los derechos de la mujer. **e** .... el 30 de abril de 1972 en Lausana (Suiza). Las ciudades de Barcelona, Bilbao, San Sebastián, Santander y Sevilla han dedicado **f** .... plazas y monumentos a Clara Campoamor. La **g** .... de Madrid- Chamartín se llama Madrid-Chamartín-Clara Campoamor desde 2020. Fue una gran luchadora y su vida no fue siempre de color de rosa.

TEST YOURSELF

1 Correct the mistakes.

El sábado pasado no podimos **a** .... ir a la playa porque llovía mucho, nos quedamos en casa, hací **b** .... los deberes con papá y cuando salió el sol jugamos en el parque, hacimos **c** .... un castillo de arena.

Anoche mi amiga Sol dormió **d** .... en mi casa y elegimos una película muy divertida. Sol se morió **e** .... de risa viéndola, luego pedió **f** .... una pizza para cenar y yo preferí sopa.

2 Match the beginnings and endings.

1 Los niños van a Educación Primaria...
2 Haces la Secundaria...
3 Hay tres tipos de colegios en España...
4 Los grados universitarios...
5 La educación en España es obligatoria...

a públicos, concertados y privados.
b desde los 6 a los 12 años.
c cuando terminas Educación Primaria.
d desde los 6 a los 16 años.
e son normalmente de cuatro años.

3 Reorder the words to make sentences.

a 1904. / Dalí / de / en / el / nació / mayo / de / 11 / Figueres /
b y / año / Ashish / se / el / Luisa / pasado. / divorciaron /
c 2026. / día / Hoy / ¿Qué / es / 30 / abril / de / hoy? / de / es /
d graduar / ¡Me / a / este / voy / año! /

Remember to use **My review** and **My takeaway** to assess your progress and reflect on your learning experience.

13

In this lesson you will learn how to:
» Talk about situations and habits in the past using the **imperfecto**.
» Describe people and objects using the **imperfecto**.
» Set the scene and emphasize a specific moment in the past.
» Talk about cinema and movies.

Tal como éramos

My study plan

I plan to work with Unit 13
○ Every day
○ Twice a week
○ Other _____

I plan to study for
○ 5–15 minutes
○ 15–30 minutes
○ 30–45+ minutes

My progress tracker

Day / Date	🎧	🎤	📖	✏️	💬
	○	○	○	○	○
	○	○	○	○	○
	○	○	○	○	○
	○	○	○	○	○
	○	○	○	○	○
	○	○	○	○	○

My goals

What do you want to be able to do or say in Spanish when you complete this unit?   Done

1 .... ○
2 .... ○
3 .... ○

My review

SELF CHECK

	I can ...
○	... talk about situations and habits in the past using the *imperfecto*.
○	... describe people and objects using the *imperfecto*.
○	... set the scene and emphasize a specific moment in the past.
○	... talk about cinema and movies.

CULTURE POINT 1

Juguetes y juegos en España *Toys and games in Spain*

If there is one thing that makes us all nostalgic about the past, it's los juegos (*the games*) we used to play as children. For people who grew up in the 20th century, childhood games were often those of the imagination—a broom became a horse and a cardboard box was a coche de carreras (*racing car*). And, of course, there were outdoor games everyone loved to play—al escondite/pilla-pilla/pañuelo (*hide-and-seek/tag/handkerchief*). Did you know that la rayuela (*hop scotch*) was inspired by Dante's Divine Comedy and represents the journey from purgatory to paradise? Las chapas (*bottle caps*) was another popular Spanish game of old where the goal was to be the first to push your bottle cap across the finish line.

Los juegos de mesa (*board games*) are making a big comeback, and they can be a fun way to get to know Spanish culture, as there are many juegos de estrategia (*strategy games*) based on Spanish history and culture: in **Alhambra**, you can construct the famous Islamic palace and fortress in Granada. **Sagrada** invites you to create stunning windows inspired by the Sagrada Familia cathedral, and **Buen Camino** takes you on the famous pilgrimage to Santiago. Probably the most popular kids' board game in Spain is El juego de la oca (*The Goose Game*, similar to *Snakes and Ladders*). It is believed that the first version of the game was a gift from Franceso I de Medici, the Great Duke of Tuscany, to Philip I of Spain, sometime between 1574 and 1587. It, too, is believed to be symbolic, representing life's journey and sus vainenes (*its ups and downs*).

With la inteligencia artificial, la realidad aumentada and la realidad virtual becoming commonplace, los juegos de vídeo, played on los móviles (*cell phones*), las tablets (*tablets*) or las consolas (*consoles*), are already starting to feel quaint and old-fashioned. In fact, you can learn all about their history at the **OXO Museo del Videojuego** in Málaga where you are also invited to play.

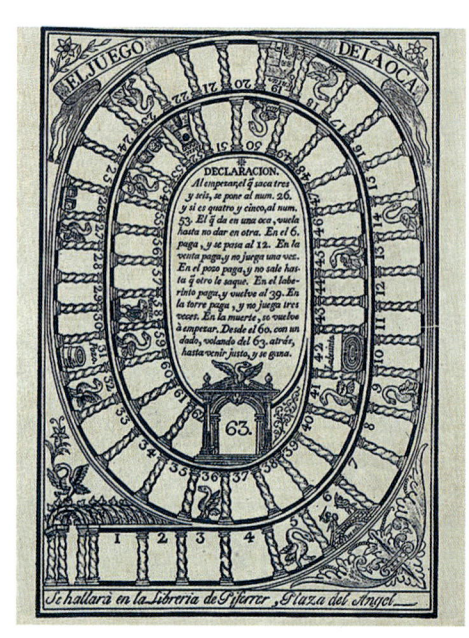

When you travel to Spain, you can see los juguetes people played with in the past at the Museo Valenciano del Juguete. Or would you prefer to visit the OXO Museo del Videojuego in Málaga? Check out both museums online and explain which you want to visit and why.

182

VOCABULARY BUILDER 1

Look at the words and phrases and complete the missing English words and expressions. Then listen and try to imitate the pronunciation of the speakers.

JUEGOS Y JUGUETES	GAMES AND TOYS
los juegos de mesa/estrategia	....
jugar a las cartas/al parchís/a la oca/ al ajedrez/al dominó	play cards/......................../ ..../chess
el videojuego	....
el/la jugador/a	player
el/la ganador/a	winner
ganar, perder, empatar	to win, lose, tie
el equipo	team
el móvil	....
la tableta	....
la consola	....
la inteligencia artificial	....
la realidad aumentada/virtual	....
la muñeca	doll
el coche de carreras	....
EN EL PASADO/EN OTROS TIEMPOS...	IN TIMES PAST ...
cuando tenía diez años	when I was ten years old
de niño	as a child
de joven	as a young man/woman

Vocabulary practice 1

Complete with the words in the box.

| consolas | realidad aumentada | juegos de mesa | tableta | oca |

En los últimos cincuenta años, la manera de jugar en España ha cambiado radicalmente. Antes, los **a** .... como el parchís o la **b** .... eran los protagonistas de las reuniones familiares o con amigos. Con el tiempo, llegaron los videojuegos, primero a través de las **c** .... clásicas, que transformaron el ocio en una experiencia más individual y tecnológica. Hoy en día, el móvil y la **d** .... son herramientas habituales para jugar, incluso con aplicaciones que emplean inteligencia artificial para mejorar la experiencia. Además, tecnologías como la **e** .... han añadido la interactividad, integrando el mundo digital con el físico, revolucionando la forma en que nos entretenemos.

CONVERSATION 1

Nos divertíamos de otra manera *We had fun in a different way*

1 Listen to the conversation without looking at the text. Then listen to the conversation again and read the text.

13.02

> This weekend Ana is resting in Lucena, the village where her parents, Elena and Julián, live. She's playing online on her cell phone and this leads to an interesting conversation about games and ways of having fun then and now. Notice the verbal forms used to talk about habitual actions in the past.
>
> **Elena** ¿Qué estás haciendo, Ana? Deja ya el móvil un rato…
>
> **Ana** Estoy jugando online con mis amigos Álvaro y Paula.
>
> **Julián** ¿Con tus amigos Álvaro y Paula? ¿En Madrid? ¡Cómo ha cambiado la forma de divertirse!
>
> **Elena** Sí, antes…
>
> **Ana** Lo sé, lo sé… Hacíais siete kilómetros andando con cuarenta grados a la sombra…, pero eso te hacía más fuerte.
>
> **Elena** *(laughing)* Divertido, pero no… no hacíamos siete kilómetros andando con cuarenta grados a la sombra, pero… jugábamos de forma diferente. Nos divertíamos de otra manera.
>
> **Julián** Sí, de niños, normalmente, jugábamos con nuestros amigos en la calle. A veces quedábamos en casa de algún amigo. En verano, nunca nos dejaban salir a la calle después de comer. Hacía bastante calor…
>
> **Ana** Ahora lo podemos hacer de forma virtual y con aire acondicionado. Pero también salimos mucho juntos. Y, cuando no estamos en el mismo sitio, pasamos mucho tiempo juntos online.
>
> **Elena** Es verdad. Cuando teníamos tu edad, no había móviles. Recuerdo que yo pasaba las vacaciones en Cádiz y escribía cartas a mis amigos todas las semanas.
>
> **Ana** A partir de ahora voy a escribirte cartas desde Madrid, si así te sientes mejor, mamá. *(Ana looks at her cell phone with surprise.)* No. No me lo puedo creer. He perdido. Siempre gano en este juego y hoy me ha ganado Paula.
>
> **Julián** En la vida, a veces se gana y otras se pierde…

2 Look at the conversation again and correct these sentences.

a Ana está jugando con sus amigos Álvaro y Paula. Ana está en Lucena y Álvaro y Paula, en Córdoba.

b Los padres de Ana, cuando eran pequeños, tenían aire acondicionado en su casa.

c Elena escribía cartas a sus amigos todos los días.

d Ana dice que va a escribir a su madre.

e Esta vez Paula ha ganado a Ana.

LANGUAGE BUILDER 1

> ### 💡 Language discovery 1
>
> **Look at the conversation again and note the verb forms Julián and Elena used to talk about habitual actions in the past. What do you notice?**
>
> **Elena** ... no **a** .... siete kilómetros andando con cuarenta grados a la sombra, pero... **b** .... de forma diferente. **c** .... de otra manera.

El imperfecto: habits and customs in the past

The **imperfecto** (*imperfect*) is a descriptive tense, often used to recount memories and past habits. To form the regular forms, replace the -ar, -er, or -ir infinitive ending with the appropriate endings, which are the same for verbs ending in -er and -ir.

Imperfecto: Regular verbs

	-ar **jugar** (*to play*)	-er **hacer** (*to make*)	-ir **divertirse** (*to have fun*)
(yo)	jug**aba**	hac**ía**	me divert**ía**
(tú)	jug**abas**	hac**ías**	te divert**ías**
(él/ella/usted)	jug**aba**	hac**ía**	se divert**ía**
(nosotros/as)	jug**ábamos**	hac**íamos**	nos divert**íamos**
(vosotros/as)	jug**abais**	hac**íais**	os divert**íais**
(ellos/ellas/ustedes)	jug**aban**	hac**ían**	se divert**ían**

The yo and él/ella/usted forms are the same so the context indicates the subject.

Preparaba gazpacho todos los domingos. I/he/she/you used to make gazpacho every Sunday.

De niña, hacía natación en el colegio. As a child, I used to swim at school.

Nuestros padres se divertían de otra manera. Our parents had fun in a different way.

Language practice 1

Elena and Julián continue talking about the things they liked to do when they were children. Complete the conversation using the imperfecto.

Ana	Dime, mamá, ¿a qué te **a** (gustar) .... jugar?
Elena	Pues me **b** (encantar) .... jugar al escondite en el pueblo. Mis amigas y yo **c** (tener) .... _ unos escondites fantásticos. Nadie **d** (poder) .... encontrarnos.
Ana	Y, tú, papá. ¿Cómo te **e** (divertir) ....? ¿A qué **f** (jugar) ....?
Julián	Pues a mis amigos y a mí nos **g** (encantar) .... jugar a las chapas. **h** (Pasarse) .... las tardes jugando a las chapas en la plaza. Pero hay algo que mamá no te ha contado. A mamá le **i** (gustar) .... mucho jugar al fútbol.
Ana	¿De verdad, mamá?
Elena	Sí, sí. Es verdad. Me (encantar) **j** .... jugar al fútbol. **k** (Jugar) .... con tu padre y sus amigos. !Ay!, ¡qué tiempos! En verano, (pasarse) **l** .... el día en la calle. **m** (salir) .... muy pronto por la mañana y **n** (volver) .... cuando **o** (hacerse) .... de noche. Solo **p** (volver) .... a casa para comer y cenar.

LANGUAGE BUILDER 2

💡 Language discovery 2

1 Listen to the conversation again and repeat each line in the pauses provided. Then complete the sentences with time markers.

13.03

Julián   Sí, de niños, **a** ...., jugábamos con nuestros amigos en la calle.
b .... quedábamos en casa de algún amigo. En verano, **c** .... nos dejaban salir a la calle después de comer. Hacía bastante calor...

With what other verb form could you find these time markers?

186

El imperfecto: descriptions of the past

El imperfecto is a descriptive tense, often translated into English with the past continuous, *used to* or *would* + verb. It has two main uses:

- to describe habits and repeated actions in the past.

Antes iba andando al trabajo.	I used to walk to work.
Nos divertíamos de otra manera.	We used to have fun in a different way.

These time markers are often used to highlight the habitual aspect: normalmente (*usually/normally*), a veces (*sometimes*), siempre (*always*), nunca (*never*), a menudo (*often*), todos los días/meses... (*every day/month*), por las mañanas/tardes... (*in the mornings/afternoons...*). Note that these time markers can also be used in the present tense. In fact, the imperfect is sometimes described as 'the present of the past.'

Normalmente, salíamos a la calle a jugar.	We would normally go out to play.
A veces quedábamos en casa de algún amigo para jugar a juegos de mesa.	Sometimes we would meet at a friend's house to play board games.

- to give descriptions of persons, things, or places in the past to evoke a period of the past.

Antes hacía bastante frío en invierno. Ahora apenas hay nieve.	It used to be so cold in winter. Now there's hardly any snow.
Cuando tenía ocho años...	When I was eight years old ...
La gente estaba satisfecha con lo que tenía.	People were satisfied with what they had.
El pueblo se transformaba cuando llegaba el verano.	The village would transform when summer came.

Notice that the imperfecto can also be used to express two simultaneous actions in the past.

Veíamos la tele mientras comíamos.	We were watching TV while eating.
Íbamos a la playa cuando teníamos vacaciones.	We used to go to the beach when we had vacation.

Language practice 2

1 Highlight the imperfect tense verbs and choose the correct time markers.

Recuerdo especialmente mi cámara de fotos. Me la regalaron cuando cumplí catorce años. La llevaba a veces / normalmente / siempre que hacíamos alguna excursión. Luego tenía que llevar el carrete a revelar y todos días / normalmente / nunca tardaban una semana en darme las fotos. Pues yo me acuerdo del teléfono que teníamos en casa. No sonaba igual que los móviles que tenemos ahora. Si sonaba a veces / nunca / mientras veíamos una película, nadie quería levantarse a cogerlo. ¡Qué tiempos!

2 Now play Conversation 1 again and play Elena's role. Speak in the pauses provided. Try not to refer to the text.

13.04

13 *Tal como éramos* 187

CULTURE POINT 2

El cine español *Spanish cinema*

Over the last few decades, Spanish cinema has earned a reputation for excellence. Las películas, los directores (*directors*) y los actores y las actrices españoles are attracting admiration en la escena cinematográfica internacional (*on the international movie scene*).

Film festivals in Spain have, in many cases, served as a springboard for many of these directores, actores and actrices. Among them:

El Festival de Cine de San Sebastián (*San Sebastian International Film Festival*), established in 1953, is considered the most intimate A-list festival. Each year it honors the most outstanding cineastas (*movie makers*) from all over the world with its Concha de Oro (*golden seashell*).

Estatuilla de los Premios Goya (*Goya Awards statuette*)

La Semana Internacional de Cine de Valladolid (*Valladolid International Cinema Week*) is the best showcase for el cine de autor e independiente (*screenwriter and independent cinema*).

La Ceremonia de los Premios Goya (*the Goya Awards ceremony*), which is the Spanish version of the Academy Awards, recognizes las mejores películas y los mejores profesionales in Spanish language cinema.

Speaking of the Oscars, quite a few actores, actrices, cineastas, and películas from Spain have been nominated. Award winners include Javier Bardem (Best Supporting Actor in *No Country for Old Men* by the Coen brothers) and Penélope Cruz (Best Supporting Actress for *Vicky Cristina Barcelona* by Woody Allen) for acting, while the following four films have won an Oscar for best non-English language film: *Volver a empezar* (José Luis Garci, 1982), *Belle Époque* (Fernando Trueba, 1992), *Todo sobre mi madre* (Pedro Almodóvar, 1999), and *Mar adentro* (Alejandro Amenábar, 2004).

Remember that most movies in Spain are shown doblado (*dubbed*), instead of en versión original (*original version, subtitled*).

Want to know more about Spanish cinema? Explore the website of La Academia de las Artes y las Cinematográficas de España.

VOCABULARY BUILDER 2

Look at the words and phrases and complete the missing English words and expressions. Then listen and try to imitate the pronunciation of the speakers.

CINE / CINEMA

el/la director/a	....
el argumento	*plot*
la pantalla	*screen*
el personaje	....
la actriz principal	*leading actress*
el actor secudario/de reparto	*supporting actor*
hacer/rodar una película	*to make/shoot a movie*
interpretar a un personaje	*to play a character*
la película en versión original	....
la película doblada	*dubbed movie*
la película subtitulada	*subtitled movie*
la película cuenta la historia de...	*the movie tells the story of ...*
trata de...	*it is about*
la butaca	*seat*

GÉNEROS CINEMATOGRÁFICOS / FILM GENRES

la comedia (romántica)	....
la película policiaca	*crime movie*
la película bélica/de guerra	*war movie*
la película romántica/de amor	*romantic movie*
la película de terror	*horror movie*
la película de ciencia ficción	....
la película de acción/aventuras	....
la película de animación	*animated movie*
el drama	*drama*

Vocabulary practice 2

What genre is it? Match the genre with the movie.

a pelicula de animación   **b** pelicula de acción   **c** comedia romántica   **d** drama

1 **Todos los nombres de Dios (2023)**	3 **Ocho apellidos marroquís (2023)**
Tras un atentado (*attack*), Santi es tomado como rehén (*is taken hostage*) por Hamza, el único terrorista superviviente. Un giro inesperado intercambia los papeles y Santi se convierte en una bomba humana que camina por la Gran Vía de Madrid con un chaleco de explosivos (*explosives waistcoat*).	Carmen quiere cumplir la última voluntad (*fulfilling the last will*) de José María, su marido: recuperar el "Sardinete", su primer barco, que se encuentra en un puerto marroquí. En su viaje de Cantabria a Marruecos, la acompañarán su hija Begoña y el ex de esta, Guillermo, desesperado por recuperar su amor.
2 **La sociedad de la nieve (2023)**	4 **Robot dreams (2023)**
En 1972, el vuelo 571 de la Fuerza Aérea Uruguaya, que transportaba a un equipo de rugby a Chile, se estrella (*crashes*) en un glaciar en la cordillera de los Andes. Solo 29 de sus 45 pasajeros sobreviven al accidente.	Basada en la popular novela gráfica (*graphic novel*) de Sara Varon. Dog es un perro solitario que vive en Manhattan. Un día decide construirse un robot como amigo. Su amistad crece, hasta hacerse inseparables, al ritmo de Nueva York de los 80. Una noche de verano, Dog se ve obligado a abandonar el robot en la playa.

Pronunciation practice

The letters ll and y are pronounced the same way, like *y* in *yes*.

13.06

1 Listen and repeat these words with ll or y.

casilla   pilla-pilla   oyendo   ayer   llover   allí   yogur

13.07

2 Listen to the tongue twister with the letter ll then repeat it.

El cielo está enladrillado. ¿Quién lo desenladrillará? El desenladrillador que lo desenladrille, buen desenladrillador será.

The sky is paved with bricks. Who will unbrick it? The unbricker who unbricks it will be a good unbricker.

3 Complete with ll or y.

a si_ón   **c** pae_a   **e** ma_o
b subra_a   **d** amari__o   **f** _uvia

CONVERSATION 2

Una historia de cine *A cinema story*

1 Listen to the conversation a few times. Then listen again and read the text.

13.08

Paula, Álvaro, and Ana talk about their plans for this weekend. In the course of the conversation, Paula and Álvaro reveal how they met. Notice the imperfecto of the verbs ser, ir, and ver and the contrast between the imperfecto and the simple past.

Paula Chicos, ¿habéis visto que han estrenado *Ocho apellidos marroquís*? La tercera de la serie...

Ana Síííí. Podemos ir a verla este viernes ¿Habéis visto *Ochos apellidos vascos*?

Álvaro Sí, Paula y yo vimos *Ochos apellidos vascos* en el cine de Lucena... hace ya unos cuantos años. ¿Te acuerdas, Paula? Éramos más jóvenes.

Paula Sí, fue en el año 2014. Era verano, íbamos casi todos los días al cine. Veíamos todas las películas que ponían. Tampoco había mucho más que hacer en el pueblo.

Álvaro 2014 fue también el año que nos conocimos.

Ana Ah, ¿sí? ¿Y cómo os conocisteis? No conozco esa historia.

Paula Pues fue en el cine... Yo iba con mi amiga Andrea y mi amigo Amir. Teníamos tres butacas en la fila 10.

Álvaro Sí, era tarde. La película estaba a punto de empezar. Yo iba con mi amigo Fer y mi amiga Maite. Teníamos también tres butacas en la fila 10 (o eso creíamos). Cuando llegamos al cine, vimos que Paula y sus dos amigos estaban en nuestros asientos.

Paula Álvaro nos dijo que esas eran sus butacas. Yo saqué nuestras entradas y se las enseñé. Entonces, Álvaro y sus amigos sacaron las suyas y vieron que ellos tenían la fila 11, no la 10.

Álvaro En ese momento, me disculpé por el error. Empezamos a hablar, quedamos después del cine, al día siguiente, al otro...

Ana Vaya, entonces la vuestra es una historia de cine.

Álvaro Sí, sí, de amor de cine.

> *Ocho apellidos vascos* (*Spanish Affair*) is the highest-grossing Spanish film of all time.

2 Complete the summary of the conversation.

Paula, Álvaro y Ana van a ir al **a** ...., este viernes. Van a ver **b** .... Paula y Álvaro vieron **c** .... juntos en Lucena, hace ya muchos **d** .... Paula y Álvaro se conocieron en el **e** .... Álvaro se equivocó de **f** .... Su historia con Paula es una historia de amor **g** ....

LANGUAGE BUILDER 3

💡 Language discovery 3

Look at the conversation again and complete the sentences. What do you notice about the verbs ser, ir, and ver?

Álvaro Sí, Paula y yo vimos *Ochos apellidos vascos* en el cine de Lucena… hace ya unos cuantos años. ¿Te acuerdas, Paula? **a** .... más jóvenes.

Paula Sí, fue en el año 2014. En verano, **b** .... casi todos los días al cine. **c** .... todas las películas que ponían.

El imperfecto: irregular verbs

Only three verbs are irregular in the imperfecto, ser (*to be*), ir (*to go*), and ver (*to see*).

Imperfecto: Irregular verbs

	ser	ir	ver
(yo)	era	iba	veía
(tú)	eras	ibas	veías
(él/ella/usted)	era	iba	veía
(nosotros/as)	éramos	íbamos	veíamos
(vosotros/as)	erais	ibais	veíais
(ellos/ellas/ustedes)	eran	iban	veían

Cuando era pequeña era muy tímida.
En verano, íbamos todos los días a la playa.
Recuerdo que veíamos siempre las mismas películas.

When I was a child, I was very shy.
In the summer, we went to the beach every day.
I remember that we always used to see the same movies.

Language practice 3

Complete the sentences using the imperfecto of ser, ir, and ver, as appropriate.

a Cuando (ser) .... pequeño, Amir siempre (ir) .... a casa de sus abuelos en verano.

b Antes nosotros (ver) .... muchas películas en versión original.

c Vosotros (ser) .... más jóvenes y os gustaba salir hasta tarde.

d Cuando vivían en Lucena, ¿(ir, ellos) .... a Córdoba todos los fines de semana?

e Antes (ser, nosotros) .... más tímidos.

LANGUAGE BUILDER 4

💡 Language discovery 4

🎧 13.09 🎤

Listen to the conversation and repeat each line in the pauses provided. Then complete the sentences from the conversation.

Sí, **a** .... tarde. La película **b** .... a punto de empezar. Yo **c** .... con mi amigo Fer y mi amiga Maite. **d** .... también tres butacas en la fila 10. Cuando **e** .... al cine, **f** .... que Paula y sus dos amigos **g** .... en nuestros asientos.

What do you notice about the use of the imperfect forms (era, estaba, iba, teníamos or estaban) and the use of the simple past forms (llegamos, vimos)? What kind of action is each used for?

Using the imperfecto and simple past

Imagine the imperfecto as the frame surrounding a picture or the backdrop to the primary event. The frame symbolizes the context (descriptions, feelings, emotions, ongoing actions), indicated using the imperfecto, while the picture portrays a distinct event, which is expressed by the **simple past**.

The imperfecto is used to describe circumstances, unfinished actions. The story does not progress. The **simple past**, on the other hand, expresses completed or successive actions, pushing the story forward. Let's look at Alvaro's story about how he met Paula.

Era tarde. La película estaba a punto de empezar. Yo iba con mi amigo Fer y mi amiga Maite. Teníamos tres butacas en la fila 10. (So far only the circumstances have been described).

Cuando llegamos al cine, vimos (at this point actions occur —they arrive, see) que Paula y sus dos amigos estaban sentados en nuestros asientos (description, circumstance).

Álvaro nos dijo (action) que esas eran (description) sus butacas. Yo saqué (action) nuestras entradas y se las enseñé (action).

> Notice that dijo and saqué are irregular simple past forms of the verbs decir (*to say*) and sacar (*to take out*).

Here are some more examples:

Cuando Amir cruzaba la calle (circumstance) se encontró con su amigo David (action).

As Amir was crossing the street, he ran into his friend David.

Cuando Carmen subía las escaleras (circumstance), se cruzó con su vecino Daniel (action).

As Carmen was going up the stairs, she crossed paths with her neighbor Daniel.

13 *Tal como éramos* **193**

Language practice 4

1 Choose the correct tense (imperfecto or simple past) for the sentences.

a La última vez que vi a Paloma tuvo / tenía muy buena cara.
b Cuando conocí a Paula llevó / llevaba gafas.
c Estuve / Estaba dos años en el País Vasco, fueron unos años increíbles.
d Compré un vino caro, lo guardé en el armario y, el día de mi cumpleaños, lo saqué / sacaba para tomarlo con mis amigos.
e Dimitri tenía una casa preciosa en el centro, pero fue / era muy antigua y no tenía calefacción. Al final se mudó.
f Antes venía mucho a este bar, pero luego me fui a vivir a otro barrio y dejaba / dejé de venir.
g Mi compañera de piso era muy simpática, por eso cuando dejó / dejaba el piso la echamos de menos.
h Clara nunca salía de casa, pero, en enero del año pasado, conoció / conocía a una chica por internet y su vida cambió totalmente.
i A los 4 años, descubrieron que Juanito no veía / vio bien y le pusieron gafas.
j El martes Susana iba / fue a casa de Pedro, quería tomar café pero no había.

2 Now translate the sentences in exercise 1 into English.

3 Now play Conversation 2 again and play Álvaro's role. Speak in the pauses provided. Try not to refer to the text.

13.10

SKILL BUILDER

1 Sort the words in the box.

| pillado | dominó | oca | carta | muñeca | ajedrez |
| escondite | parchís | coche de carreras | pañuelo | | |

juegos de mesa	juegos al aire libre	juguetes

2 Complete Mireia's descriptions with the *imperfecto* of the verbs given.

a La CASA donde vivía de pequeña

| estar | ser | haber | tener |

1 .... en las afueras de Barcelona. **2** .... unas vistas preciosas.
3 .... un parque cerca. En verano, **4** .... una casa fresca.

b Su primer AMOR

| gustar | saber | llamarse | tener |

1 .... Romeo, **2** .... unos ojos preciosos. Le **3** .... hacer deporte. **4** .... que yo estaba loca por él (crazy about him).

c El COCHE de Romeo

| costar | llegar | ser | gastar |

1 .... un deportivo rojo. **2** .... 50.000 euros. **3** .... hasta 200 kilómetros por hora y solo **4** .... 6,5 litros de gasolina cada 100 kilómetros.

3 Complete the text about actors and actresses. There are two extra words.

| género | actrices | argumento | protagonistas | secundarios |
| pantalla | reparto | profesional | personajes | |

Lo primero y más importante que tenemos que saber respecto a los actores y las **a** .... es que deben estar preparados para interpretar **b** .... en películas de cualquier **c** .... (comedia, drama, thriller …).

Los actores y las actrices principales interpretan a los **d** ...., por eso tienen que aprender los textos más largos y más importantes. Los actores y actrices **e** .... interpretan a los personajes secundarios que son los que acompañan a los actores principales.

Finalmente, los actores y las actrices de **f** .... tienen un texto corto con aproximadamente 30 líneas. Ser actor de reparto es una vía para convertirse en actor o actriz **g** ....

TEST YOURSELF

1 Read the text about what Spanish actress Ester Expósito was like as a child, before she became famous. Complete with the correct form of the **imperfecto** or simple past.

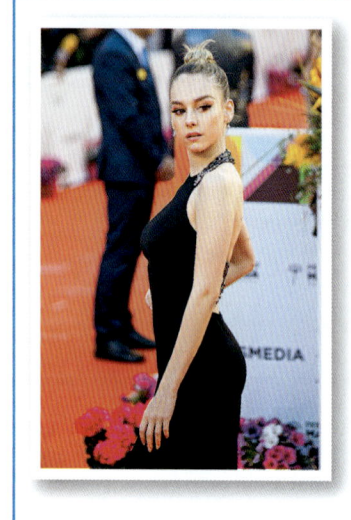

Ester Expósito fue una niña mimada, con una infancia privilegiada. Nunca le **a** (faltar) .... de nada, pero siempre **b** (soñar) .... con ser adulta, autosuficiente y salir de casa. **c** (ver) .... a niños trabajando en el cine y la tele y les decía a sus padres: "¿Por qué no puedo ser yo?"

Al final, lo **d** (conseguir) .... Con 13 años **e** (apuntarse) .... a una escuela de teatro. Con 14 ya **f** (tener) .... representante. Con 16 **g** (formar) .... parte del rodaje de la película *Que Dios nos perdone* de Rodrigo Sorogoyen y **h** (tener) .... papeles pequeños en las series *Centro médico* y *Vis a Vis*. Con 17 años **i** (hacer) .... las pruebas para *Élite* y con 19 ya **j** (ser) .... una estrella mundial.

Remember to use **My review** and **My takeaway** to assess your progress and reflect on your learning experience.

14

In this lesson you will learn how to:
» Handle phone and video calls.
» Take and leave messages on the phone.
» Pass on messages: reported speech.
» Talk about social networks.

Abro hilo

My study plan

I plan to work with Unit 14
○ Every day
○ Twice a week
○ Other _____

I plan to study for
○ 5 – 15 minutes
○ 15 – 30 minutes
○ 30 – 45+ minutes

My progress tracker

Day / Date	🎧	🎤	📖	✏️	💬
	○	○	○	○	○
	○	○	○	○	○
	○	○	○	○	○
	○	○	○	○	○
	○	○	○	○	○
	○	○	○	○	○
	○	○	○	○	○

My goals

What do you want to be able to do or say in Spanish when you complete this unit?   **Done**

1 .... ○
2 .... ○
3 .... ○

My review

SELF CHECK	
	I can ...
○	... handle phone and video calls.
○	... take and leave messages on the phone.
○	... pass on messages: reported speech.
○	... talk about social networks.

14 *Abro hilo*   197

CULTURE POINT 1

Conectados *Connected*

¿Te has preguntado cuánto tiempo pasas delante de las pantallas (*screens*) y navegando por Internet (*surfing the internet*), chateando (*chatting*), colgando fotos (*uploading photos*), descargando (*downloading*) películas, viendo series, siguiendo (*following*) o editando un vlog (*editing a vlog*), etc.? Y es que el promedio diario de consumo de Internet por persona en España, unas dos horas de media, no es insignificante.

La generación Z es la más activa en redes sociales (*social networks*), aunque... no todos. Algunos jóvenes españoles han decidido no sucumbir a la presión social y desconectar de las redes sociales. Quieren desvincularse de la adicción a las redes sociales, cuidar su salud mental, sentirse mejor y proteger sus datos personales. Son una minoría, pero son más independientes y mentalmente más sanos. ¿Te has planteado nadar a contracorriente (*go against the tide*) y desconectar por un tiempo?

Lo cierto es que no resulta fácil. ¿Has oído hablar del término "nomofobia"? Está en las redes sociales y en los memes, y se ha extendido mayoritariamente entre los jóvenes. Aunque la Real Academia Española (RAE) no lo incluye en el diccionario, nomofobia es el término más cercano a la expresión original en inglés FOMO (*fear of missing out*) cuya traducción al español es "miedo a perderse algo". Este fenómeno va un poco más allá y se podría definir, según Cambridge Dictionary, como el sentimiento de preocupación por poder perderse eventos o acciones emocionantes que están haciendo otras personas, especialmente debido al uso de redes sociales.

¿Quieres saber más sobre el término "nomofobia"? Visita la página de la Fundación del Español Urgente (FundéuRAE).

VOCABULARY BUILDER 1

Look at the words and phrases and complete the missing English words and expressions. Then listen and try to imitate the pronunciation of the speakers.

14.01

INFORMÁTICA Y NUEVAS TECNOLOGÍAS	IT AND NEW TECHNOLOGIES
las redes sociales	....
el correo electrónico	email
la página web	webpage
navegar por internet	....
chatear	....
la tecla, el teclado	key, keyboard
la pantalla	....
el ratón, la impresora	mouse, printer
hacer clic/pulsar	to click
abrir, cerrar, guardar, eliminar, adjuntar, reenviar un documento	to open, close, save, delete, attach, forward a document
copiar, cortar, pegar, insertar, seleccionar	to copy, cut, paste, insert, select
buscar una palabra	search for a word
el usuario, la contraseña	username, password
bajar(se)/descargar(se) un archivo	to download a file
el navegador/buscador	browser
consultar/acceder a una página web	to consult/access a web page
abrir(se) una cuenta de correo (electrónico)	to open an email account
comentar un estado	to comment on a status
publicar una cita/un comentario	to post a quote/comment
hacer una (video) llamada	to make a (video) call
hacer una encuesta	to take a survey
dar tu opinión/punto de vista	to give your opinion/point of view
mandar/recibir un mensaje	to send/receive a message
mandar una postal/un correo electrónico/una carta	to send a postcard/an email/a letter
subir/colgar una foto/un vídeo	....
compartir una noticia/un meme	to share a piece of news/a meme

Vocabulary practice 1

Match verbs 1–6 with nouns a–f. Sometimes more than one answer is possible.

1 guardar
2 copiar
3 acceder a
4 comentar
5 subir o colgar
6 compartir

a una página web
b una palabra
c una noticia
d una foto o un vídeo
e un documento
f un estado

14 *Abro hilo* 199

CONVERSATION 1

Ayas del mundo *Ayas of the world*

1 Listen to the conversation without looking at the text. Then listen to the conversation again and read the text.

14.02

> Álvaro, Paula, and Ana are at the restaurant to prepare for el lanzamiento (*opening*) and Paula wants to invite the mysterious Aya. Notice the verb they use to express habits.
>
> **Ana** ... Todavía tengo que ir al centro comercial y comprar algunas cosas que me faltan para la reinauguración y quiero ir a la tienda del barrio donde suelo hacer la compra.
>
> **Paula** Puedo echarte una mano, luego vamos al centro comercial y a la tienda. ¿Qué más necesitas?
>
> **Ana** ¿Me ayudas a llevar estas cajas al almacén? También quiero traer unas sillas que guardé allí, pueden venirnos bien para ese día.
>
> **Paula** Sí, claro, vamos a llevar las cajas y traemos las sillas del almacén.
>
> **Ana** Álvaro, ¿qué tal va el lanzamiento de la reinauguración en las redes?
>
> **Álvaro** Todavía sigo diseñándolo, pero creo que va a quedar muy bien. En mi empresa, para este tipo de campañas, solemos buscar un logo llamativo. Además, un vídeo corto mostrando el local y los platos típicos del restaurante en alguna red social puede funcionar muy bien.
>
> **Paula** ... pero no nos olvidemos de encontrar a nuestra enigmática Aya, hay que invitarla al evento.
>
> **Ana** ¿Tienes alguna pista más, Álvaro?
>
> **Álvaro** Me temo que no, lo normal es encontrar algún dato en Internet, pero... ¡no podía imaginarme que hubiera tantas Ayas en el mundo!
>
> *A little later...*
>
> **Álvaro** Mirad, ¿podéis venir aquí? ¡Parece que he encontrado algo!

2 Decide if these statements are *true* (verdadero) or *false* (falso). Correct the false ones.

a Ana ya ha ido al centro comercial.   verdadero   falso
b Ana todavía no ha ido a la tienda donde suele hacer la compra.   verdadero   falso
c Paula va a ayudar a Ana a llevar y traer cosas del almacén.   verdadero   falso
d Álvaro ya ha lanzado la reapertura en las redes.   verdadero   falso
e Paula cree que es una buena idea mostrar los platos típicos.   verdadero   falso
f A Álvaro le está resultando difícil encontrar pistas sobre Aya.   verdadero   falso

LANGUAGE BUILDER 1

💡 Language discovery 1

Look at the conversation again and complete the text.

Ana ... Todavía tengo que ir al centro comercial y comprar algunas cosas que me faltan para la reapertura y luego quiero ir a la tienda del barrio donde **a** .... hacer la compra.

Álvaro me temo que no **b** .... es encontrar algún dato en Internet, pero... ¡no podía imaginarme que hubiera tantas Ayas en el mundo!

How do Ana and Álvaro talk about the things they usually do? Does the word lo refer to a person or thing or is it an abstract idea?

Describing habitual actions with soler (*to usually do*)

A common way to express habitual actions is with the verb soler (*to usually do*), followed by another verb in the infinitive for the main action. It can be used with the present tense or with the imperfecto if talking about the past:

Esta es la tienda donde suelo hacer la compra. — *This is the store where I usually do the shopping.*

Nosotros solemos hacer la colada los domingos. — *We usually do the laundry on Sundays.*

Las cenas de amigos solían organizarse en casa. — *Dinners with friends used to be organized at home.*

In the present tense, soler has an o>ue stem change, but it is regular in the imperfecto.

	(yo)	(tú)	(él/ella/ usted)	(nosotros/as)	(vosotros/as)	(ellos/as/ ustedes)
present simple	suelo	sueles	suele	solemos	soléis	suelen
imperfecto	solía	solías	solía	solíamos	solíais	solían

Other ways to talk about customary or habitual actions are:

- Es normal/habitual/frecuente/raro + infinitive
- Lo normal/(más) habitual es + infinitive

Es España es frecuente ir de tapas. — *In Spain it is common to go out for tapas.*

En España lo más habitual es tomar café después de las comidas. — *In Spain it is most common to have a coffee after the meal.*

Es raro ver nieve en la playa. — *It's unusual to see snow on the beach.*

Language practice 1

Complete the sentences with the verb soler in present simple or imperfecto.

a Cuando éramos pequeños .... jugar en la calle todos los días.

b Los lunes Marta .... tener clase de inglés. Así que no podemos contar con ella.

c Vosotros .... comer muy poca fruta, pero ahora os gusta mucho.

d ¿................... (tú) ver la televisión antes de dormir?

e Mi hermano .... ir a casa de mi abuela una vez a la semana cuando vivía en Madrid.

f Cuando era joven .... escuchar solo música española. Ahora .... escuchar también extranjera.

g Mis amigos .... correr por el parque, pero ahora no tienen tiempo.

h .... (nosotros) comprar la comida en este restaurante, pero lo cerraron.

i .... (ellos) ir en bicicleta a su trabajo todos los días.

j .... (tú) ducharte por la noche, ¿ahora te duchas por la mañana?

LANGUAGE BUILDER 2

💡 Language discovery 2

14.03

Listen to the conversation again and repeat each line in the pauses provided. Try to imitate the phrasing and intonation you hear, then complete the exercise.

Ana Todavía tengo que **a** .... al centro comercial y comprar algunas cosas.

[...]

Ana ¿Me ayudas a **b** .... estas cajas del almacén? También quiero **c** .... unas sillas que guardé allí

[...]

Álvaro Mirad, ¿podéis **d** .... aquí? ¡Parece que he encontrado algo!

What is the difference between the verbs ir and venir? And the difference between llevar and traer?

Coming and *going*: **ir** vs **venir** and **traer** vs **llevar**

The verbs ir and venir both refer to moving from one place to another.

Ir (*to go*) indicates movement away from the speaker, either toward the listener or to a place that is removed from both of them.

Si quieres mañana voy a tu casa.	*If you want, tomorrow I´ll go to your place.*
¿Por qué no vamos a la playa?	*Why don´t we go to the beach?*

Venir (*to come*), on the other hand, indicates movement toward the speaker (aquí):

Samuel, ¿puedes venir y ayudarme?	*Samuel, could you come and help me?*

Traer (*to bring*) refers to bringing something or someone toward the speaker (aquí), while llevar(se) (*to take*) means taking someone or something away from the speaker (ahí or allí):

¿Vas al supermercado? ¿me traes leche y huevos, por favor?	*Are you going to the supermarket? Can you bring me some milk and eggs, please?*
¿A qué hora sale tu tren? ¿Te llevo a la estación?	*What time does your train leave? Shall I take you to the station?*
Me llevo el paraguas porque está empezando a llover.	*I´m taking my umbrella because it's starting to rain.*

Language practice 2

1 Choose the best word to complete the sentence.

  a Marta viene / va al gimnasio de su barrio dos veces a la semana.
  b ¿Traigo / Llevo estas sillas al comedor? Necesitamos dos más.
  c Somos del sur de España, pero en verano vamos / venimos de vacaciones al norte.
  d Tengo mucha sed, ¿puedes traerme / llevarme un vaso de agua, por favor?
  e Lucas va / viene a casa a cenar con nosotros a las 9.

2 Now play Conversation 1 again and play Ana's role. Speak in the pauses provided. Try not to refer to the text.

14.04

CULTURE POINT 2

El teletrabajo llega para quedarse *Remote work is here to stay*

El sábado 14 de marzo de 2020 el Gobierno de España decreta el confinamiento de toda la población para limitar el alcance de la pandemia por Covid-19... y entonces llegó el teletrabajo (*remote work*) forzado, las reuniones (*meetings*) y las clases virtuales (*online classes*), y una transformación digital (*digital transformation*) acelerada a la que no ha sido ajena ningún sector productivo.

Esta crisis sanitaria obligó a las empresas a adaptarse al trabajo a distancia, y muchos descubrieron sus beneficios. La flexibilidad se ha convertido en la norma, permitiendo a los trabajadores gestionar su horario de trabajo (*working hours*), conciliar (*reconcile*) trabajo y vida personal, y evitar desplazamientos (*avoid the commute*).

Las empresas han invertido en tecnología para facilitar el teletrabajo, en algunos casos proporcionando portátiles y móviles, y la digitalización ha avanzado significativamente. Esto ha impulsado la productividad y la reducción de costos de la oficina. Sin embargo, también ha surgido (*surged*) una preocupación por el equilibrio entre la vida laboral y personal. Además, hay que destacar que la gran mayoría de los trabajadores afirma que, con el teletrabajo, se pierde contacto personal y es más difícil concentrarse desde casa, sobre todo si se tiene hijos a cargo. Otros motivos para preferir el trabajo presencial (*face-to-face*) son las dificultades para la desconexión y la sobrecarga laboral (*work overload*).

A pesar de los desafíos, en España el teletrabajo llega para quedarse (*is here to stay*), y las políticas laborales se están adaptando para regularlo de manera más efectiva. Al mismo tiempo, España se ha convertido en un destino predilecto (*favorite*) para nómadas digitales (*digital nomads*) de todo el mundo. Se conceden visados (*visas*) de trabajo remoto (*remote work*) de hasta un año; simplemente hay que reportar ingresos (*earnings*) mensuales.

> Conoce el estudio presentado por EADA Business School de Barcelona sobre cómo ha evolucionado el teletrabajo en España desde la pandemia. Y en tu país, ¿cómo ha cambiado la vida?

VOCABULARY BUILDER 2

Look at the words and phrases and complete the missing English words and expressions. Then listen and try to imitate the pronunciation of the speakers.

ACTIVIDAD LABORAL Y TELETRABAJO — **WORK ACTIVITY AND TELEWORKING**

la reunión (virtual)	....
la transformación digital	....
conciliar	....
el trabajo presencial/híbrido	....
el trabajo de	full-time job
el trabajo de media jornada	part-time job

DESEMPLEO Y BÚSQUEDA DE TRABAJO — **UNEMPLOYMENT AND JOB SEARCH**

estar en paro	to be unemployed
tener una entrevista (de trabajo)	to have a job interview
escribir/enviar el currículo	to write/to send a CV
la oferta, demanda	an offer, demand
el anuncio de trabajo	a job advertisement
tener formación/experiencia	to have training/experience
buscar trabajo	to look for a job
firmar un contrato	to sign a contract
despedir	to fire
escribir/enviar una carta de presentación	to write/send a cover letter

DERECHOS Y OBLIGACIONES LABORALES — **LABOR RIGHTS AND OBLIGATIONS**

estar jubilado (jubilarse)	to be retired
ganar un sueldo	to earn a salary
(total) disponibilidad	(full) availability
estabilidad laboral	job stability
la flexibilidad	....
la incorporación inmediata	immediate incorporation
la formación a cargo de la empresa	company training
hacer huelga	to strike

LLAMADAS — **CALLS**

el buzón de voz	voicemail
la línea ocupada/comunicando	busy line
marcar un número de teléfono	to enter a number
coger/colgar el teléfono	to pick up/hang up the phone
quedarse sin batería/sin saldo	to run out of battery life/credit
hacer/pasar/devolver/atender/ desviar una llamada	to make/transfer/return/answer/ divert a phone call
perder la conexión	to lose signal
Se oye entrecortado.	You're breaking up.

Vocabulary practice 2

Read the two conversations and complete the information.

1 Belén   Hola, David ¿Dónde estás? Estaba intentando localizarte, como tu teléfono estaba **a** .... te he dejado un mensaje en el **b** ....

David   Perdona, Belén, estoy ocupado. Estaba en la reunión del departamento, **c** .... (soler) reunirnos los lunes. El cliente necesita nuestro informe para mañana.

Belén   ¿Por qué no **d** .... (venir) a mi oficina y te ayudo a terminarlo?

David   **e** .... (ir) enseguida y **f** .... (llevar) dos cafés.

Belén   El mío sin azúcar, por favor.

2 Lucía   ¿Has visto este **h** ...., Laura?

Laura   A ver... "Universidad líder en formación online busca profesores universitarios especializados en diferentes áreas"

Lucía   Hay varias **i** .... dependiendo de tu **j** ....

Laura   .... clases **k** .... y con horario de trabajo flexible... puedo **l** .... trabajo y familia, me viene bien ahora con mi bebé.

Lucía   Claro que sí, ¡envía tu **m** .... ya!

Pronunciation practice

Although widely used in English, the letter *w*, like *k*, is not common in Spanish. It appears in loan words, such as *sándwich* or *western*, with minimal adaptation. In Spanish, it is pronounced in two ways:

- Like the English letter *w* in words such as *water polo* or *Hawaii*.
- Like the English letter *b* in words such as *Wolframio, Kuwaití* or *Wagner*.

Listen to how the w sounds in these sentences.

14.06

El waterpolo es un deporte que se juega en el agua.

En esta página web puedes encontrar toda la información.

El windsurf es un deporte olímpico.

Wagner fue un famoso compositor alemán.

Las playas hawaianas son mis favoritas.

CONVERSATION 2

¡Qué buena noticia, Gonzalo! *What great news, Gonzalo!*

1 Listen to the conversation a few times. Then listen again and read the text.

14.07

Paula's colleague, Gonzalo, is discussing his new job at a hospital in the UK with her by video call but the connection is bad. Note how Paula tells Ana what Gonzalo said.

Gonzalo ¡Hola, Paula! Te veo, pero no te oigo, ¿tienes el micrófono apagado?

Paula ¡Hola! ¿me oyes ahora?

Gonzalo Se oye entrecortado… te vuelvo a llamar a ver si mejora la conexión.

Paula ¿Hola? Te veo y te oigo fenomenal ¿Qué tal todo? Cuéntame de tu nuevo trabajo.

Gonzalo Ahora sí… pues estoy muy contento, todo ha sido muy rápido. Vi la oferta de trabajo en una red social de empleo, envié mi currículo y una carta de presentación. Me llamaron para una entrevista de trabajo y a los dos días ya firmé el contrato.

Paula ¿En serio?… ¿Y las condiciones de trabajo son buenas?

Gonzalo Me ofrecen un horario flexible y formación a cargo de la empresa. Aunque al principio el sueldo que gano no es muy alto, tengo posibilidades de promoción en un tiempo.

Paula ¿Y la incorporación es inmediata?

Gonzalo ¡Mañana mismo!… Bueno, ¿cuándo me vas a visitar? La casa es grande, puedes venir con amigos.

Paula ¡Eso está hecho!

Gonzalo ¿Paula?, parece que la imagen se ha congelado…

Paula Te oigo, pero no te veo bien… Nos escribimos y me cuentas, ¡chao!

A moment later Paula calls Ana.

Paula ¿Ana?… ¿Te acuerdas de mi compañero Gonzalo? Acabamos de hablar por videollamada. Tiene un nuevo trabajo en Reino Unido.

Ana ¿De verdad? Pero si hace dos días estaba en España… ¿Y qué te ha contado?

Paula Me ha contado que todo ha sido muy rápido, vio la oferta de trabajo en las redes y le contrataron al poco tiempo. Me ha preguntado que cuándo voy a ir a visitarle y nos ha invitado a su casa.

Ana ¡Bien! Ya tenemos una excusa para viajar a Reino Unido.

2 Put the sentences in the order of events.

a Paula le comenta a Ana lo que le ha contado Gonzalo. **b** Gonzalo invita a Paula y a sus amigos a su nueva casa en Reino Unido. **c** Gonzalo le habla a Paula sobre su nuevo trabajo. **d** Paula tiene el micrófono apagado. **e** Gonzalo oye a Paula entrecortada. **f** Ana llama a Paula por teléfono. **g** La imagen de Paula se ha congelado.

LANGUAGE BUILDER 3

💡 Language discovery 3

Look at the conversation again and complete the conversation.

Gonzalo ¿Paula?, parece que la imagen **a** ....

Paula Te oigo, pero **b** .... Nos escribimos y me cuentas, ¡chao!

What happened to Paula's video connection?

Phone and video calls

Making phone calls is one of the more challenging tasks when learning a new language. Here are some phrases in Spanish for handling phone conversations and video calls.

¿Diga?/¿Dígame?	Hello? (lit. Tell me.)
Soy yo.	It's me.
Se equivoca.	No, you've got the wrong number.
Hola, ¿está Jaime?	Hello, is Jaime there?
Quería hablar con César.	I'd like to speak with César.
¿(Puedo/podría hablar) con el doctor Belmonte?	Could I speak to Doctor Belmonte?
¿Podría ponerme con...	Could you connect me with ...?
¿De parte de quien? –(De parte) de Marina.	Who's calling? –It's Marina.
Ahora te/le paso con él/ella.	I´ll put them through now.
Ahora se pone.	They´ll be right with you.
¿Quieres/quiere dejar algún mensaje/recado?	Would you like to leave a message?
Sí, dile/dígale que ha llamado Fernando.	Yes, tell them that Fernando called.
Creo que se equivoca (de número).	I think you have the wrong number.
Te veo y te oigo fenomenal.	I can see and hear you perfectly.
Te veo pero no te oigo, ¿tienes el micrófono apagado?	I can see you, but I can´t hear you, is your mic muted?
La imagen está congelada.	The video is frozen.
No te oigo bien, ¿podrías hablar más alto?	I can't hear you well, can you speak up?
Se oye entrecortado.	You're breaking up.
Te vuelvo a llamar a ver si tenemos mejor conexión.	I´m going to call you back to see if we can get a better connection.

Language practice 3

14.08

Listen to three phone calls and identify what happens in each of them.

	1	2	3
El número al que llama no es correcto.			
La persona que llama se identifica.			
Alguien deja un mensaje a otra persona.			

LANGUAGE BUILDER 4

💡 Language discovery 4

🎧 14.09

Listen to the conversation again and repeat each line in the pauses provided. Then complete the phrases. How does Paula introduce what Gonzalo said?

Paula a .... todo ha sido muy rápido, vio la oferta de trabajo en las redes y le contrataron al poco tiempo. **b** .... voy a ir a visitarle y nos ha invitado a su casa.

He said, she said: reported speech

Reported or indirect speech, is used to relay what someone else said. This often involves adapting certain words, like pronouns and markers, but it works like English.

- **Reporting statements**

decir: Dice que…/Ha dicho que…	*He/She says that …/He/She said that …*
contar: Cuenta que…/Ha contado que…	*He/She tells that …/He/She has said that …*
comentar: Comenta que…/ Ha comentado que…	*He/She comments that …/ He/She commented that …*

When the reporting verb is in the present or present perfect, the verb tense can stay the same as the original statement. Note the inclusion of que. Compare:

Jesús: "Me voy a Oviedo".   Jesús me ha dicho que se va a Oviedo.
Jesús: *'I´m going to Oviedo.'*   *Jesús told me that he's going to Oviedo.*

Pronouns change to keep the meaning (me voy becomes se va).

- **Reporting questions**

To report questions, the verbs preguntar (*to ask*) and querer saber (*to want to know*) are often used. For yes/no questions, si replaces que.

Dimitry: "¿Eres español?"   Dimitry me ha preguntado si soy español.
Dimitry: *'Are you Spanish?'*   *Dimitry asked if I'm Spanish.*

> In colloquial Spanish, que is often kept in addition to si or the question word: Me ha preguntado (que) si soy español.

When reporting on information/wh- questions, question words take the place of que:

quién	qué	cuándo	dónde	cuánto	cuál	cómo	por qué

Pablo: "¿Cuándo os vais?"   Pablo me ha preguntado cuándo nos vamos.
Pablo: *'When are you going?'*   *Pablo asked me when we're going.*

- **Conveying intentions:** verbs that summarize the speaker's intention can be used.

  To convey a message, verbs that summarize the speaker's intention can also be used:

  dar las gracias (a alguien por algo) — to thank (someone for something)
  felicitar (a alguien por algo) — to congratulate (someone for something)
  invitar (a alguien por algo) — to invite (someone for something)
  recomendar (algo a alguien) — to recommend (something to someone)
  despedirse (de alguien) — to say goodbye (to someone)

Direct speech	Reported speech
Laura: "¿Te apetece venir a mi fiesta?"	Laura me **ha invitado** a su fiesta.
Laura: 'Would you like to come to my party?'	Laura invited me to her party.
Guille: "¿No está tu padre? Bueno, dile adiós de mi parte".	Guille ha llamado para **despedirse** de mi padre.
Guille: 'Isn't your father there? Well, tell him goodbye for me.'	Guille called to say goodbye to my father.
Cristina: "¡Muchas gracias por tu regalo!"	Cristina me ha **dado las gracias** por el regalo.
Cristina: 'Thank you very much for your present!'	Cristina thanked me for the present.

Language practice 4

1 **Change these sentences from direct to indirect speech.**

   a Ángel: Quiero verte mañana.   Ángel me dijo…

   b María: ¿Has comprado algo?   María me ha preguntado…

   c Helena: Esta mañana hay mucho tráfico. Helena comentó…

   d Mi padre: ¿Tenéis hambre?   Mi padre nos pregunta…

   e Sara: ¿Dónde es la cena esta noche?   Sara preguntó…

   f Lucía: ¿Cuándo te casas?   Lucía le preguntó…

   g Carlos: Tienes que visitar el Museo Sorolla, es muy interesante. Carlos me recomendó…

   h Mi primo: He conocido a una chica muy simpática. Mi primo me ha dicho…

   i Gonzalo: Vi la oferta de trabajo en una red social. Gonzalo me ha contado…

   j Elisa: Gracias por acompañarme hasta el hotel. Elisa me ha dado las gracias…

2 **Now play Conversation 2 again. You are Paula. Speak in the pauses provided. Try not to refer to the text.**

14.10

SKILL BUILDER

1 Read the three job adverts and choose the descriptions that match each advert.

A Universidad líder en enseñanza online busca
PROFESORES
para incorporar a su grados y posgrados online.
Imprescindible
Estar en posesión del título de doctor.
Valoramos especialmente Experiencia docente.
Ofrecemos:
Teletrabajo.
Incorporación inmediata.
Flexibilidad horaria.

B Editorial de referencia en el ámbito educativo buscar
EDITORES DE DIFERENTES ÁREAS
para incorporar a sus equipos de primaria y secundaria.
Imprescindible
Experiencia de al menos tres años en puestos similares.
Valoramos especialmente Conocimiento de inglés (mínimo B2 del MCER)
Ofrecemos:
Incorporación inmediata.
Formación a cargo de la empresa.
Posibilidades de promoción.

C Diario digital con sede en Madrid, necesita incorporar a su equipo local a un
JEFE DE REDACCIÓN.
Imprescindible
Mínimo 10 años de experiencia demostrable como periodista.
Capacidad de organización.
Valoramos especialmente.
Proactividad.
Experiencia en la coordinación y dirección de equipos.
Ofrecemos:
Posibilidad de teletrabajo ocasional.
Contrato laboral indefinido.

a No es obligatorio contar con experiencia. — A / B / C
b Puedes teleletrabajar de vez en cuando. — A / B / C
c Tienes más posibilidades si tienes un nivel de inglés C1 del MCER — A / B / C
d Vas a trabajar en Madrid. — A / B / C
e Vas a recibir cursos de formación por parte de la empresa. — A / B / C

2 Ana's best friend, Laura, has just moved to Lucena. Read the email she wrote Ana and answer the questions below using indirect speech.

Hola, Ana:

¿Qué tal estás? ¿Qué tal te va todo por Madrid? Tu madre me contó ayer que te has quedado con el restaurante de tu tío Farid y que estás preparando la reinauguración. Lo primero de todo, ¡enhorabuena por este nuevo proyecto! Me alegro mucho por ti.

Yo también tengo novedades: ya no vivo en Córdoba. Me he mudado a Lucena. En mi trabajo me han dado flexibilidad para trabajar uno o dos días a la semana de forma presencial. El resto de los días puedo trabajar desde Lucena. Estoy feliz.

Ahora vivo en la calle Fray Alonso de Jesús Ortega, al lado del parque de la huerta del Carmen. ¿Te acuerdas? Es el parque al que solíamos ir de pequeñas. Justo hoy acabo de traerme todos los muebles que tenía en el piso de Córdoba. Esta tarde voy a llevar algunos al trastero de la casa de mis padres aquí, en Lucena. Y con esto daré por terminada la mudanza. Voy a subir las fotos de mi nueva casa a mis redes sociales. Así puedes ver cómo ha quedado todo.

Por cierto, mis padres te mandan recuerdos. Ahora ya están jubilados y me están ayudando mucho con este traslado. Bueno, Ana, a ver si encuentras un hueco en tu apretada agenda y vienes a verme a Lucena. Me encantaría verte y enseñarte mi nueva casa.

Un beso enorme.

Laura

a ¿Qué es lo primero que hace Laura?
b ¿Qué le cuenta luego Laura a Ana?
c ¿Dónde dice Laura que vive ahora?
d ¿Dónde dice Laura que solían pasear ella y Ana?
e ¿Dónde dice Laura que llevará algunos muebles?
f ¿Dónde dice Laura que va a subir las fotos?

TEST YOURSELF

1 Classify these phrases used in calls.

a ¿Diga?
b Sí, soy yo.
c Te oigo entrecortado.
d La imagen se ha congelado.
e ¿Sí?
f Quería hablar con la doctora
g ¿Puedes hablar más fuerte, por favor?
h ¿Podría hablar con la directora?
i ¿Tienes el micrófono apagado?
j No te veo bien.
k ¿De parte de quién?
l De parte de Miguel.

1	Responder a una llamada.	
2	Identificarse.	
3	La imagen no es buena.	
4	Identificar a la persona a la que llama.	
5	Hay problemas con el sonido.	
6	Indicar la persona con la que se quiere hablar.	

2 Reorder words into sentences about habits in Spain.

a acostarse / En / la / tarde. / suele / gente / España /
b comer / Los / todas / suelen / las / pan / en / comidas. / españoles /
c Lo / llegar / raro / antes / es / hora. / a / de / la / fiesta / una /
d habitual / Lo / postre / es / vino. / una/ cena / de / o / un / botella / a / una / llevar /
e España / Lo / después / en / normal / es / las / de / cenar / 21 h. /
f Es / dos / saludar / dar / alguien. / habitual / dos /al /dar / a / besos

3 Identify the verb which could be used to express the intention of each sentence.

a **Tu profesora**: "Has hecho un examen perfecto, ¡enhorabuena!"   despedirse
b **Nuria**: "Adiós, ¡nos vemos mañana!"   felicitar
c **Elena**: "El sábado hago una cena en casa, ¿te apetece venir?"   recomendar
d **Tu tío**: "Tienes que ver esta serie, es muy buena."   dar las gracias
e **María**: "Muchas gracias por organizarme esta fiesta sorpresa, me ha emocionado"   invitar

Remember to use **My review** and **My takeaway** to assess your progress and reflect on your learning experience.

In this lesson you will learn how to:
» Contrast experiences in the past using the present perfect and simple past.
» Talk about the best and the worst using the superlative.
» Express duration using **hace** and **desde hace**.
» Talk about sports and the outdoors.

Experiencias únicas en la vida

My study plan

I plan to work with Unit 15
- ○ Every day
- ○ Twice a week
- ○ Other _____

I plan to study for
- ○ 5–15 minutes
- ○ 15–30 minutes
- ○ 30–45+ minutes

My progress tracker

Day / Date	🎧	🎤	📖	✏️	💬
	○	○	○	○	○
	○	○	○	○	○
	○	○	○	○	○
	○	○	○	○	○
	○	○	○	○	○
	○	○	○	○	○

My goals

What do you want to be able to do or say in Spanish when you complete this unit?   Done

1 ....   ○
2 ....   ○
3 ....   ○

My review

SELF CHECK

	I can ...
○	... contrast experiences in the past using the present perfect and simple past.
○	... talk about the best and the worst using the superlative.
○	... express duration using hace and desde hace.
○	... talk about sports and the outdoors.

CULTURE POINT 1

Pelota vasca *Basque pelota*

¿Fútbol, tenis, ciclismo? Seguro que has oído hablar de estos deportes y de sus representantes españoles más famosos. Además de estos, en España existen otros tradicionales muy arraigados (*very rooted*) en las tradiciones de las diferentes regiones españolas. Uno de ellos es la pelota vasca. La mayoría de los pueblos vascos tienen, junto a la iglesia, una cancha (*court*) llamada "frontón" donde puedes ver a adultos o niños practicando este deporte.

La pelota vasca requiere la participación de, al menos, dos jugadores. Cada jugador debe golpear (*hit*) por turnos una pelota contra un muro (*wall*) en los límites del frontón. La regla principal es que la pelota tiene que golpear el frontón, y entonces un jugador del equipo contrario (*opposing team*) tiene que devolver (*return*) la pelota mientras está en el aire o después del primer bote (*bounce*). Aunque se puede jugar con raquetas (*rackets*), la costumbre popular es jugar con la mano. Al deportista que juega a este deporte se le llama *pelotari*.

Pelota vasca

¿Quieres saber más sobre la pelota vasca y otros deportes tradicionales españoles? Visita la página del Portal Oficial de Turismo de España.

VOCABULARY BUILDER 1

Look at the words and phrases and complete the missing English words and expressions. Then listen and try to imitate the pronunciation of the speakers.

DEPORTES | SPORTS

practicar un deporte	to practice/play a sport
entrenar	to train
jugar al balonmano/al voleibol/al béisbol/al pádel/al golf	to play handball/volleyball/baseball/padel/golf
hacer atletismo/kárate/yoga/aerobic	to do ..../............/............/............
hacer bicicleta/natación	to go cycling/swimming
hacer escalada/buceo/senderismo	to go rock climbing/scuba diving/hiking
deporte de invierno/de equipo/de riesgo/de competición	winter/team/high-risk/competitive sport
ganar/conseguir una copa/medalla	to win a cup/a medal
ser de un equipo	to be on a team
apoyar a un equipo	to support a team
hacerse socio/a de un club	to become a member of a club
el partido de fútbol/de tenis	soccer/tennis match
la carrera ciclista/de motos/de coches	cycling/motorbike race/ car racing
el/la árbitro/a	referee
el entrenador/a	coach
el balón de fútbol/de baloncesto	ball for football/basketball
la pelota de tenis/de golf	tennis/golf ball
la raqueta	....
los esquíes	....
el/la nadador/a	swimmer
el/la ciclista	cyclist
el/la atleta	athlete
el/la futbolista	soccer player

LUGARES | PLACES

la piscina	swimming pool
el campo de fútbol/de golf	football field/golf course
la cancha/pista de tenis	tennis court
el estadio	....

> The verbs bucear and escalar are interchangeable with hacer buceo and hacer escalada.
> ¿Has hecho escalada alguna vez?   Have you ever been climbing before?
> Sí, he escalado varias veces.   Yes, I have been climbing several times.

15 *Experiencias únicas en la vida*   215

Vocabulary practice 1

Complete these conversations using the icons as hints.

Example: 📋 Es entrenador.

Amir Hola, Marina. Adivina qué hace mi amigo Fer los sábados por la mañana. Te doy una pista. Está toda la mañana en el Club Deportivo Esperanza con todos los equipos de fútbol. **Marina** ¡Ah! Ya sé- Es 📋 .... **Amir** No, qué va. Es 🥎 a	**Andrea** Pero Miguel, ¿por qué has traído un 🏀 b .... de baloncesto. Hoy vamos a jugar al tenis. **Miguel** Lo siento. Voy corriendo a traer la 🎾 c .... / y las 🎾 d .... de tenis.	**David** Blanca, ¿vas a la 🏊 e .... esta tarde? **Blanca** No, lo siento. He quedado con Juan para ⛳ f ....

CONVERSATION 1

Nunca es tarde para empezar *It's never too late to begin*

🎧 **Here are a few words and expressions to help you understand the conversation.**
15.02

principiantes	beginners
aunque	although
Nada más y nada menos.	Nothing more, nothing less.

🎧 **1 Listen to the conversation without looking at the text. Then listen again and read the text.**
15.03

> Ana has decided to get fit and suggests some sports and outdoor activities to her two friends for this weekend. Notice how they talk about the things they have or haven't done.
>
> **Ana**   Chicos, estoy cansada de estar siempre en casa y sentada: el trabajo, gestiones del restaurante... Necesito moverme.
>
> **Paula**   ¿Tienes algún plan para este finde?
>
> **Ana**   Os propongo ir a la sierra de la Pedriza a hacer escalada.
>
> **Paula**   Pero, Ana, ¿has hecho escalada alguna vez?

Ana	Bueno, el año pasado estuve en Sierra Morena, en Córdoba, hice una ruta con amigos…, pero nunca he hecho escalada, la verdad. Aunque, Paula, nunca es tarde para empezar.
Paula	Es verdad.
Ana	He visto que hay un club en la Pedriza y una de sus actividades es escalada. Hay un curso para principiantes.
Álvaro	Pues no sé, pero ¿por qué no empezamos haciendo senderismo? Ese mismo club probablemente organiza actividades de senderismo.
Paula	No… Este fin de semana es un fin de semana largo. El viernes es fiesta. Además, empieza a hacer buen tiempo. ¿Por qué no vamos a Villajoyosa, que es un pueblo de Alicante, a hacer buceo?
Álvaro	Pero, Paula, ¿desde cuándo haces buceo?
Paula	Nunca he buceado, Álvaro, pero nunca es tarde… Mi amigo Gonzalo, que bucea desde hace diez años, me ha contado que hay un club de buceo en Villajoyosa que organiza viajes y cursos a partir del 1 de mayo. Podemos apuntarnos. ¿Qué os parece?
Ana	A mí me parece genial, Paula. Cuenta conmigo, pero el siguiente fin de semana vamos a hacer escalada.
Paula	Sí, Ana. El siguiente fin de semana vamos a hacer escalada.
Álvaro	Chicas, no os reconozco. Vais a pasar de no hacer nadar… a hacer buceo y escalada. Nada más y nada menos. Yo creo que empiezo con senderismo en la Pedriza. ¡Buena suerte con el buceo!

2 Choose the correct words.

a Ana necesita descansar / hacer ejercicio.
b Ana propone a sus amigos hacer escalada / senderismo.
c El próximo fin de semana es un fin de semana con dos / tres días festivos.
d Paula propone a sus amigos hacer escalada / hacer buceo.
e Álvaro prefiere hacer senderismo / hacer buceo.
f Al final Ana y Paula van a hacer senderismo / buceo este fin de semana y escalada / senderismo el siguiente.

LANGUAGE BUILDER 1

💡 Language discovery 1

Look at this part of the conversation and identify the time markers. What do you notice about the use of the simple past and present perfect?

Paula Pero, Ana, ¿has hecho escalada alguna vez?

Ana Bueno, el año pasado estuve en Sierra Morena, en Córdoba, hice una ruta con amigos... pero nunca he hecho escalada, la verdad.

Present perfect or simple past

In addition to the uses already covered, the present perfect is used to express a past event without specifying when it took place. It refers to experiences that have taken place at some point in our lives and places emphasis on the fact that they occurred, rather than when they took place. The following time markers are often used: alguna vez/una vez (*once*), algunas veces (*a few times*), muchas veces (*many times*) or nunca (*never*).

¿Has estado alguna vez en París?	*Have you ever been to Paris?*
Sí, he estado tres veces en París.	*Yes, I have been to Paris three times.*
No, nunca he estado en París.	*No, I have never been to Paris.*

In contrast, the simple past is used to express a completed action that took place at a specific time in the past. It is often used with time markers like ayer (*yesterday*), el domingo pasado (*last Sunday*), el año pasado (*last year*), en 2023 (*in 2023*), etc.

El año pasado estuve en Sierra Morena.	*Last year I was in Sierra Morena.*
El domingo fui al cine.	*On Sunday, I went to the cinema.*
En 2022, hice un curso de español.	*In 2022, I took a Spanish course and culture course.*

Language practice 1

Complete the sentences with the correct form of the present perfect or simple past.

Bea Andreea, ¿(Hacer) **a** .... escalada alguna vez?

Andreea Sí, (escalar) **b** .... tres veces. La primera vez que (hacer) **c** .... escalada (ser) **d** .... en la primavera de 2020. (Ir) **e** .... a la sierra de Gredos con mis amigos Fer y Lucía. La segunda vez (estar) **f** .... también con Fer y Lucía en los Picos de Europa. (Ser) **g** .... un viaje precioso. (Subir, nosotros) **h** .... al Naranjo de Bulnes. La tercera vez (ser) **i** .... en Albarracín, Teruel. (Dormir, nosotros) **j** .... en el Parador de Teruel.

LANGUAGE BUILDER 2

> ### 💡 Language discovery 2
>
> **Listen to the conversation again and repeat each line in the pauses provided. Then look at the conversation again and complete these sentences.**
>
> **Álvaro** Pero, Paula, ¿ **a** .... haces buceo?
>
> **Paula** Nunca he buceado, Álvaro, pero nunca es tarde... Mi amigo Gonzalo, que bucea **b** .... diez años, me ha contado que hay un club de buceo en Villajoyosa que organiza viajes y cursos a partir del 1 de mayo.
>
> **What do the missing words express?**

¿Desde cuándo...?: Expressing duration

To ask about the duration of an action that started in the past and continues in the present, use ¿Desde cuándo...? (*Since when ...?*) and ¿Cuánto tiempo hace que...? (*How long ...?*).

¿Desde cuándo buceas? *How long have you been diving?*
¿Cuánto tiempo hace que buceas? *How long have you been diving?*

To express duration, use the following expressions:

- Hace + quantity of time + que + verb:
  Hace catorce años que buceo. *I've been diving for fourteen years.*

- Verb + desde hace + quantity of time:
  Buceo desde hace catorce años. *I've been diving for fourteen years.*

Language practice 2

1 Reorder the words to make sentences. Then match with the answers.

   a estudias / ¿ / español / cuándo / Desde / ?
   b hace / Maca / Amir / ? / tiempo / Cuánto / que / ¿ / con / sale
   c al / ¿ / tenis / cuándo / Desde / Andreea / ? / juega
   d entrenáis / Jorge / tú / y / Cuánto / gimnasio / este / tiempo / en / hace / ¿ / ? / que
   e las / sector / Desde / trabajas / telecomunicaciones / cuándo / el / en / ¿ / de / ?
   f hace / conoces / ¿ / Cuánto / que / tiempo / David / ? / a

   1 Andreea juega al tenis desde hace tres años.
   2 Hace solo un año que estudio español.
   3 Conozco a David desde hace quince años.
   4 Trabajo en las comunicaciones desde hace siete años.
   5 Hace ya dos años que Amir sale con Maca.
   6 Jorge y yo entrenamos desde hace dos meses.

2 Now play Conversation 1 again and play Paula's role.

CULTURE POINT 2

Parques nacionales de España *Spain's national parks*

¿Sabes que España fue uno de los primeros países en promover la conservación de espacios naturales únicos en Europa? La iniciativa se creó en 1916, hace más de un siglo. Fue una idea importada de Estados Unidos por Pedro Pidal. El primer espacio protegido de España fue el parque nacional de los Picos de Europa en Asturias, Cantabria y León.

España cuenta con dieciséis parques nacionales repartidos (*distributed*) por todo su territorio. Algunos de estos parques son de montaña, por ejemplo, el parque nacional de Ordesa y Monte Perdido en Huesca o el parque nacional de los Picos de Europa. Otros son marítimos (*marine*), entre otros, el parque nacional de Doñana considerado la mayor reserva natural de Europa (*the largest ecological reserve in Europe*) con más de 300 especies diferentes de aves acuáticas (*aquatic birds*) o el parque nacional de la Islas Atlánticas con la playa de Rodas, elegida por el diario The Guardian como la mejor playa del mundo (*the best beach in the world*). Finalmente, otros parques son volcánicos, entre otros, el parque nacional de la Caldera de Taburiente en la isla de La Palma o el parque nacional del Teide en Tenerife, que tiene el pico más alto de España (*the highest peak in Spain*). Dieciséis lugares para disfrutar de la naturaleza en estado puro, paisajes de postal (*postcard landscapes*), variedad de flora y fauna, y tranquilidad absoluta.

Parque Nacional del Teide (Tenerife)

¿Quieres saber más sobre los parques nacionales de España? Visita la página del Ministerio para la transición Ecológica y el Reto Demográfico en España.

VOCABULARY BUILDER 2

15.06

Look at the words and phrases and complete the missing English words and expressions. Then listen and try to imitate the pronunciation of the speakers.

NATURALEZA	NATURE
el paisaje	....
el parque nacional	....
la planta	plant
el árbol	tree
la flor	flower
la hierba	grass
la hoja	leaf
el pino	pine
el olivo	olive tree

FAUNA	ANIMAL LIFE
el animal	....
la especie	....
el mamífero	mammal
el insecto	....
el ave	bird (species)
el reptil	....
el perro, el gato	dog, cat
el pájaro, el pez	bird, fish
el caballo, la vaca, el cerdo	horse, cow, pig
la mosca, la araña	fly, spider

Vocabulary practice 2

Match the animals with the descriptions.

a Es el mejor amigo del hombre: ....

b Tiene pelos y patas. Se come a las moscas: ....

c Mamífero que nos da leche y carne y se alimenta de hierba: ....

d Tiene siete vidas. No le gustan los perros: ....

e Vive en los ríos o en el mar. Es pequeño y puede nadar: ....

f Mamífero que nos da carne y el famoso jamón ibérico: ....

Pronunciation practice

Every Spanish word has a stressed syllable, sílaba tónica, pronounced with a special intensity or stress. Words stressed on the second-to-last syllable are called palabras llanas.

Listen to these words and mark las palabras llanas.

15.07

paisaje	padel	parque	árbitro
hoja	piscina	olivo	ciclista
reptil	raqueta	gato	deporte

Las palabras llanas have un acento (*an accent mark*) when they end in a consonant other than -n or -s. Follow this rule to add an accent mark (if necessary) to the words in the list.

CONVERSATION 2

¿El pico más alto de España o la mejor playa del mundo?
The highest peak in Spain or the best beach in the world?

Here are a few words and expressions to help you understand the conversation.

15.08

os veo muy puestos en...	I see you know a lot about ...
estaba hasta arriba	it was crowded
agobiar	to get overwhelmed
los gastos	expenses

1 Listen to the conversation without looking at the text. Then listen again and read the text.

15.09

> Paula and Ana have just returned from their first climbing lesson in La Pedriza, Guadarrama National Park. Álvaro has been hiking in this same park. Notice how they say that something is *the most*.
>
> **Ana**   ¿Qué tal Álvaro? ¿Qué tal tu experiencia en Guadarrama?
>
> **Álvaro**   Genial, Ana. Me ha gustado mucho. He hecho ejercicio, pero, además, esta ruta ha sido mucho mejor que otras porque nos han hablado de la flora y la fauna de este parque natural. Hay bosques con pinos de más de 40 m de altura. Además hemos parado varias veces para observar las aves.
>
> **Paula**   Pues creo que el mejor parque de España para la observación de aves es el parque nacional de Doñana, en Huelva. ¡Hay más de 300 especies diferentes!
>
> **Álvaro**   Sí, claro, pero el parque nacional de Guadarrama está muy cerca de Madrid. Doñana, no. Además, en Guadarrama el fin de semana pasado no había mucha gente.

Paula	Eso último es importante. ¿Te acuerdas, Álvaro, de cuando estuvimos en el Teide? Estaba hasta arriba de coches, autobuses, ciclistas, quads... Las colas para el teleférico eran larguísimas. Todo el mundo quería la mejor vista para observar el atardecer.
Álvaro	... pero mereció la pena.
Paula	Sí, sin duda. El paisaje volcánico era tan diferente y tan bonito...
Ana	Suena increíble. Os veo muy puestos en parques nacionales. ¿Por qué no planeamos una salida de fin de semana a algún parque?
Paula	Buenísima idea. ¿Qué os parece un parque marítimo como el parque nacional de las islas Cies? Dicen que la playa de Rodas es la mejor playa del mundo.
Álvaro	... o de montaña, como los Picos de Europa, el parque nacional más antiguo de España.
Paula	Genial. ¿Qué preferís, el parque más antiguo de España o la mejor playa del mundo?
Ana	Creo que vosotros sabéis más que yo sobre parques nacionales. Decididlo vosotros. Pero no tengo mucho dinero: no busquéis el viaje más caro del mundo.
Paula	(*laughing*) Déjamelo a mí. Yo preparo un presupuesto.

2 Read the conversation and answer the questions.

   a ¿Por qué a Álvaro le ha gustado más la excursión al Parque Nacional de Guadarrama?
   b ¿Qué parque nacional español tiene más de 300 especies de aves diferentes?
   c ¿Qué parque está más cerca de Madrid: Guadarrama o Doñana?
   d ¿Qué problema tenía el parque nacional del Teide cuando Álvaro y Paula lo visitaron?
   e ¿Qué parque nacional tiene la mejor playa del mundo?
   f ¿Quién va a hacer el presupuesto para el viaje a un parque nacional?

LANGUAGE BUILDER 3

💡 Language discovery 3

Look at these sentences from the conversation. Can you see any difference between a, c and d on the one hand, and b and e?

a El mejor parque de España para la observación de aves es el parque nacional de Doñana.
b Os veo muy puestos en parques nacionales.
c El parque nacional de las Islas Atlánticas tiene la mejor playa del mundo.
d El parque nacional del Teide tiene el pico más alto de España.
e Genial, buenísima idea.

Highs and lows: the superlative

The superlative is used to express the highest or lowest degree. The absolute superlative is used in a general sense, without specific comparison. It is formed by adding -ísimo/-ísima/-ísimos/-ísimas to an adjective. If the adjective ends in a vowel, drop the final vowel.

buena → muy buena → buenísima	good → very good → incredibly good (f.sg.)
inteligente → muy inteligente → inteligentísimos	intelligent → very intelligent → extremely intelligent (m.pl.)
delgado → muy delgado → delgadísimo	thin → very thin → extremely thin (m.sg.)

Note that a final -c changes to -qu when adding -ísimo/-ísima/-ísimos/-ísimas.

simpático → simpatiquísimo	nice → extremely nice
rica → riquísima	tasty → incredibly tasty

The relative superlative shows the highest or least degree in reference to a specific group or category of people, places, things or concepts. It is very similar to the comparative—just use the definite article with the comparative.

el/la/los/las + noun + más/menos + adjective + de + reference group

El Teide es el pico más alto de España.	Teide is the highest peak in Spain.
El viaje más caro del mundo.	The most expensive trip in the world.
La chica menos alta del equipo.	The least tall girl on the team.

The adjectives bueno, malo, pequeño, and grande have the same irregular forms as in the comparative: bueno/malo: mejor/peor and grande/pequeño: mayor/menor.

La mejor playa del mundo.	The best beach in the world.
La peor experiencia de mi vida.	The worst experience in my life.

Language practice 3

Complete the sentences with the relative superlative.

a En el año 2023, Aitana Bonmati fue .... de fútbol femenino .... mundo.

b Rafael Nadal es .... historia en tierra batida.

c La playa de Rodas es .... mundo.

d El parque nacional de los Picos de Europa es .... España.

LANGUAGE BUILDER 4

> ### 💡 Language discovery 4
>
> **1 Listen to the conversation again and repeat in the pauses provided. See if you can work out how to use muy and mucho.**

Muy or mucho: What's the difference?

Mucho and muy are used to intensify or emphasize. Muy is an adverb and modifies other adverbs (muy cerca) or adjectives (muy puestos). It does not change, i.e. it has no masculine or feminine form.

Os veo muy puestos.   *You seem very knowledgable.*

Mucho (meaning *a lot, a lot of, much, many*) can be used both as an adjective and as an adverb. When followed by a noun, mucho acts as an adjective, and it agrees in gender and number with the noun: mucho/mucha/muchos/muchas.

No tengo mucho dinero.   *I don't have much money.*

When it comes after a verb or is followed by a comparative, mucho acts as an adverb and does not change.

Me ha gustado mucho.   *I liked it a lot.*

Esta ruta ha sido mucho mejor que otras.   *This route was much better than the others.*

Language practice 4

1 Read these sentences and choose the correct option.

    a Antes se jugaba mucho / muy más en la calle.
    b Amir ha comprado muchos / muy muebles en El Rastro.
    c Rafa Nadal es una persona mucho / muy admirada en España.
    d Es muy / mucho tarde. Es mucho / muy mejor coger un taxi.
    e Paloma es muy simpática. Se lleva muy / mucho bien con todo el mundo.
    f Andreea tiene muchas / muy más amigas que David.

2 Now play Conversation 2 again and play Álvaro's role. Speak in the pauses provided. Try not to refer to the text.

SKILL BUILDER

1 Reorder the letters to make words related to flora and fauna.

- **a** olacabal ....
- **b** ilovi ....
- **c** mírofame ....
- **d** nipo ....
- **e** episece ....
- **f** hebari ....

2 Complete the text about Carlos Alcaraz. Choose words from the box.

| raqueta | bicicleta | pista | tenis | fútbol |
| equipo | partido | jugar | entrenador | |

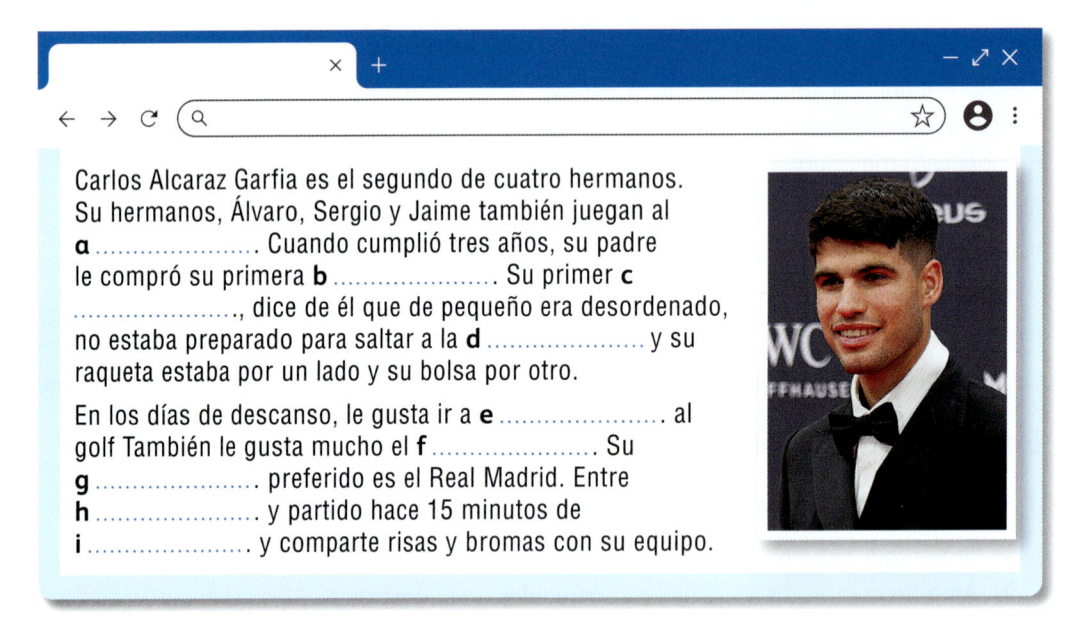

Carlos Alcaraz Garfia es el segundo de cuatro hermanos. Su hermanos, Álvaro, Sergio y Jaime también juegan al **a** .... Cuando cumplió tres años, su padre le compró su primera **b** .... Su primer **c** ...., dice de él que de pequeño era desordenado, no estaba preparado para saltar a la **d** .... y su raqueta estaba por un lado y su bolsa por otro.

En los días de descanso, le gusta ir a **e** .... al golf También le gusta mucho el **f** .... Su **g** .... preferido es el Real Madrid. Entre **h** .... y partido hace 15 minutos de **i** .... y comparte risas y bromas con su equipo.

3 Learn about the parque nacional de las Tablas de Daimiel. Take notes and try to persuade your friends to visit. Research these topics:

- Cómo llegar
- Fauna del parque
- Alrededores (iglesias, pueblos, museos)
- Horario de verano
- Propuesta de una ruta corta
- Dónde comer y dormir

Al parque de Daimiel puedes llegar desde el pueblo de Daimiel. Es una carretera asfaltada de unos 10 Kilómetros. Aquí llegas al acceso principal...

TEST YOURSELF

1 Link the three columns to form sentences. The first one has been done for you.

Ciudad del Vaticano es	la ciudad	más poblada del mundo.
El Burj Khalifa en Dubai es	el país	más largo del mundo
Tokio es	el rascacielos	más pequeño del mundo.
El Amazonas es	la cordillera	más alto del mundo.
Los Andes es	el país	más grande del mundo.
Rusia es	el río	más larga del mundo.

2 What would you say in these situations? Write sentences to give your suggestions.

a Dong has just moved to Madrid. He is going to be in Spain for six months for work. On Sunday he wants to go hiking. Tell him he can go to the Sierra de Guadarrama. It's close to Madrid and there are organized excursions where he can meet lots of people.

....

....

b Sharon has just arrived in Spain. She doesn't know where to go next summer. Tell her she can go to Andalusia. There are many beautiful beaches. Also, there are many restaurants where she can eat very tasty and inexpensive food.

....

....

c Apolline wants to get in shape, but she doesn't know which sport to practice. Tell her you've been playing padel for two months. It's a lot of fun and you have a very good coach. In a short time, she can make a lot of progress.

....

....

Remember to use **My review** and **My takeaway** to assess your progress and reflect on your learning experience.

16

In this lesson you will learn how to:
» Express conditions.
» Formulate predictions about the future.
» Make promises.
» Use **por** and **para**.

Un futuro sostenible

My study plan

I plan to work with Unit 16
○ Every day
○ Twice a week
○ Other _____

I plan to study for
○ 5–15 minutes
○ 15–30 minutes
○ 30–45+ minutes

My progress tracker

Day / Date	🎧	🎤	📖	✏️	💬
	○	○	○	○	○
	○	○	○	○	○
	○	○	○	○	○
	○	○	○	○	○
	○	○	○	○	○
	○	○	○	○	○
	○	○	○	○	○

My goals

What do you want to be able to do or say in Spanish when you complete this unit?

Done

1 .... ○
2 .... ○
3 .... ○

My review

SELF CHECK	
	I can ...
○	... express conditions.
○	... formulate predictions about the future.
○	... make promises.
○	... use **por** and **para**.

CULTURE POINT 1

¿Estará la ciudad del futuro en españa? *Will the city of the future be in Spain?*

Imaginamos las ciudades del futuro con edificios acristalados y calles tomadas por la inteligencia artificial (*artificial intelligence*), pero si estas ciudades no son sostenibles (*sustainable*) por encima de todo, no habrá futuro donde desarrollar todos esos avances. Es en las ciudades donde se emite el 70% de los gases de efecto invernadero (*greenhouse gases*), y donde se encuentra el motor principal del calentamiento global (*global warming*).

El propósito de los gobiernos es transformar las ciudades en lugares más seguros, más eficientes, sostenibles e inclusivos, buscando mejorar la calidad de vida (*to improve the quality of life*) de sus habitantes. Estas ciudades del futuro ya tienen nombre: eCities.

La eCity se fundamenta en cuatro pilares: la energía (*energy*), a través de un consumo renovable (*renewable*) y local; los edificios, que han de estar preparados para aprovechar esa energía de la manera más eficiente posible; la movilidad (*mobility*) que será eléctrica y sostenible a través del transporte público o el autónomo y siempre con zonas de paseo y adaptadas para bicicletas; y la digitalización para que los ciudadanos sean capaces de conocer y gestionar (*manage*) la utilización de recursos.

En España, el cambio climático es una amenaza (*threat*) preocupante. El país recibe un veinticinco por ciento menos de lluvia que hace cincuenta años y la temperatura media ha subido hasta ocho grados centígrados. El siglo pasado desapareció casi el 90% del hielo glaciar de los Pirineos. No es de extrañar (*It's not surprising*) que España apueste por (*is counting on*) las energías renovables.

> Conoce más sobre la iniciativa Capital Verde Europeo. ¿Qué ciudad de España fue nombrada capital verde de Europa en 2024?

16 *Un futuro sostenible*

VOCABULARY BUILDER 1

16.01

Look at the words and phrases and complete the missing English words and expressions. Then listen and try to imitate the pronunciation of the speakers.

PROBLEMAS MEDIOAMBIENTALES	ENVIRONMENTAL PROBLEMS
el medio ambiente	the environment
el calentamiento global	....
la contaminación, polución	pollution
los gases de efecto invernadero	....
contaminado, contaminante	polluted, polluting
cuidar/respetar/proteger/conservar la naturaleza	to care for/respect/protect/conserve nature

RETOS DEL FUTURO	CHALLENGES FOR THE FUTURE
reducir la contaminación/los accidentes de tráfico	to reduce pollution/traffic accidents
curar enfermedades	to cure diseases
prevenir enfermedades	to prevent diseases
acabar con la violencia/las guerras/el desempleo	to end violence/wars/unemployment
frenar el calentamiento global/ el crecimiento de la población/ el envejecimiento	to curb global warming/ population growth/ ageing
aumentar la seguridad/la esperanza de vida	to increase security/life expectancy
mejorar la calidad de vida	....
la movilidad sostenible	....
la energía renovable	....
los recursos naturales	natural resources
el consumo de energía	energy consumption
el reciclaje	recycling
reciclar vidrio/pilas/papel/cartón/latas	to recycle glass/batteries/paper/cardboard/cans
el contenedor	container, bin

Vocabulary practice 1

Look at the words related to challenges in the future. Find the odd one out.

- **a** reciclar — pilas / latas / polución
- **b** frenar — la calidad de vida / el calentamiento global / el envejecimiento
- **c** aumentar — la seguridad / la esperanza de vida / el consumo de energía
- **d** reducir — los accidentes de tráfico / el reciclaje / la contaminación
- **e** acabar con — los recursos naturales / la violencia / las guerras

CONVERSATION 1

Un futuro fuera de España *A future outside Spain*

Here are a few words and expressions to help you understand the conversation.

me va a dar mucha pena	it will make me very sad/sorry
en cualquier caso	in any case
Llevo un tiempo dándole vueltas a esto.	I have been thinking about this for a while.

1 Listen to the conversation without looking at the text. Then listen again and read the text.

> Ana and Paula are talking about the future and imagining their lives in five years. Note how they talk about the future.
>
> **Paula** Hola, Ana... ¿Hola?
>
> **Ana** Uy, perdona. Estoy leyendo un artículo sobre la digitalización y los retos del futuro... esto de los microchips no lo veo nada claro.
>
> **Paula** Ya, yo tampoco. ¿Nos vigilarán continuamente dentro de unos años? Aunque en el ámbito de la salud puede ser útil.
>
> **Ana** ... no sé, todo parece ciencia ficción.
>
> **Paula** Y tú, Ana, ¿cómo te imaginas tu futuro dentro de cinco años?
>
> **Ana** Pues me imagino en el restaurante. Creo que en este sitio disfrutaré el día a día...
>
> **Paula** ¿Y dejarás el teletrabajo?
>
> **Ana** Sí, eso espero... Creo que tendré una vida más relajada que ahora y podré dedicarme solo a este proyecto en el que he puesto tanta ilusión. Y tú, Paula ¿cómo te imaginas que será tu futuro dentro de cinco años?
>
> **Paula** Llevo un tiempo dándole vueltas a esto. Dentro de cinco años probablemente viviré y trabajaré en el extranjero. Quizá en un país como... Inglaterra.
>
> **Ana** ¿Ah sí? ¿En serio?... nunca me lo has contado.
>
> **Paula** Sí, quiero perfeccionar mi inglés y vivir esta aventura por mi cuenta.
>
> **Ana** ¿Por tu cuenta? Pero... ¿¿te irás tú sola?? Me va a dar mucha pena. Si te vas, no nos veremos tanto.
>
> **Paula** Ana, te prometo que seguiremos en contacto. ¡No lo dudes!

2 Choose the best answer for each question.

a Ana tiene dudas sobre / ve claro / ve ventajas en el uso de microchips en el futuro.

b Paula no ve ningún beneficio en / ve algún beneficio en / no ve nada claro en el uso de microchips en la salud en el futuro.

c Ana no quiere dedicar / quiere dedicar una parte de / quiere dedicar la mayor parte de su tiempo al restaurante en cinco anos.

d Ana imagina en el futuro una vida más tranquila / más estresada / fuera de Madrid.

e Paula imagina su futuro en Madrid / Reino Unido / Lucena.

16 *Un futuro sostenible*

LANGUAGE BUILDER 1

💡 Language discovery 1

Find the different forms of the verbs vivir, trabajar, and volver in the conversation and list them. What do they have in common?

a vivir	b trabajar	c volver

The future tense of regular verbs

The future tense is used to talk about actions and events that will take place in the future. It is formed by adding personal endings to the infinitive. The endings are the same for all three groups of verbs: -é, ás, á, emos, eis, an.

	-ar	-er	-ir
(yo)	hablaré	veré	viviré
(tú)	hablarás	verás	vivirás
(él/ella/usted)	hablará	verá	vivirá
(nosotros/as)	hablaremos	veremos	viviremos
(vosotros/as)	hablaréis	veréis	viviréis
(ellos/as/ustedes)	hablarán	verán	vivirán

Dentro de cinco años probablemente viviré y trabajaré en el extranjero.
In five years, I'll probably live and work abroad.

El año que viene me presentaré al examen de conducir.
Next year, I will take the driving test.

Dentro de dos años me graduaré en medicina.
In two years', I will graduate in medicine.

Language practice 1

Complete the sentences with the future tense.

a Alberto y yo (viajar) .... a Nueva York el año que viene.
b El domingo que viene (abrir) .... todos los centros comerciales.
c Mi hermano (aprender) .... a hablar español perfectamente.
d Mañana (reservar) .... un billete de tren, quiero viajar a Sevilla.
e No tengo mucha hambre, solo (comer) .... una ensalada.
f El mes que viene nos mudamos de casa, (vivir) .... en el centro de la ciudad.
g Pedro (comprar) .... la comida y yo las bebidas.
h Estáis entrenando todos los días ¿(Correr) .... la maratón del jueves?

LANGUAGE BUILDER 2

> ### 💡 Language discovery 2
>
> **16.04**
>
> Listen to the conversation again and repeat each line in the pauses provided. Try to imitate the phrasing and intonation you hear. Then look at the future tenses from the conversation and match.
>
> 1 Probablemente viviré y trabajaré en el extranjero.
> 2 Si te vas, no nos veremos tanto.
> 3 Te prometo que seguiremos en contacto
>
> a make a promise
> b make a prediction
> c express a condition

Uses of the future tense

The simple future tense can be used in three ways in Spanish:

- **To make predictions about the future.** In this case, words expressing probability are also often used: probablemente, seguramente, creo que, seguro que, posiblemente...
  Probablemente mañana bajarán las temperaturas.
  Tomorrow the temperature will probably drop.

- **To express a condition with a si (if) clause.** Note that the condition is in the present tense and the consequence is in the simple future.
  Si se acaban los combustibles fósiles, tendremos que usar energías renovables.
  If we run out of fossil fuels, we will have to use renewable energy.

- **To make promises.** This is one of the most common uses of the future tense in Spanish.
  Te prometo que vendré.   *I promise I'll come.*

The future tense if often used with time markers, such as:

mañana/pasado mañana/el sábado	*tomorrow/the day after tomorrow/Saturday*
este jueves/año/mes/siglo	*this Thursday/year/month/century*
esta mañana/tarde/noche/semana	*this morning/afternoon/night/week*
dentro de dos/unos años	*in two/a few years*
el año próximo/que viene	*next year*

Language practice 2

1 Reorder the words into correct sentences.

  a restaurante. / la / asistiremos / Te / que / reinauguración / prometo / a / del
  b voy / fiesta, / Si / pasaré / bien. / la / a / me / muy / lo
  c a / en / Esta / cenar / de / casa / Jaime. / noche / voy
  d probablemente / coches / futuro / En / eléctricos. / el / tendremos / más
  e Seguro / diez / todo / que / el / de / mundo / teletrabajará. / años / dentro
  f Dentro / aparecerán / de / miles / profesiones / unos / de / nuevas. / años

2 Play Conversation 1 again and play Paula's role.

16 *Un futuro sostenible*   **233**

CULTURE POINT 2

España 2050: cómo será el mercado laboral del futuro *Spain 2050: the labor market in the future*

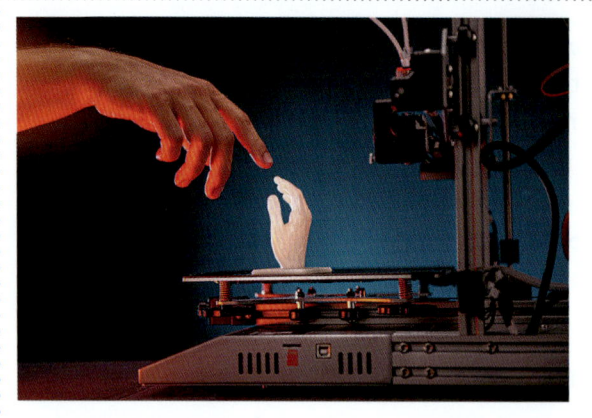

La transformación digital ha traído cambios significativos en el mercado laboral (*labor market*) español. Según los expertos en el sector, para 2050 más del 85% de los trabajos que existirán todavía no se han inventado, mientras que más de la mitad de las profesiones (*professions*) que conocemos hoy en día desaparecerán o se transformarán por la digitalización.

Habrá profesiones ligadas a la transición ecológica (*ecological transition*) y a la transformación digital, pero también al envejecimiento de la población y a la salud mental.

En el futuro habrá una demanda inmensa de profesiones relacionadas con sectores digitales, como analistas de datos (*data analysts*), especialistas en ciberseguridad (*cybersecurity specialists*), especialistas en inteligencia artificial (*artificial intelligence specialists*) y expertos en impresión 3D (*experts in 3D printing*) capaces de crear piezas de avión, implantes médicos e incluso diseñar órganos artificiales (*to design artificial organs*).

Otro trabajo que definirá la sociedad del futuro es creador de contenido (*content creator*). Un influencer es un creador de contenido digital que cuenta con un alto nivel de influencia para dar opiniones. Por lo general, debido a su base amplia de seguidores (*followers*), lleva a cabo acuerdos y contratos con marcas para realizar sus campañas publicitarias.

Los profesionales de salud mental (*mental health professionals*) juegan un papel muy importante en la sociedad. Un psicólogo (*psychologist*) o un psiquiatra (*psychiatrist*) son profesiones que seguirán existiendo por mucho que nos invadan las nuevas tecnologías. Por encima de todo, el progreso también significa bienestar.

¿Quieres saber más sobre las profesiones más demandadas en España?

VOCABULARY BUILDER 2

Look at the words and phrases and complete the missing English words and expressions. Then listen and try to imitate the pronunciation of the speakers.

PROFESIONES

....

el especialista en marketing digital	*digital marketing specialist*
el/la analista de datos	....
el/la experto/a en impresión 3D	....
el/la especialista en ciberseguridad	....
el/la especialista en inteligencia digital	....
el/la creador/a de contenidos	....
el psicólogo/a	....
el/la psiquiatra	....

ESPECIALIDADES / SPECIALTIES

la robótica	*robotics*
la nanotecnología	*nanotechnology*
la biotecnología	*biotechnology*
la cirugía	*surgery*
la genética	*genetics*
la realidad virtual	*virtual reality*

ACCIONES Y OBJETOS / ACTIONS AND OBJECTS

crear contenido	*to create content*
modificar genes	*to modify genes*
geolocalizar	*to geolocate*
implantar microchips	*to implant microchips*
la impresora 3D	*3D printer*
el nanorobot	*nanorobot*
el coche autónomo	*self-driving car*

> In Spanish, new professions often come directly from English, e.g. influencer. Other words come from English, such as likes (on social media), foodie, or crack/crac (a person who stands out for some talent or ability).

16 *Un futuro sostenible* **235**

Vocabulary practice 2

Complete the sentences with the words in the box.

| nanorobots | robótica | impresora 3D | realidad virtual |
| biotecnología | cirugía | analista de datos | especialista en ciberseguridad |

a La .... es una máquina capaz de crear piezas, figuras y objetos con volumen partiendo de un diseño realizado con ordenador.

b Un .... interpreta los datos y establece estrategias dentro de una empresa.

c Un .... es el responsable de la protección de datos de las empresas y de los ciberataques.

d Los .... son robots muy pequeños que pueden viajar por el cuerpo humano y reparar órganos.

e La .... es la técnica que se utiliza en el diseño y construcción de robots.

f La .... es un tipo de tecnología basada en organismos vivos. Tiene aplicaciones en la medicina, el medio ambiente, etc

g La .... se compone de escenas u objetos de apariencia real creados mediante tecnología informática.

h La .... es una parte de la medicina que se ocupa de tratar enfermedades mediante operaciones manuales o instrumentales.

Pronunciation practice

Every Spanish word has una sílaba tónica (*a stressed syllable*) which is most strongly emphasized. Las palabras agudas are those in which the last syllable is la sílaba tónica. In writing, they have un acento (*accent mark*) when they end in -n, -s or a vowel.

Listen to the words and identify las palabras agudas.

16.07

avión	conservar	autónomo	respetar
latas	huracán	digitalización	andar
robótica	genética	plástico	papá

CONVERSATION 2

Siguiendo la pista de Aya *Following Aya´s lead*

Here are a few words and expressions to help you understand the conversation.

tarde o temprano	*sooner or later*	el boca a boca	*word of mouth*
tirar la toalla	*to give up/to throw in the towel*	promociones	*special offers*

1 Listen to the conversation a few times. Then listen again and read the text.

Álvaro continues working on his marketing strategy for the restaurant reopening. As an expert he has some new ideas to discuss with Ana and Paula. Note the verbs they use in the future and the use of por and para.

Álvaro ... Aya El Mach García... nada, le he escrito un mensaje y todavía no me ha contestado. También he entrado varias veces en sus redes sociales, pero hace tiempo que no publica.

Paula Tarde o temprano sabremos algo de ella.

Ana No hay que tirar la toalla... por cierto, Álvaro, el lanzamiento está funcionando de maravilla, ¿no?

Álvaro ¡Mejor de lo que esperaba! ¿Habéis visto la página web del Rincón de Ana? ¿Y las publicaciones que he creado en las redes sociales?

Ana Sí, están muy bien. Ya tenemos un montón de seguidores y de likes, y esto crecerá por días.

Paula Por cierto, el vídeo está teniendo mucho éxito. ¡Es divertidísimo!

Álvaro ¿Os ha gustado?

Ana Está hecho para jóvenes y no tan jóvenes.

Paula No sé. Yo creo que el boca a boca siempre funciona muy bien.

Ana Sí, pero cuanta más gente nos conozca por las redes, mejor. Todo el barrio querrá pasarse por aquí y probar nuestros deliciosos platos.

Álvaro Incluso podemos ofrecer descuentos especiales el día de la reinauguración para atraer a más gente.

Ana Haremos promociones ese día, me parece una idea estupenda.

Álvaro ... Y ¿qué tal si invitamos a algún *influencer*? Puede venir algún creador de contenido gastronómico... un *foodie*.

Paula ¿Un *foodie*? Álvaro, eres un *crack*.

2 Decide if these statements are true (verdadero) or false (falso).

a Ana anima a Álvaro a seguir intentando encontrar a Aya.   verdadero   falso
b Álvaro ha creado una página web del restaurante.   verdadero   falso
c Las publicaciones de Álvaro no han tenido éxito entre los seguidores.   verdadero   falso
d El día de la reinauguración van a ofrecer descuentos especiales.   verdadero   falso
e Paula cree que no es una buena idea invitar a un influencer.   verdadero   falso

LANGUAGE BUILDER 3

💡 Language discovery 3

Ana and Paula say these verbs in the future. Match the verbs with the infinitives.

1 Tarde o temprano sabremos algo de ella.
2 Haremos promociones para ese día.
3 Todo el barrio querrá pasarse por aquí...

a querer
b saber
c hacer

What do you notice about these verbs? Are they regular or irregular?

The future tense of irregular verbs

There are only twelve irregular verbs **in the future tense** and the irregularities only affect the first part of the verb—the stem. They are divided into three groups:

Lose -e in -er		-e/-i in -er/ir → -d		Others	
poder	podr-	tener	tendr-	decir	dir-
saber	sabr-	venir	vendr-	hacer	har-
caber	cabr-	salir	saldr-		
haber	habr-	valer	valdr-		
querer	querr-	poner	pondr-		

The endings are regular, you just need the irregular stem: querré, tendré, diré...

Note that verbs which contain these irregular verbs have the same irregularity. For example:

re**hacer** → re**haré**

man**tener** → man**tendré**

su**poner** → su**pondré**

Language practice 3

How does little Miguel see the future? Correct the mistakes.

a Yo teneré un coche grande como mi mamá, y seré tan alto como mi papá.
b Esta tarde saliré a la calle y jugaré con mis amigos.
c El año que viene iré al colegio y saberé leer cuentos y poderé escribir una carta a mis abuelos.
d Mañana es mi cumpleaños y mis tíos me traerán juguetes y los poneré en el suelo para jugar y luego los recogeré.
e Y mis papás me quererán mucho.

LANGUAGE BUILDER 4

💡 Language discovery 4

Listen to the conversation again and repeat each line in the pauses provided. Then look at how the words por and para are used. Match each instance with the usage.

1 Podemos ofrecer descuentos especiales **para** atraer a más gente.
2 Todo el barrio querrá pasarse **por** aquí y probar nuestros deliciosos platos.
3 ¿Os ha gustado? Creo que es **para** jóvenes y no tan jóvenes.
4 Cuanta más gente nos conozca **por** las redes, mejor.

a aim or purpose
b by means of
c undetermined location in space
d recipient

Por or para?

The prepositions para and por both mean *for* and, as a result, are often confusing for learners. Let's look at how they are used.

The preposition para indicates:

- **Aim or purpose (in order to)**

  Estudio español para viajar a Colombia. — *I am studying Spanish in order to travel to Colombia.*

  Visitamos Tenerife para ver el Teide. — *We visited Tenerife to see Mount Teide.*

- **The intended recipient or target audience:**

  No es un programa para niños. — *This is not a program for children.*

  ¿Para quién es esta carta? — *Who is this letter for?*

- **Direction/Destination**

  He comprado un billete para Colombia. — *I have bought a ticket to (for) Colombia.*

- **Time frame**

  Los deberes son para la semana que viene. — *The homework is for next week.*

> Note that in Spanish, you don't need a preposition (*for*) to express the duration of an action.
> Estuve **tres meses** en Francia. — *I've been in France **for three months**.*
> Voy a estar en Alicante **cuatro días**. — *I'm going to be in Alicante **for four days**.*

16 *Un futuro sostenible*

The preposition por indicates:

- **Cause or reason (because of)**

  Nos fuimos del parque por el frío. — *We left the park because of the cold.*

  Disculpa por el retraso. — *Sorry for the delay.*

- **Approximate location**

  Me he dado una vuelta por el parque Güell. — *I took a walk through/near Guell Park.*

  El mercado está por aquí. — *The market is somewhere around here.*

- **Approximate time, in expressions such as:** por la mañana/tarde/noche, por abril, por vacaciones, etc.

  Vendremos por Navidad. — *We will come for/around Christmas.*

  Te veo por la mañana. — *I'll see you in the morning* (no specific time).

- **Rate or distribution**

  He asignado dos galletas por niño. — *I have allocated two cookies per child.*

  No debes conducir a más de 100 kilómetros por hora. — *You should not drive faster than 100 kilometers per hour.*

- **Means, modus (by means of, by way of)**

  Me he enterado de la noticia por mis padres. — *I heard the news from my parents.*

  Se lo he enviado por correo electrónico. — *I sent it to you by email.*

  Hemos hablado por WhatsApp. — *We talked by WhatsApp.*

- **Exchange**

  Te cambio estos auriculares por los tuyos. — *I´ll trade you these earphones for yours.*

  Los compramos por 5 euros. — *We bought them for 5 euros.*

Language practice 4

1 Complete the sentences with **por** or **para**.

  a Voy a Cáceres .... ver a mi familia.

  b Nos perdimos .... Barcelona y tardamos dos horas en encontrar el hotel.

  c Fui a las rebajas de Zara y me compré estos pantalones .... la mitad de precio.

  d ¿................... quién son estas cajas?

  e Vamos en taxi .... el aeropuerto de Barajas.

  f Busqué toda la información .... Internet.

  g Me dió las gracias .... los regalos.

  h Quiero hablar con la profesora .... ver qué me dice.

2 Now play Conversation 2 again and play Álvaro's role. Speak in the pauses provided. Try not to refer to the text.

16.11

SKILL BUILDER

1 Match the sentence halves.

1 Si todos los coches son autónomos,
2 Si hay más coches eléctricos,
3 Si podemos prevenir algunas enfermedades,
4 Si podemos imprimir alimentos,
5 Si la temperatura del planeta continúa en aumento,
6 Si reducimos la contaminación,

a disminuirá el hambre en el mundo.
b desaparecerá el hielo del ártico.
c aumentará la esperanza de vida.
d frenaremos el cambio climático.
e no necesitaremos carnet de conducir.
f se reducirá la contaminación.

2 Sort the predictions. Some of them can go in more than one category.

TRANSPORTE		MEDIOAMBIENTE	
ALIMENTACIÓN		SALUD	

3 Listen to three conversations and complete them. (16.12)

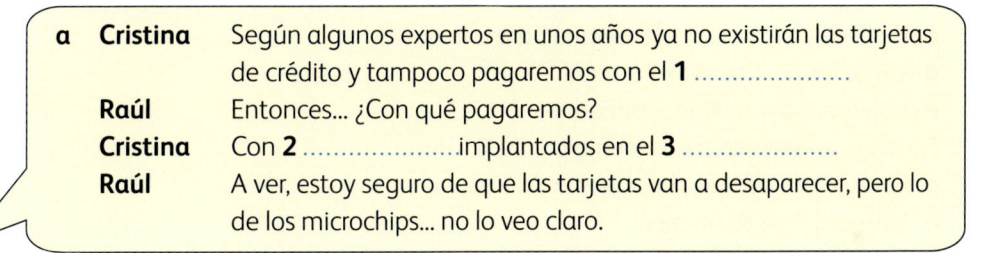

a **Cristina** Según algunos expertos en unos años ya no existirán las tarjetas de crédito y tampoco pagaremos con el **1** ....
   Raúl Entonces... ¿Con qué pagaremos?
   Cristina Con **2** .... implantados en el **3** ....
   Raúl A ver, estoy seguro de que las tarjetas van a desaparecer, pero lo de los microchips... no lo veo claro.

b **Pedro** A mí lo de los **1** .... no me gusta mucho.
   Luis ¿No? ¿Por qué?
   Pedro Porque en casos de **2** .... cómo actuará el coche?
   Luis Ya, y ¿que pasará si en las carreteras hay coches autónomos y otros conducidos por **3** ....?
   Pedro Uff, creo que todavía hay muchas cuestiones por resolver.

c **Ángel** Esto de los **1** .... me da un poco de miedo. ¿Nos van a **2** .... siempre?
   María ... médico/a aunque puede ser beneficioso para encontrar a personas desaparecidas.
   Ángel Es verdad... puede tener **3** ....
   María Pero solo si podemos decidir qué **4** .... compartes y cúal no.
   Ángel Sí, tienes razón.

16 *Un futuro sostenible*

TEST YOURSELF

1 Complete the sentences with the future tense.

   a Si no se dan prisa, no (llegar) .... a tiempo para el tren de las cinco.

   b La policía no (poder) .... probar nunca los hechos.

   c Probablemente dentro de diez años no (quedar) .... bosques en esta comarca.

   d Desde aquí no (ver,nosotros) .... bien la pantalla.

   e El sábado mis amigos y yo (salir) .... a tomar algo.

   f Creo que vuestros amigos no (tardar) .... en llegar.

   g ¿Cuándo (hacer, nosotros) .... el camino de Santiago?

   h Julia (empezar) .... sus clases de español la semana que viene.

   i Paula, ¿cuándo (venir) .... a visitarnos?

   j Chicos, ¿qué le (regalar) .... a vuestra madre?

2 Correct the sentences with *por* and *para*, if necessary.

   a Estudio español para ser bilingüe.

   b Mi regalo es por ti.

   c He decidido cambiar mi teléfono para uno nuevo.

   d Viajamos por España y Portugal.

   e Hablamos por teléfono mañana.

   f Tengo que terminar mi trabajo por las 5.

   g Compré dos sillones por el precio de uno.

   h Voy para Perú en un mes.

   i La cita con el dentista es por el jueves, que no se me olvide.

   j Te cambio mi bolígrafo para el tuyo.

Remember to use **My review** and **My takeaway** to assess your progress and reflect on your learning experience.

17

In this lesson you will learn how to:
» Express politeness using the conditional.
» Express a wish using the conditional.
» Give advice or make a suggestion using the conditional.
» Use the verbs **ser** and **estar** to change meaning.

Lo que yo haría

My study plan

I plan to work with Unit 17
- Every day
- Twice a week
- Other _____

I plan to study for
- 5–15 minutes
- 15–30 minutes
- 30–45+ minutes

My progress tracker

Day / Date

My goals

What do you want to be able to do or say in Spanish when you complete this unit?

Done

1 ....
2 ....
3 ....

My review

SELF CHECK	
	I can ...
○	... express politeness using the conditional.
○	... express a wish using the conditional.
○	... give advice or make a suggestion using the conditional.
○	... use the verbs **ser** and **estar** to change meaning.

17 *Lo que yo haría* 243

CULTURE POINT 1

La sanidad española en el top 3 *Spanish healthcare in the top 3*

El estudio anual de Bloomberg sobre la eficiencia de los sistemas sanitarios de casi 200 economías de todo el mundo vuelve a situar a España, en 2023, en el podio junto a Hong Kong y Singapur. ¿Por qué España puede presumir de tener uno de los mejores sistemas sanitarios? Veamos cuáles pueden ser las claves de este éxito.

En primer lugar, el sistema sanitario español es un sistema mixto en el que coexisten el Sistema Nacional de Salud (*SNS*) (*National Health System*), gestionado por las autoridades públicas, y una extensa red de hospitales privados (*private hospitals*). Alrededor del 90 % de los españoles están cubiertos por el SNS, mientras que el 15% tienen un seguro médico privado (*private health insurance*). La red privada permite, entre otras cosas, reducir los tiempos de espera para la atención médica especializada (*specialized medical care*).

En segundo lugar, el SNS se caracteriza por un alto grado de descentralización. El SNS está organizado en tres niveles: Ministerio de Sanidad (*Ministry of Health*), Consejerías de Sanidad (*Health Departments*) en las diferentes Comunidades Autónomas y Áreas de Salud (*Health Areas*).

La atención primaria (*primary health*), que se gestiona a través de las áreas de salud, representa el 90 % de la asistencia sanitaria (*health care*) y ofrece a los pacientes una atención integral y personalizada (*a comprehensive and personalized care*) por un médico de cabecera (*general practitioner*) en un centro de salud (*health centre*).

Por último, la formación e implicación de los profesionales de la sanidad (*healthcare professionals*) desempeña un papel importante en el liderazgo mundial de España. Los médicos y los enfermeros españoles son profesionales muy valorados fuera de su propio país.

¿Sabes que España ocupa el primer puesto internacional en donación de órganos? Visita la página de la Organización Nacional de Trasplantes.

VOCABULARY BUILDER 1

Look at the words and phrases and complete the missing English words and expressions. Then listen and try to imitate the pronunciation of the speakers.

LA SANIDAD	HEALTHCARE
el/la médico/a de cabecera	....
el/la paciente	....
el/la especialista	....
el/la enfermero	nurse
el/la oculista/oftalmólogo/a	ophthalmologist
el/la dentista	....
el/la farmacéutico	pharmacist
la atención primaria	....
la clínica	clinic
el centro de salud	health center
las urgencias	....
el seguro médico	....
pedir cita	to make an appointment
aliviar el dolor	to relieve pain
la receta médica	prescription
la vacuna	vaccination/vaccine
el medicamento	medicine
el remedio natural	natural remedy
los comprimidos, las pastillas	tablets, pills
la pomada	cream
la herida	wound
la tirita	plaster
el termómetro	....
la enfermedad	illness/disease
la infección	infection

Vocabulary practice 1

Match the words mentioned with their description.

a Tienes que ir a este servicio si tienes un dolor fuerte que no puede esperar: ....
b Es el médico encargado de cuidar la salud de tus ojos: ....
c Lo utilizas para medir tu temperatura corporal: ....
d Es el tipo de atención que se presta en los centros de salud en España ....
e Se encarga del cuidado de tus dientes: ....
f La firma el médico y con ella puedes comprar medicamentos en la farmacia: ....
g Lo tiene el 15% de los españoles: ....

CONVERSATION 1

Me gustaría ir a verlo *I would like to go and see him*

🎧 17.02

1 Listen to the conversation a few times without looking at the text. Then listen again and read the text.

Ana's back hurts. Paula recommends that she makes a doctor's appointment. This reminds Paula of a very special doctor. Notice the new tense used to express politeness, give advice, and express a wish.

Ana	Paula, me duele la espalda. Quizá es el estrés de nuevo.
Paula	Deberías ir a tu centro de salud, Ana. Allí tu médico de cabecera te recetará algo o te mandará a un especialista.
Ana	Sí, sé que debería ir a mi centro de salud, pero mientras tanto vamos a entrar en esa farmacia y me compro algo para aliviar el dolor.
	Ana and Paula enter the pharmacy.
Farmacéutico	Hola, buenos días, ¿qué queríais?
Ana	Buenos días, verás, es que me duele mucho la espalda. ¿Podrías recomendarme algo ?
Farmacéutico	Déjame pensar… ¿Prefieres comprimidos o polvo para mezclar con agua?
Ana	Prefiero polvo para mezclar con agua.
Farmacéutico	Pues aquí tienes. Puedes tomar un sobre cada ocho horas.
Ana	Muy bien. ¿Cuánto es?
Farmacéutico	Son 4,75 euros.
	Ana pays and they leave the pharmacy.
Paula	Con esto vas a estar mucho mejor, Ana. Pero insisto: ve a tu médico de cabecera.
Ana	Sí, Paula, iría ahora mismo, pero es que tengo prisa. He quedado con Koldo. Mañana pido cita. Por cierto, hablando de médicos. ¿Qué tal le va en Inglaterra a tu amigo Gonzalo?
Paula	Muy bien. Me gustaría tanto ir a verlo, me compraría un billete a Londres ahora mismo.
Ana	Últimamente, me has hablado mucho de Gonzalo. Tendremos que planear un viaje a Londres.
Paula	Sí, sí. Te tomo la palabra, Ana.

2 Decide if these statements are *true* (verdadero) or *false* (falso).

a	A Ana le duele la espalda.	verdadero falso
b	Paula cree que Ana debe ir a urgencias.	verdadero falso
c	Ana prefiere tomar comprimidos.	verdadero falso
d	Paula recomienda a Ana ir al oftalmólogo.	verdadero falso
e	A Paula le gustaría ir a Londres.	verdadero falso
f	Ana promete a Paula que irán a Londres.	verdadero falso

LANGUAGE BUILDER 1

💡 Language discovery 1

Match the verbs with the infinitives. What is the pattern for the yo form of the verbs? How are they similar or different from other tenses?

1 Sí, sé que debería ir a mi centro de salud.
2 Sí, Paula, iría ahora mismo.
3 Me compraría un billete a Londres ahora mismo.

a comprar
b deber
c ir

The conditional tense: Regular verbs

The conditional tense, as its name suggests, expresses a possible action, the equivalent of *would* or *could* in English. It uses the same stem as the simple future. The personal endings are: -ía, -ías, -ía, -íamos, -íais, -ían, for all three verb groups.

The conditional: regular verbs

	-ar: comprar	-er: deber	-ir: ir
(yo)	compraría	debería	iría
(tú)	comprarías	deberías	irías
(él/ella/usted)	compraría	debería	iría
(nosotros/as)	compraríamos	deberíamos	iríamos
(vosotros/as)	compraríais	deberíais	iríais
(ellos/ellas/ustedes)	comprarían	deberían	irían

The same verbs that are irregular in the future tense are irregular in the conditional.

Me compraría esa camisa, pero es muy cara.	I would buy this shirt, but it is very expensive.
Deberías ir al médico.	You should go to the doctor.
Paula y yo iríamos a verte ahora mismo.	Paula and I would go see you right now.

17 *Lo que yo haría*

Language practice 1

Complete the sentences with the correct form of the conditional.

a ¿Te (importar) .... dejarme tu bolígrafo? No me he traído el mío.

b (Deber, vosotros) .... volver a casa. Es muy tarde.

c (Ir, yo) .... contigo a Londres, pero es que no tengo dinero.

d Te (comprar, yo) .... estos zapatos, pero es que no sé si te van a gustar.

e (Comer, yo) .... contigo esta semana, pero no tengo mucho tiempo.

LANGUAGE BUILDER 2

> 💡 **Language discovery 2**
>
> **Listen to the conversation again and repeat in the pauses provided. Then identify sentences that express a polite request (P), a suggestion (S) or a wish (W).**
>
> a Deberías ir a tu centro de salud, Ana.   P S W
>
> b ¿Podrías recomendarme algo ?   P S W
>
> c Me gustaría tanto ir a verlo.   P S W

17.03

Making recommendations and suggestions with the conditional

The conditional has three main uses:

- **to make polite requests.** Spanish is more direct than English, but there are situations—such as talking to un médico, un farmacéutico—that require a touch of courtesy.

    ¿Podría recomendarme algo para la tos?   *Could you recommend something for my cough?*

    Nihad, ¿me dejarías un euro para comprar un billete de metro?   *Nihad, could you lend me a euro to buy a metro ticket?*

    Notice that in the first example the use of usted reinforces politeness.

- **to give advice.** This can be done with deberías (*you should*), podrías (*you could*) or with yo que tú/yo en tu lugar (*if I were you*) + conditional, or simply yo + conditional.

    Deberías ir a tu centro de salud.   *You should go to your health center.*

    Yo que tú, iría a un especialista.   *If I were you, I would go to a specialist.*

    Yo iría al dentista.   *I would go to a dentist.*

    > Remember that you can use the imperative to give advice in a more direct way, for example: Come sano (*Eat healthy*).

- **to express wishes or desires for the future,** which is very common in Spanish:

    Me gustaría ver a Gonzalo.   *I would like to see Gonzalo.*

    Me encantaría vivir en Barcelona.   *I would love to live in Barcelona.*

Language practice 2

1 Classify the sentences in Language Practice 1 in the table.

Polite requests	Advice	Future wishes / desires

2 Now play Conversation 1 again and play Paula's role. Speak in the pauses provided. Try not to refer to the text.

17.04

CULTURE POINT 2

Platos de cuchara *Spoonable dishes*

Cuando llega el frío, pocas cosas son tan reconfortantes como un buen cocido (*stew*), una sopa o cualquier receta caliente. Es la hora de los platos de cuchara, platos tradicionales españoles. Se llaman platos de cuchara porque los comemos con cuchara. Cada región de España tiene los suyos. Entre ellos destacan la caldereta de langosta (*lobster*) en Baleares, la fabada asturiana o el cocido madrileño.

Los platos de cuchara son muy nutritivos (*nutritious*). Además de legumbres y verduras, pueden incluir carne, pescado o embutidos (*sausages*). There are lots of different types of Spanish embutidos, e.g. salchichón, chorizo and morcilla. Otra de las grandes ventajas de los platos de cuchara es que son económicos.

El mejor acompañamiento (*accompaniment*) para un plato de cuchara es un buen vino, pero es fundamental elegir el mejor vino para cada plato. Por ejemplo, cuando el plato de cuchara es una suave sopa de pescado (*mild fish soup*) o una crema de verduras, los vinos blancos acompañan bien al plato sin competir con él. Si, por el contrario, el plato es contundente (*hearty*) como un arroz caldoso (*rice broth*) con carne, se elegirá un vino tinto joven y aromático y poco corpulento (*light bodied*). Los platos contundentes con carne roja o embutido requieren un vino tinto envejecido (*aged*) al menos doce meses, esto proporciona al vino un exquisito sabor a fruta y madera.

> Want to more about one of Spain's most famous wines? Explore some vineyards and learn about the origins of this wine, which makes a great accompaniment for a good stew.

17 *Lo que yo haría*

VOCABULARY BUILDER 2

Look at the words and phrases and complete. Then listen and try to imitate the pronunciation of the speakers.

ALIMENTOS	FOOD
las legumbres	....
las lentejas	lentils
las judías	beans
los garbanzos	chickpeas

UTENSILIOS DE COCINA	KITCHEN UTENSILS
la cuchara	spoon
el tenedor	fork
el cuchillo	knife
la servilleta	napkin
el mantel	tablecloth

SABORES	FLAVORS
dulce	sweet
salado	salty
amargo	bitter
picante	spicy

BEBIDAS	DRINKS
el zumo de naranja/tomate/frutas	orange/ ..../................... juice
el cava	....
la cerveza	beer

Vocabulary practice 2

Complete with the names of the food or kitchen utensils.

a _ _ N

b _ _ N _ _ _ R

c _ _ D _ _ S

d _ _ C H _ _ _

e C _ _ H _ _ _ _

Pronunciation practice

Words stressed on the third-to-last syllable are called palabras esdrújulas, and they make up only 2% of all Spanish words. Las palabras esdrújulas always have a written accent on the accented syllable.

17.06 Listen and identify the words accented on the third-to-last syllable. Mark an accent over the accented syllable.

clinica	dentista	medico	urgencias
comprimido	especialista	oftalmologo	vacuna

CONVERSATION 2

Haría un plato de cuchara *I would make a spoonable dish*

17.07 **1** Listen to the conversation without the text. Then listen again and read the text.

Ana is talking to Koldo. She has invited Gonzalo to the restaurant and is considering the menu. Paula stops by to help Ana decorate. Notice how they use the conditional tense.

Ana Buenos días, Koldo. ¿Qué tal? Querría hablar contigo.

Koldo Perfecto. Estaré listo dentro de cinco minutos.

Five minutes later, Ana is talking to Koldo.

Ana Koldo, la próxima semana, viene a Madrid Gonzalo, un amigo de Paula que ahora está de médico en Londres.

Koldo ¿Gonzalo? Nunca os he oído hablar de él.

Ana Sí, es un médico que Paula ha conocido hace poco. Según dice Paula, Gonzalo es muy listo. Es una persona con una vida muy interesante. Me gustaría invitarlo a comer al restaurante. ¿Qué te parece que podríamos hacer?

Koldo Pues estamos en invierno. Te recomendaría hacer un plato de cuchara: un cocido madrileño, unas lentejas, una fabada.

Ana Sí, qué buena idea. Y... ¿Qué podríamos hacer de postre?

Koldo Pues... yo haría otra vez la tarta de manzana. Es un éxito asegurado.

Ana Sí, está riquísima. Mira, está llegando Paula.

	Paula arrives and she and Ana start decorating.
Ana	¿Y dónde pondríamos la mesa? ¿Te parece bien en aquel rincón junto a la ventana? He comprado unos manteles preciosos.
Paula	Me parece muy bien. Ahí es donde comí con Álvaro la última vez.
Ana	Por cierto, ¿vendrá Álvaro? Supongo que sí.
Paula	No... Álvaro no va a venir.
Ana	¿No va a venir Álvaro? Paula..., ¿va todo bien con Álvaro?

2 Reorder the sentences by adding numbers.

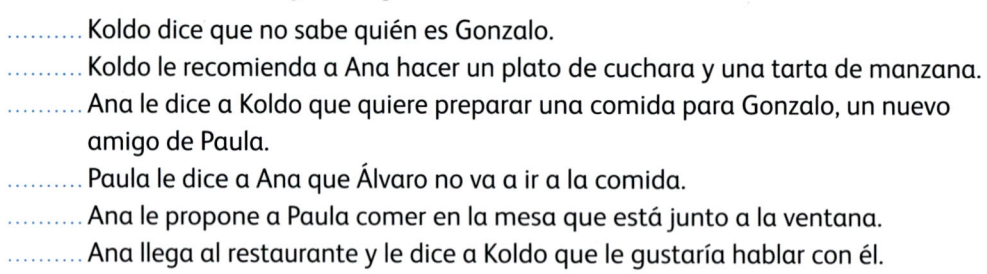

.... Koldo dice que no sabe quién es Gonzalo.

.... Koldo le recomienda a Ana hacer un plato de cuchara y una tarta de manzana.

.... Ana le dice a Koldo que quiere preparar una comida para Gonzalo, un nuevo amigo de Paula.

.... Paula le dice a Ana que Álvaro no va a ir a la comida.

.... Ana le propone a Paula comer en la mesa que está junto a la ventana.

.... Ana llega al restaurante y le dice a Koldo que le gustaría hablar con él.

LANGUAGE BUILDER 3

💡 Language discovery 3

Look at the conversation again and find these sentences. Then add the future tense of the verbs in the conditional form.

Example: *I would like to talk to you.*	Querría hablar contigo.	Querré.
a What do you think we could do?		
b I would make apple pie again.		
c Where would you set the table?		

What do you notice about the conditionals compared to the future?

The conditional: irregular verbs

The same verbs that are irregular in the future tense are irregular in the conditional.

Drop -e from -er		**Replace -e/-i in -er/-ir with -d**		**Others**	
querer	querr-	tener	tendr-	decir	dir-
poder	podr-	venir	vendr-	hacer	har-
saber	sabr-	salir	saldr-		
caber	cabr-	valer	valdr-		
haber	habr-	poner	pondr-		

Language practice 3

Complete the sentences with the correct form of the conditional.

a ¿(Querer, tú) .... venir conmigo al teatro?

b (Venir, yo) .... a tu casa todos los días. Los platos de cuchara de tu madre están riquísimos.

c No sé lo que Amir (hacer) .... sin ti.

d ¿(Saber, vosotros) .... darnos indicaciones para llegar a El Rincón de Ana? No lo encontramos.

e Yo que tú (salir) .... pronto. Los sábados por la mañana hay mucho tráfico en la carretera de La Coruña.

f ¿Qué (decir, ellos) .... ahora? Me gustaría verlos en esta situación.

g Andreea, ¿crees que en tu coche (caber) .... una persona más? Mi amiga Carmen no tiene coche.

h ¿Dónde (poner) .... tú este mueble? Dame ideas.

17 *Lo que yo haría*

LANGUAGE BUILDER 4

💡 Language discovery 4

Listen to the conversation and repeat each line in the pauses provided. Complete these phrases with the correct form of ser or estar.

a .... listo dentro de cinco minutos.

Gonzalo b .... muy listo. Gonzalo es un amigo de Paula que ahora

c .... de médico en Londres.

d .... un médico que Paula ha conocido hace poco.

How are ser or estar used in the sentences above? What is the difference?

Ser or estar: How each verb is used with adjectives

Ser and estar both mean *to be* in English, but ser is used to talk about essential or permanent characteristics (Juan es médico, es español), while estar is used to talk about a temporary, passing state (Juan está contento, Juan está en su casa). Some adjectives can be used with both ser or estar, but they change meaning or implication, depending on the verb.

> In some cases there is no change of meaning: Estamos en invierno and Es invierno both mean *It's winter.*

	ser	estar
bueno/a	honest	not ill/physically attractive
malo/a	vile, cruel	ill
listo/a	clever	ready
molesto/a	annoying	annoyed
violento/a	violent, person	violent, situation
despierto/a	clever, intelligent	awake
atento/a	helpful	attentive
cansado/a	tiresome	tired
blanco/a	white color	pale (face)
rojo	red	blushing

Language practice 4

1 **Complete with the correct form of ser or estar.**

a .... invierno y hace frío.

b Yo que tu .... más atento en clase.

c ¿................... ya despierto? Son las 11.

d .... en verano. Prefiero tomar un gazpacho.

e ¿Qué te pasa? .... blanco.

f Esas camisas .... blancas y esos pantalones .... rojos.

2 **Now play Conversation 2 again and play Ana's role. Speak in the pauses provided. Try not to refer to the text. Then try to respond as if you were talking about yourself.**

SKILL BUILDER

1 Use the words from the box to fill in the table.

| clínica | consulta | pastillas | pomada | paciente |
| medicamento | herida | especialista | infección | enfermero |

lugares y servicios médicos	las enfermedades y los tratamientos médicos	las personas y los profesiones relacionados con la sanidad

2 Listen to the audio and complete the conversation.

17.10

Presentadora Hola, amigos y amigas. Soy Juliana Cocinitas Bienvenidos a Cuchara y **a** ...., el programa de cocina para principiantes. Hoy tenemos a tres invitados: Koldo, chef de El Rincón de Ana, Santiago, chef del restaurante Cómete México y Camila, chef del restaurante argentino Pivita.

Presentadora Koldo, nos dará la receta de dos variedades de **b** ....: las tradicionales con **c** .... y jamón y otras más ligeras, con verduras.

Koldo Así es Juliana. Empieza el frío y nada como un **d** .... para combatirlo.

Presentadora Santiago nos dará la receta de un plato típico mexicano: los chiles rellenos.

Santiago Eso es Juliana. Los chiles son, sin duda, el plato más **e** .... de la cocina mexicana.

Presentadora Santiago, ¿puedes explicar qué es un chile a la audiencia de España?

Santiago Sí, claro, un chile es un **f** .... picante. El chile contiene vitaminas B y E y además es muy rico en hierro.

Presentadora Terminaremos nuestro programa de hoy con el sabor más **g** .... de la cocina argentina: la cajeta o dulce de leche.

Camila Sí, Juliana. El dulce de leche es la base de muchos de los **h** .... argentinos. Hoy os voy a explicar cómo hacer un delicioso dulce de leche casero.

Presentadora Se me hace la boca agua... No puedo esperar más para ver cómo preparáis las lentejas, los chiles y el dulce de leche.

TEST YOURSELF

1 Correct these sentences with the verbs **ser** or **estar**, as necessary.

   a ¿Eres malo? Tienes muy mala cara.
   b ¿Eres listo? Tenemos que irnos ya.
   c Es una persona un poco violenta: yo no estaría cerca de él cuando está enfadado.
   d Estuvo una situación un poco violenta: María preguntó a todos, pero nadie contestó.
   e Amir está siempre preguntando si puede ayudar: es un chico muy atento.
   f Está muy cansado de oír todo el rato tus quejas.
   g Hoy ha estado muy atento en clase.
   h Ayer me acosté muy tarde y hoy soy muy cansado.

2 What would you say in the following situations? Give advice using the conditional.

   a Your friend Dong has been having a hard time sleeping lately. He only sleeps a few hours and isn't resting properly at night. Tell him that he should do sports to get tired. Also, if you were him, you would take some natural remedies. You're sure the pharmacist can advise him.

   b Your friend Andrea needs to eat more healthily. She has put on three kilos in the last month. Tell her that if you were her, you would eat more fruit and vegetables. You would also try to make homemade food and buy fewer ready-made meals.

   c Your friend Christopher has been offered the opportunity to work with a Mexican client. He speaks some Spanish, but needs to improve his Spanish. Tell him that if you were him, you would look for a language exchange platform on the internet. He can speak and write Spanish with a native speaker.

   d Your friend Paloma lives in Madrid and wants to spend a weekend with her boyfriend. She would like to take him somewhere different. Tell her that you would go to a country hotel in la Comunidad de Madrid, where there are more than 200 country hotels.

   e Your friend Isabel has just moved to Madrid and she is afraid of losing the friends she has in Córdoba. Tell her that if you were her, you would talk to your friends at least once a week. She could also organize a trip together for her next vacation.

Remember to use **My review** and **My takeaway** to assess your progress and reflect on your learning experience.

18

In this lesson you will learn how to:
» Talk about actions that took place before another action in the past using the past perfect.
» Tell an anecdote.
» Show interest when listening to a story.
» Express causes and consequences.

Lo que no te había contado

My study plan

I plan to work with Unit 18
○ Every day
○ Twice a week
○ Other _____

I plan to study for
○ 5–15 minutes
○ 15–30 minutes
○ 30–45+ minutes

My progress tracker

Day / Date	🎧	🎤	📖	✏️	💬
	○	○	○	○	○
	○	○	○	○	○
	○	○	○	○	○
	○	○	○	○	○
	○	○	○	○	○
	○	○	○	○	○
	○	○	○	○	○

My goals

What do you want to be able to do or say in Spanish when you complete this unit?

Done
1 .... ○
2 .... ○
3 .... ○

My review

SELF CHECK	
	I can ...
○	... talk about actions that took place before another action in the past using the past perfect.
○	... tell an anecdote.
○	... show interest when listening to a story.
○	... express causes and consequences.

CULTURE POINT 1

La literatura en español *Literature in Spanish*

"El día que lo iban a matar, Santiago Nasar se levantó a las 5:30 de la mañana (...). Había soñado que atravesaba un bosque de higuerones donde caía una llovizna tierna (*he had dreamt he was going through a grove of fig trees where a gentle drizzle was falling*)". Así comienza *Crónica de una muerte anunciada* (1981), la novela del escritor (*writer*) colombiano, premio Nobel de literatura (1982) Gabriel García Márquez. Con elementos del realismo mágico y de las novelas policiacas (*crime novels*), la trama (*the plot*) gira en torno a un asesinato basado en un hecho real (*based on a real event*) que ocurrió en Colombia en 1951.

La literatura (*literature*) en español es la herencia común de todos los países de habla hispana a ambos lados del Atlántico. Muchas de las obras clásicas de la literatura universal se han escrito en español. Entre ellas, *Cien años de soledad* de García Márquez y *El Ingenioso Hidalgo Don Quijote de la Mancha* de Miguel de Cervantes.

El premio más destacado de literatura española toma su nombre de este último autor: Premio Cervantes. Desde 1975, lo concede anualmente el Ministerio de Cultura de España. Todos los galardonados (*award-winners*) han gozado en general del reconocimiento de la crítica literaria y académica, muchos de ellos se consideran imprescindibles (*essential*) de la literatura en español.

¿Qué otros autores españoles conoces?

Haz una visita virtual al museo dedicado a Cervantes, ubicado en su casa natal en la histórica ciudad de Alcalá de Henares.

VOCABULARY BUILDER 1

18.01

Look at the words and phrases and complete the missing English words and expressions. Then listen and try to imitate the pronunciation of the speakers.

LITERATURA ....
la literatura clásica/moderna — *classical/modern literature*
el/la escritor/a — ....
la novela policiaca — *crime novel*

el cuento	short story
la poesía/el poema	poetry/poem
el/la novelista	....
el/la poeta	....
el/la traductor/a	translator
la obra de teatro	play
la (auto)biografía	(auto)biography
la saga/serie	saga/series
contar/narrar	to tell/narrate
la historia/leyenda/anécdota	story/legend/anecdote
contar el argumento de un libro	to summarize the plot of a book
va de/trata de…	it is about …
la historia está ambientada en…	the story is set in …
el/la protagonista es…	the main character is …
la trama	plot
está basada en hechos reales/la vida de	....

Vocabulary practice 1

Complete with words that match the definitions. Find the secret word in gray.

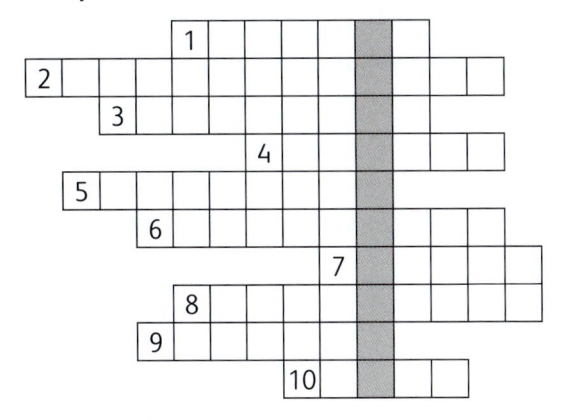

1 Narración de ficción, más extensa que los cuentos.
2 Personaje principal de una obra literaria.
3 Breve relato de un hecho extraño, curioso o divertido.
4 Narración breve, oral o escrita con pocos personajes.
5 Persona que escribe obras literarias.
6 Narración de la vida de una persona.
7 Conjunto de hechos que tiene lugar en un relato.
8 Persona que traduce de una lengua a otra.
9 Decir una historia (sinónimo de *narrar*).
10 Conjunto de series literarias con una trama central.

CONVERSATION 1

Amor a primera vista *Love at first sight*

18.02 Here are a few words and expressions to help you understand the conversation.

atrapar/enganchar	*to hook*	pedir matrimonio	*to propose*
segundas oportunidades	*second chances*	¡Qué fuerte!	*No way!/Unbelievable!*
un flechazo	*a crush*		

18.03 **1** Listen to the conversation without looking at the text. Then listen to the conversation again and read the text.

> Ana and Paula are talking about their favorite writers, but Álvaro suddenly remembers some good news. Notice the way they talk about past events.
>
> **Paula**   Quiero pasar por la librería de la esquina y comprar el último libro de Almudena Grandes.
>
> **Ana**   Me apasiona, es una de mis escritoras favoritas. He leído todas sus novelas de la serie *Episodios de una guerra interminable*.
>
> **Paula**   Las novelas de esta serie son novelas que te atrapan... Precisamente he terminado hace poco la última de la saga: *La madre de Frankenstein*.
>
> **Ana**   Es buenísima, aunque la primera que me enganchó a esta autora fue *Los aires difíciles*.
>
> **Paula**   Recuérdame de qué iba...
>
> **Ana**   Es una historia de amor muy intensa. Los protagonistas son un hombre y una mujer que huyen de su pasado en Madrid y se encuentran en las costas de Cádiz.
>
> **Álvaro**   Hablando de historias de amor intensas... ¡no os he contado que tengo noticias de Aya!
>
> **Ana**   Cuenta, cuenta...
>
> **Álvaro**   Mejor os leo su mensaje... "conocí a Farid en las playas de Ibiza, estaba de vacaciones con unos amigos y, cuando lo vi..., fue un flechazo, amor a primera vista... Nunca había sentido nada parecido."
>
> **Paula**   Jaja, es que Ibiza tiene esa magia... ¡Continúa, Álvaro!
>
> **Álvaro**   "... Empezamos a hablar y ya no nos separamos. Al terminar el verano él me pidió matrimonio, yo lo quería muchísimo, pero no estaba preparada. ¡Éramos tan jóvenes!"
>
> **Ana**   Pobre Farid, ¡qué decepción!

Álvaro Sigo... "... volví a Barcelona. Farid estuvo escribiéndome durante mucho tiempo, pero no volvimos a vernos nunca. Yo tenía otros planes. Aquel verano, yo había hecho el Camino de Santiago y esta experiencia cambió mi visión de las cosas. Quería comprometerme, ayudar y cambiar el mundo, me uní a la ONG Cuerpos por la Paz. Mi compromiso social era incompatible con mi relación con Farid".

Paula Esta historia tiene la trama de una novela romántica, ¡qué fuerte!

Álvaro "Eran otros tiempos, no existían las redes sociales, ni los teléfonos móviles... era más fácil desaparecer y no dejar rastro".

2 Choose the correct answers to complete the sentences.

a El libro, de la escritora Almudena Grandes, preferido de Ana es...
   1 una novela de aventuras.   2 una novela histórica.   3 una novela romántica.

b Aya conoció a Farid en...
   1 España.   2 Marruecos.   3 Italia.

c Aya vivía en .... cuando conoció a Farid.
   1 Madrid   2 Barcelona   3 Ibiza

> Almudena Grandes (Madrid, 1960–2021) was one of the most important contemporary Spanish writers. Spanish history is fundamental in *Episodios de una guerra interminable*, her series of six novels set post war.

d Antes de ir de vacaciones a Ibiza, Aya...
   1 se había unido a Cuerpos por la Paz.
   2 había estado en Cádiz.
   3 había hecho el Camino de Santiago.

e Después del verano, Farid...
   1 volvió a ver a Aya.
   2 se comunicó con Aya.
   3 fue a Barcelona a buscar a Aya.

LANGUAGE BUILDER 1

💡 Language discovery 1

Look at this sentence from the conversation. What happened first?

"Aquel verano, cuando nos conocimos en Ibiza, yo había hecho el Camino de Santiago..."

a Aya y Farid se conocen en Ibiza.
b Aya hace el Camino Santiago.

How are the verbs used to describe the two events different? Which form is used for the event that happened first?

The past perfect

The past perfect is used to talk about a past event which occurred prior to another past event.

Cuando llegamos al cine, la película ya When we arrived at the cinema,
    había empezado.   the movie had already started.

It is formed with the verb haber in the simple past + the past participle of the main verb. Remember how to form the past participle, which is also used in the present perfect: replace the -ar ending with -ado and the -er or -ir ending with -ido (e.g. hablado, aprendido, and vivido).

	simple past haber:	past participle haber:
(yo)	había	hablado
(tú)	habías	hablado
(él/ella/usted)	había	hablado
(nosotros/as)	habíamos	hablado
(vosotros/as)	habíais	hablado
(ellos/ellas/ustedes)	habían	hablado

Cuando nos conocimos en Ibiza, yo había When we met in Ibiza, I had done
    hecho el Camino de Santiago.   the Camino de Santiago (pilgrimage).

Nunca había sentido nada parecido. I had never felt anything like that.

Some verbs have an irregular participle, like romper (roto), ver (visto), decir (dicho).

No había visto la película cuando me I hadn't seen the movie when she told me
    contó el final.   the ending.

Language practice 1

Complete the sentences with the correct form of the past perfect.

a Cuando él se levantó de la siesta, ya (vestirse, ellos) ....
b Nos dijeron que la película no les (gustar) .... nada.
c Cuando llegamos, ya (descubrir, vosotros) .... la verdad.
d Nunca (visitar, nosotros) .... un museo tan impresionante como ese.
e La reunión ya (empezar) .... cuando me conecté.
f Pedro sabía que sus amigos le (preparar) .... una sorpresa.
g Estaban muy cansados porque (correr) .... mucho.
h Suspendiste el examen porque no (estudiar) .... lo suficiente.
i La paella estaba riquísima. Nunca la (probar) ....
j Al llegar al concierto, las entradas ya se (agotado) ....

LANGUAGE BUILDER 2

💡 Language discovery 2

Listen to the conversation again and repeat in the pauses provided. Can you work out what the verbs in bold mean?

a Nunca **había sentido** nada parecido.
b Aquel verano, cuando nos conocimos en Ibiza, yo **había hecho** el Camino de Santiago.

Using the past perfect: 'The past of the past'

The past perfect is sometimes called 'the past of the past' because it describes an action in the past from the point of view of the past. Its main uses in Spanish are:

- To express that one action preceded another action or moment in the past. In this case, it often appears with the time markers ya (*already*) and todavía/aún no (*not yet*).

Cuando llegué a la tienda, ya la habían cerrado.	When I arrived at the shop, it had already closed.
Cuando salí, el taxi aún no había llegado.	When I went out, the taxi hadn't arrived yet.
Había reservado mesa en la terraza, pero nos sentaron dentro.	I had reserved a table on the terrace, but they seated us inside.

- To emphasize the first time something happened, usually with the time markers nunca (*never*) and nunca antes (*never before*).

Nunca había visitado China.	I had never visited China.
Nunca antes habían probado el cocido.	They had never tried el cocido before.

Language practice 2

1 Match the two sentence halves.

1 Había comido tanto...   a cuando llegó Juan.
2 Como había llegado tarde...   b sus amigos se fueron sin él.
3 No habían estudiado suficiente... c y estaba muy guapa.
4 Había hecho mucho deporte...   d que le dolía el estómago.
5 Había ido a la peluquería...   e y estaba muy cansado.
6 Ana había cenado...   f y suspendió el examen.

2 Now play Conversation 1 again and play Alvaro's role. Speak in the pauses provided. Try not to refer to the text.

CULTURE POINT 2

Planes que no te puedes perder *Plans you can´t miss*

¿Playa o montaña? ¿Viaje nacional o internacional? A los españoles les encanta viajar por España, desde lugares cargados de cultura como Andalucía hasta ciudades rodeadas por montañas en el País Vasco (Euskadi).

Entre los destinos más solicitados, podemos encontrar ciudades muy turísticas como Madrid, Sevilla, Vigo o Málaga; o ciudades más pequeñas como Irún en la provincia de Guipúzcoa. Cuando hablamos de ciudades de Euskadi, las primeras que nos vienen a la mente son San Sebastián, Bilbao o Vitoria; pero Irún es un lugar con mucho encanto. Es muy conocido por ser un punto habitual de salida del Camino Norte de Santiago y por su patrimonio histórico.

El hotel se posiciona como el alojamiento (*accommodation*) por excelencia entre los españoles que viajan al extranjero (París, Lisboa, Londres y Nueva York son algunas de las preferencias), también entre aquellos que eligen turismo de sol y playa. La gente que prefiere la montaña opta por casas rurales (*rural houses*) o albergues (*hostels*).

Entre el tipo de turismo (*type of tourism*) favorito de los españoles, encontramos el cultural (*cultural*), el gastronómico (*gastronomic*), de deporte o de parques temáticos (*theme parks*). El turismo gastronómico se ha consolidado como una de las actividades turísticas de referencia en España, con fieles seguidores en Castilla y León y Castilla La Mancha, así como en La Rioja y Navarra. El turismo enológico (*wine tourism*), incluyendo participar en catas de vino (*wine tastings*), degustar quesos o deleitarse con una cena gourmet, son algunos de los atractivos de este tipo de turismo.

Navarra destaca como uno de los destinos más populares, ¡nadie quiere perderse su alta cocina o eventos como la Semana del Pincho (*the northern version of tapas*)! ¿Quieres saber más sobre la Semana del Pincho? ¿Sabías que cada año se concede un premio al mejor pincho? ¿Quienes son los ganadores de este año?

VOCABULARY BUILDER 2

Look at the words and phrases and complete the missing English words and expressions. Then listen and try to imitate the pronunciation of the speakers.

DE VIAJE

hacer la maleta
sacar el visado/el billete
facturar las maletas/el equipaje
cancelar una reserva/un vuelo
hacer escala (en)
llevar equipaje de mano
con retraso, puntual
viajar en primera (clase)
en (clase) turista/en business
embarcar

TIPOS DE TURISMO

el turismo de parques temáticos
el turismo de bienestar
el turismo gastronómico
el turismo enológico
el turismo urbano
el viaje organizado
el viaje de negocios/de placer
el viaje de fin de curso
el viaje de fin de semana
la luna de miel
el crucero

EL ALOJAMIENTO

el albergue
cama y desayuno
casa rural
camping

TRAVELING

to pack a suitcase
to get a visa/ticket
to check in your baggage
to cancel a reservation/flight
to make a stopover (in)/layover
to carry on hand baggage
late, on time
to travel in first class
in tourist/business class
to board

TYPES OF TOURISM

....
wellness tourism
....
....
city tourism
organized trip
business/leisure trip
school trip
weekend trip
honeymoon
cruise

ACCOMMODATION

....
bed and breakfast
country house
camping

Vocabulary practice 2

Choose the correct verbs to complete the sentences about trips.

a Hacer / cancelar la maleta.
b Sacar / salir el visado.
c Facturar / cancelar un vuelo.
d Haber / viajar en primera clase.
e Facturar / cancelar el equipaje.
f Salir / llevar con retraso.
g Hacer / sacar el billete.
h Llevar / sacar equipaje de mano.
i Hacer / haber overbooking.
j Salir / cancelar una reserva.

Pronunciation practice

A diphthong is formed when two vowels are joined together in one syllable:

a   Open vowel (/a/,/e/,/o/) + unstressed closed vowel (/i/,/u/): es-ta-bais, a-fei-tar, au-nar.
b   Unstressed closed vowel (/i/,/u/) + open vowel (/a/, /e/,/o/): ha-cia, dia-rio, vien-to.
c   Two distinct closed vowels (/i/,/u/): ciu-dad, lin-güís-ti-ca, muy, ruin.

Listen and repeat, then find the diphthongs.

18.07

a   El periodista se dirige hacia la zona del conflicto.
b   Leí un cuento policíaco que me encantó.
c   Me gustó mucho la comedia musical que fuimos a ver.
d   Como siempre, fueron a bailar al centro de la ciudad.

CONVERSATION 2

La ola más larga del mundo *The biggest wave in the world*

18.08

1   Listen to the conversation without looking at the text. Listen again and read along.

It is Friday and the opening is a week away. After an intense day of preparations, the three friends are packing up to start enjoying the weekend. Koldo, the cook, is also about to leave. Notice the way Álvaro, Paula, and Ana react to what Koldo is telling them.

Ana   Bueno, Koldo, ahora a descansar. ¿Tienes planes?
Koldo   Sí, mi pareja y yo vamos a mi tierra.
Ana   Euskadi, qué buen destino..., pero ¿eres del mismo Bilbao?
Koldo   No exactamente, soy de Mundaka. Un pueblo pequeño a cuarenta kilómetros de Bilbao. ¿Lo conocéis?
Álvaro   Me suena por el surf.
Koldo   Así es, Mundaka tiene una de las olas de izquierda más largas del mundo.
Paula   ¿Ah, sí?
Koldo   Vienen surfistas de todo el mundo a montarse en esta famosa ola.
Álvaro   Tenemos que ir.
Koldo   Claro que sí, estáis invitados. Bueno, chicos, todavía tengo que hacer la maleta así que os dejo. El avión a Bilbao sale a las 20:30 y no quiero perderlo.

Álvaro	¿Llevas mucho equipaje?
Koldo	No, qué va, como es para un fin de semana solo llevo equipaje de mano, no necesito facturar. Por cierto, ¿os conté lo que nos pasó en el último viaje?
Ana	¿Perdisteis el vuelo?
Koldo	... llegamos con el tiempo justo al aeropuerto de Barajas y ya habían empezado a embarcar. Y bueno, cuando nos tocó nos dijeron que había *overbooking*.
Paula	¿Y qué hicisteis?
Koldo	Resulta que al final hicimos el viaje en *business* y no en turista, fue el viaje más cómodo de mi vida.
Ana	Normal, jaja.
Koldo	Ahora sí que me voy ¡agur!

> Agur is a Basque word adopted by non-Basque speakers as a greeting. It is similar to the Italian term *ciao* (also used by Spanish speakers as chao).

2 Look at the conversation again and answer the questions.

   a ¿De dónde es Koldo?
   b ¿Por qué es conocido mundialmente el pueblo de Mundaka?
   c ¿Por qué Koldo no necesita facturar?
   d ¿Qué problema tuvo Koldo en su último viaje?

LANGUAGE BUILDER 3

> 💡 **Language discovery 3**
>
> Look at the conversation and find expressions used to tell and react to a story. Match them with their uses.
>
> a begin telling an anecdote
> b ask someone to continue the story
> c show agreement
> d express surprise or joy

Keeping the conversation flowing

One of the most challenging aspects of learning a language is adopting the expressions that help to 'grease the wheels' of conversation. Here are some useful expressions make your conversations flow more smoothly.

To start telling an anecdote

resulta que...	it turns out that/it happens that ...
¿os conté...?	have I told you?
una vez...	one time ...
¿a qué no sabes...?	don't you know ...?
Resulta que un día estábamos en Bilbao y queríamos visitar el Guggenheim...	We happened to be in Bilbao and wanted to visit the Guggenheim ...
¿A qué no sabes qué me pasó el otro día?	Do you know what happened to me the other day?

To show interest in an anecdote

You can encourage someone to continue their story by saying:

Sigue, sigue./Cuenta, cuenta.	Go on./Do tell.
¿Qué pasó?	What happened?
¿Y qué hiciste?	And what did you do?
¿Y...?/¿Y entonces?	And?/And then?

You can express surprise, joy, sympathy with:

¿Ah, sí?	Really?	¿En serio?	Seriously?
¡No me digas!	You don't say!	¡Menos mal!	What a relief!
¡No me lo puedo creer!		Lit. *I can't believe it!/You don't say!*	
¡Qué rollo/pena/lío/horror...!		What a pain/pity/mess/How awful!	
¡Qué mala/buena suerte!		What bad/good luck!	

Or you can simply show agreement, with: Claro./Normal./Ya./Lógico.

Language practice 3

Complete the conversation with expressions in the box. In some cases more than one is possible.

Ya.	¡No me lo puedo creer!	¿Te he contado que...?	¡Menos mal!
¿Qué te pasó?	Lógico.	¡Qué mala suerte!¿no?	Resulta que

Argón   ¿ **a** .... ayer mi día fue un desastre?

Samuel   ¿ **b** ....?

Argón   **c** .... me levanté más tarde porque no había oído el despertador. Cuando fui a a la cocina para desayunar me acordé de que no había comprado café el día anterior ¡no puedo vivir sin café por las mañanas!

Samuel   **d** ....

Argón   Después, fui a la parada, pero mi autobús ya se había ido. El siguiente autobús llegó tarde porque había tenido un pequeño accidente.

Samuel   **e** ....

Argón   Cuando llegué a la universidad, la clase ya había empezado, me tocaba exponer un trabajo y la profesora se enfadó al verme.

Samuel   **f** ....

Argón   Le expliqué todo lo que me había pasado y me dijo que lo entendía, pero que, por favor, tenía que empezar cuanto antes mi exposición.

Samuel   **g** ....

Argón   Cuando abrí mi mochila me di cuenta de que, con las prisas, me había dejado mi trabajo en casa.

Samuel   **h** ....

Argón   ¡Nunca había sentido tanta vergüenza!

LANGUAGE BUILDER 4

> 💡 **Language discovery 4**
>
> 18.09
>
> Listen to the conversation again and repeat each line in the pauses provided. Then look at the words below. Which one expresses a cause, and which one a consequence?
>
> así que   como

Cause and effect (así que, como...)

Logical connectors, such as como (*as*), porque (*because*), ya que (*given that*), and es que (*the thing is*), are used to conenct sentences and indicate cause and effect.

Como mi despertador no ha sonado, he llegado tarde.	As my alarm didn´t go off, I was late.
He llegado tarde porque mi despertador no ha sonado.	I arrived late because my alarm didn't go off.
Lo siento, es que mi despertador no ha sonado.	I´m sorry, it's just that my alarm didn't go off.

To present consequences, use así que (*so that*), por eso (*for that reason*), por lo tanto (*therefore*).

Me encontraba muy mal, así que decidí ir a urgencias.	I felt very sick, so I decided to go to the emergency room.
Había un candidato con experiencia más relevante, por lo tanto, no podemos hacerle una oferta en este momento.	There was a candidate with more relevant experience, therefore we aren't able to extend an offer at this time.

Language practice 4

1 Choose the correct word for each sentence.

a Hace mucho frío, por eso / porque no vamos a salir esta noche.
b No te llamé, así que / ya que no tenía batería en el móvil.
c Como / Por eso no tenía dinero, no pude invitarlos a tomar nada.
d Por lo tanto / como estoy enfermo, no voy a ir al trabajo hoy.
e No tengo hambre, por lo tanto / es que estoy enfermo.
f Mi abuelo no oye bien, así que / porque tendrás que hablarle más fuerte.

2 Now play Conversation 2 again and play Koldo's role. Speak in the pauses provided. Try not to refer to the text. Then try to respond as if you were talking about yourself.

18.10

SKILL BUILDER

1 **Choose one of these books and check it out online. Then complete the information about the book you chose.**

> La Celestina   La Casa de Bernarda Alba
> Nada   La Casa de los Espíritus

Título:		
Autor/a:		
Año de publicación:		
Género:		
Protagonista/s:		

2 **Read this online review of Fernando Aramburu's novel *Patria*. Decide if these statements are *true* (verdadero) or *false* (falso).**

| PÁGINA DE INICIO | CONÓCENOS | **BLOG** | PODCAST | PREGUNTAS FRECUENTES | CONTACTO |

Patria cuenta la historia de dos familias en un pueblo ficticio de Euskadi donde el entorno de la banda terrorista ETA ejerce una considerable influencia.

Muchos años después del asesinato del Txato, ETA anuncia el alto el fuego definitivo. Bittori, la viuda del Txato, decide volver al pueblo, del que tuvo que exiliarse con su familia por el clima de tensión política. Bittori se reencuentra con su mejor amiga, madre de un miembro de ETA, y su vuelta altera la falsa paz entre aquellos que en su día fueron vecinos e incluso amigos. A lo largo de la novela, Bittori tratará de encontrar respuestas. La novela no se centra en la banda terrorista, sino más bien en la necesidad de perdón y los conflictos en la convivencia.

a Está ambientada en Euskadi.   verdadero falso
b La trama gira en torno a un asesinato.   verdadero falso
c Hay mucho suspense y misterio.   verdadero falso
d Está basada en un hecho real   verdadero falso
e La protagonista es una mujer viuda.   verdadero falso
f Las protagonistas son miembros de una banda terrorista.   verdadero falso

TEST YOURSELF

Look at the sentences and correct them. There is one mistake in each one.

a Los turistas estaban agotados porque habieron andado mucho.
b Jorge havía comido antes, y por eso no tenía hambre a la hora de cenar.
c Se fue a vivir a Berlín por eso se enamoró de un alemán.
d Me sorprendió mucho el tamaño del pino. ¡Nunca había veído uno tan grande!
e Pablo me confesó que había rompido el jarrón de la mesa.
f El general no sabía cuántos soldados habían morido en la batalla.
g No aprobasteis el examen porque no habíais echo los ejercicios de repaso.
h Ha estudiado mucho, porque sacará muy buena nota.
i Estaba enfadada con vosotros porque no me habíais decido la verdad.
j María había preparada la sopa cuando se cayó el cazo.

Remember to use **My review** and **My takeaway** to assess your progress and reflect on your learning experience.

19

In this lesson you will learn how to:
» Make recommendations and offer advice.
» Give instructions and make requests.
» Express prohibition and obligation.
» Talk about publicity: objectives, values, advertising campaigns.

No decidas por mí

My study plan

I plan to work with Unit 19
- Every day
- Twice a week
- Other _____

I plan to study for
- 5–15 minutes
- 15–30 minutes
- 30–45+ minutes

My progress tracker

Day / Date	🎧	🎤	📖	✏️	💬
	○	○	○	○	○
	○	○	○	○	○
	○	○	○	○	○
	○	○	○	○	○
	○	○	○	○	○
	○	○	○	○	○
	○	○	○	○	○

My goals

What do you want to be able to do or say in Spanish when you complete this unit?

Done
1 .... ○
2 .... ○
3 .... ○

My review

SELF CHECK	
	I can ...
○	... make recommendations and offer advice.
○	... give instructions and make requests.
○	... express prohibition and obligation.
○	... talk about publicity: objectives, values, advertising campaigns.

CULTURE POINT 1

El poder de la publicidad *The power of advertising*

Además de los medios convencionales como la prensa, la radio, las vallas publicitarias (*billboards*) y la televisión; desde hace algún tiempo también se utiliza en España el comercio electrónico (*e-commerce*) y la publicidad en redes sociales (*social media advertising*). Pero, ¿cuál es el tipo de publicidad más eficaz? Esto viene determinado por varios factores: el público al que se dirige la publicidad o *target*, la competencia, el presupuesto, el propio producto, y los objetivos de marketing.

Las marcas (*brands*) españolas buscan a través de sus campañas publicitarias (*advertising campaigns*) no solo vender o informar (*to inform*), sino también emocionar (*to thrill*) o concienciar (*to raise awareness in*) al consumidor (*consumer*).

Para algunos publicistas (*advertising agents*), el objetivo de las campañas publicitarias (*advertising campaigns*) es permanecer en nuestra mente el mayor tiempo posible. La mayoría de las campañas que podrían calificarse de impactantes u ofensivas están relacionadas con temas que afectan a todo el mundo de una forma u otra: la violencia doméstica, tabaco, alcohol, seguridad vial, salud, o el cambio climático.

Conoce las campañas de publicidad diseñadas para promover la marca España en el exterior. ¿Quién creó el famoso logo que representa al turismo español? ¿Qué tres famosos eslóganes han representado el turismo español a lo largo de los años? ¿Cuál crees que es el mejor?

VOCABULARY BUILDER 1

Look at the words and phrases and complete the missing English words and expressions. Then listen and try to imitate the pronunciation of the speakers.

19.01

LA PUBLICIDAD	PUBLICITY/ADVERTISING
el/la publicista	....
el/la consumidor/a	....
la agencia de publicidad	advertising agency
la marca	....
la valla publicitaria	....
el anuncio	advertisement
el anuncio en las redes sociales/ de televisión/de radio/en la prensa	....
el folleto	a brochure
el cartel	a poster
la campaña publicitaria	....
el eslogan/la máxima	slogan/saying
promocionar (algo)	to promote (something)
persuadir (a alguien de algo)	to persuade (someone of something)
convencer (a alguien de algo)	to convince (someone of something)
concienciar (a alguien de/sobre algo)	....
seducir (a alguien)	to seduce (someone)
informar (de algo a alguien)	....
emocionar (a alguien)	....
impactar (a alguien)	to impact (someone)
creativo/a	....
auténtico/engañoso	authentic/misleading
pegadizo/a	catchy

Target, (público al que se dirige la publicidad) *e-commerce* (comercio electrónico), *branding* (estrategia de marketing), *marketing* (mercadotecnia), *banner* (espacio publicitario en la web), and *pop-up* (ventana emergente) are widely used in the world of advertising, even in Spanish.

Vocabulary practice 1

Choose the best word for the definition.

a Empresa que ofrece el servicio de creación de campañas publicitarias, asesoramiento en marketing y comunicación: **1** publicista **2** agencia de publicidad **3** marca

b Persona que compra productos de consumo o utiliza ciertos servicios:
1 consumidor **2** creativo **3** anuncio

c Estructura de publicidad exterior consistente en un soporte plano sobre el que se fijan anuncios publicitarios: **1** anuncio **2** folleto **3** valla publicitaria

d Hacer que alguien sea consciente de algo: **1** concienciar **2** seducir **3** emocionar

e Impresionar a causa de un acontecimiento o noticia:
1 promocionar **2** informar **3** impactar

19 *No decidas por mí* 275

CONVERSATION 1

De la huerta a la mesa *From the garden to the table*

1 **Listen to the conversation without looking at the text. Then listen to the conversation again and read the text.**

> The three friends are discussing the logo, slogan, and advertising of the restaurant with Koldo. Note the way they give commands or instructions.
>
> **Álvaro** Bueno, estoy rematando la campaña. Hay que promocionar la marca Rincón de Ana y definir una buena estrategia de marketing para el negocio. Justo ahora estoy terminando de diseñar el logo.
>
> **Ana** ¡Qué emoción, Álvaro! Enséñanoslo, venga, por favor.
>
> **Álvaro** No insistas, todo a su tiempo, Ana. Jaja ¡No seas impaciente! A ver, el eslogan está claro: "El Rincón de Ana: de la huerta..."
>
> *Koldo walks in from the kitchen.*
>
> **Koldo** ... a la mesa", qué bien suena... ¿Se puede?
>
> **Ana** Pasa, pasa. Mira las fotos de tus platos, casi los puedo oler.
>
> **Paula** Imagínate comértelos, estas fotos reflejan muy bien la realidad.
>
> **Álvaro** Recuerda, no anuncies nada que pueda resultar engañoso.
>
> **Ana** Por supuesto, eso nos haría perder la confianza y el respeto de los clientes.
>
> **Álvaro** Podemos potenciar nuestro alcance en las redes sociales. De momento, no contamos con un gran presupuesto, pero si lo usamos sabiamente, podemos hacer muchas cosas.
>
> **Ana** Me gustaría tener un presupuesto mayor...
>
> **Álvaro** Seguro que pronto tendrás ganancias, Ana, y podrás usar una parte para promocionar tu restaurante.
>
> **Koldo** Conozco a algunos críticos gastronómicos, me voy a poner en contacto con ellos. Les invitaré a la reinauguración para que nos hagan una buena reseña del restaurante. ¡La publicidad es muy importante!
>
> **Álvaro** Sin duda... Koldo, anda, ayúdame con el diseño de la carta y el menú. Aquí me pierdo un poco.

2 **Decide if these statements are *true* (verdadero) or *false* (falso). Correct the false ones.**

a Ana está impaciente por ver el logo del restaurante. — verdadero   falso
b A Koldo no le convence el eslogan del restaurante. — verdadero   falso
c Ana está de acuerdo en utilizar una publicidad responsable. — verdadero   falso
d El restaurante ofrece un tipo de cocina tradicional. — verdadero   falso
e Álvaro no necesita ayuda con el diseño de la carta. — verdadero   falso

LANGUAGE BUILDER 1

💡 Language discovery 1

Look at the conversation again and complete the sentences.

Álvaro a ...., todo a su tiempo, Ana.

  b ¡........................ ....impaciente!

Álvaro Esa es una máxima en publicidad: c........................ .... nada que pueda resultar engañoso.

What do the missing words mean? Match them with the infinitive. What do you notice about their forms?

Don't tell me what to do: The imperative

The **imperative** is used to give commands or instructions in a direct way. It is used in the formal (usted/ustedes) and informal (tú/vosotros) forms and formed by replacing the -ar/-er/-ir ending with a personal ending.

Positive imperative

	habl-ar	com-er	dorm-ir
(tú)	habla	come	duerme
(vosotros/as)	hablad	comed	dormid
(usted)	hable	coma	duerma
(ustedes)	hablen	coman	duerman

When you want to advise someone *not* to do something, the forms are different. For the negative imperative, replace the -ar ending with -es/éis (tú/vosotros) and -e/-en (usted/ustedes), and the -er/-ir ending with -as/áis (tú/vosotros) and -a/-an (usted/ustedes).

It is as if the groups switch endings and the -ar verbs take an ending with -e, and -er and -ir verbs take an ending with -a.

Note that the forms for usted and ustedes are the same in both affirmative and negative commands.

Negative imperative

	habl-ar	com-er	dorm-ir
(tú)	no hables	no comas	no duermas
(vosotros/as)	no habléis	no comáis	no durmáis
(usted)	no hable	no coma	no duerma
(ustedes)	no hablen	no coman	no duerman

19 *No decidas por mí*

With the negative imperative, the object pronoun comes before the verb.

No consumas **bebidas alcohólicas**.   No **las** consumas.

No cierres **la ventana**.   No **la** cierres.

Finally, some verbs have irregular negative imperatives.

	(tú/vosotros)	(usted/ustedes)		(tú/vosotros)	(usted/ustedes)
decir	no digas/digáis	no diga/digan	**tener**	no tengas/tengáis	no tenga/tengan
hacer	no hagas/hagáis	no haga/hagan	**salir**	no salgas/salgáis	no salga/salgan
ir	no vayas/vayáis	no vaya/vayan	**ser**	no seas/seáis	no sea/sean
poner	no pongas/pongáis	no ponga/pongan	**venir**	no vengas/vengáis	no venga/vengan

Language practice 1

Complete these sentences with the correct form of the positive or negative imperative.

a Si llega tu hermana, no (hablar) .... con ella.

b Después de tu clase, (ir) .... a ver a tu abuela.

c No (beber) .... más, tienes que conducir.

d Saca la ropa sucia y (poner) .... las camisas en la lavadora.

e Si usted va a la ciudad, no (ir) .... a ese restaurante.

f Si tu hermano te pregunta, no le (decir) .... nada.

g Me voy al mercado. Si quieres, (venir) .... conmigo.

h Si quieres ir al cine, (hacer) .... tus deberes ahora.

i Hoy no (pagar) .... ustedes la cuenta, invito yo.

j No (comer) .... más caramelos, os va a doler el estómago.

LANGUAGE BUILDER 2

> 💡 **Language discovery 2**
>
> Listen to the conversation again and repeat each line in the pauses provided. Identify the imperatives. Can you tell what situations the imperative is used in?

Uses of the imperative: Requests, advice, and permission

The **imperative** is primarily a command form, but it can be used in subtly different ways:

- to recommend and advise.

No lo compres, es muy caro.	Don´t buy it, it´s too expensive.
Si tienes prisa, pide un taxi.	If you are in a rush, order a taxi.
Ponte el vestido verde, te queda muy bien.	Wear the green dress, it suits you.

- to make requests. This use is often softened with por favor, anda, ¿te importa?.

Ven conmigo a comprar, anda, que no puedo con las bolsas.	Come with me to the store, come on, I can´t carry the bags.
Por favor, hágame tres copias de estos documentos.	Please, make me three copies of these documents.
¡Llévanos a la estación, por favor!	Drive us to the station, please!

- to give permission. Here the verb is often repeated for politeness.

¿Puedo entrar un momento? –Sí, claro. Pasa, pasa.	May I come in for a moment? –Yes, of course. Come in, come in.

- to give instructions and directions.

Bate los huevos y luego añade dos cucharadas de azúcar.	Beat the eggs and then add two tablespoons of sugar.
Siga derecho y gire a la izquierda en la siguiente calle.	Go straight ahead and turn left at the next street.

Language practice 2

1 **Complete these tips for creating strong passwords.**

reciclar	crear	incluir	combinar	cambiar

a .... contraseñas que tengan al menos 15 caracteres. **b** .... letras, números y símbolos. **c** .... tu contraseña cada 3 meses o antes. No **d** .... datos obvios como tu nombre, fecha de nacimiento, el nombre de tu pareja, hijos, amigos, etc. No la **e** ...., si la reutilizas todas tus cuentas están en riesgo

2 **Now play Conversation 1 again and play Álvaro's role. Speak in the pauses provided. Try not to refer to the text.**

CULTURE POINT 2

¿Vale todo en publicidad? Is everything acceptable in advertising?

A diario recibimos miles de impactos publicitarios: campañas, imágenes (*images*), mensajes (*messages*) y eslóganes (*slogans*) que intentan persuadir al consumidor sobre un producto, servicio o marca.

Gracias al análisis del big data, los publicistas tienen gran cantidad de información sobre los consumidores, y son capaces de ofrecer a su público exactamente lo que busca y aumentar así sus ventas. Además, la publicidad es cada vez más emocional y menos racional. Lo que vende hoy son estilos de vida y valores que asociamos a los productos: lujo (*luxury*), solidaridad (*solidarity*), igualdad (*equality*), libertad (*freedom*), amor (*love*), ecología (*ecology*), diversidad (*diversity*)... y no tanto lo que se muestra de los productos.

El objetivo de la publicidad está claro: impactar al cliente para que decida consumir nuestro producto. Sin embargo, ¿crees que vale todo en publicidad? La respuesta es no. La publicidad engañosa (*misleading*) es aquella que utiliza información falsa para influir en la decision de compra del usuario. Este tipo de publicidad trae consigo consecuencias y problemas, no solo para el consumidor sino también para las empresas, ya que pierden credibilidad y confianza.

Usar la publicidad para engañar a los consumidores es un delito (*offense*) en España y la Ley General de Publicidad (1988) regula este tipo de publicidad ilegal. La publicidad engañosa preocupa a los ciudadanos y un amplio porcentaje reconoce haber sido víctima de esta práctica comercial.

¿A ti también te ha pasado?

¿Conoces tus derechos como consumidor? Visita la página del Ministerio de derechos sociales, consumo y agenda 2030 de España.

VOCABULARY BUILDER 2

19.05

Look at the words and phrases and complete the missing English words and expressions. Then listen and try to imitate the pronunciation of the speakers.

VALORES E IDEAS	VALUES AND IDEAS
el lujo	....
la juventud	*youth*
la solidaridad	....
la igualdad	....
la libertad	....
la independencia	*independence*
la amistad	*friendship*

el amor	....
la belleza	*beauty*
el éxito	*success*
la diversidad	....

ADJETIVOS	**ADJECTIVES**
impactante	*impressive*
atrevido/a	*bold*
sugerente	*suggestive, intriguing*
polémico/a	*controversial*
directo/a	*direct*
provocador/a	*provocative*
efectivo/a	*effective*
original	*innovative, original*
emotivo/a	*touching*
humorístico/a	*humorous*
ofensivo/a	*offensive*

Vocabulary practice 2

Sort the words below into the proper category.

sexista	provocador	texto	polémico	independencia	música
juventud	slogan	amistad	igualdad	belleza	efectivo
impactante	éxito	amor	ecología	sugerente	humorístico

8 valores e ideas que transmite la publicidad	7 adjetivos para describir anuncios	3 elementos de la publicidad

Pronunciation practice

In Spanish, it's not unusual to combine three vowels in the same syllable to create a *triphthong*. The pattern is always: closed vowel + open vowel + closed vowel: uai, uau, iai, iau, uei, iei, ioi (uai and uei are written uay and uey at the end of the word: Uruguay, buey).

1 Listen and repeat these words. Identify the triphthongs.

19.06

actuáis	cuadro	guay	ruido	guardar
bioinformática	estudiéis	hueso	viudo	peine

19 *No decidas por mí* **281**

CONVERSATION 2

¿Quién será esa mujer? *Who is that woman?*

1 Listen to the conversation without looking at the text. Then listen again and read the text.

19.07

> Koldo and Álvaro have finished the menu and wine list for the restaurant. Ana wants to check the details. Someone passing in the street catches Koldo's attention. Note the way they express prohibition and obligation.
>
> **Koldo** En la carta todo queda muy claro, tanto los precios como los ingredientes.
>
> **Ana** Genial, vamos a revisar ahora la cartelería. Es obligatorio mostrar el horario de apertura y cierre al público, también el horario de cocina.
>
> **Koldo** Así es, no se permite pedir platos fuera de este horario.
>
> **Ana** "Se prohíbe el consumo y venta de bebidas alcohólicas a menores de edad".
>
> **Paula** Y esto para los clientes: Es obligatoria la puntualidad en las reservas.
>
> **Álvaro** ¿Y algún cartel para no subir mucho el tono de voz?
>
> **Ana** Me temo que no se puede prohibir esa costumbre tan española... ¡perderíamos clientes!
>
> *Koldo is looking out of the window.*
>
> **Koldo** ¡Ahí está otra vez!... No paro de verla por el barrio.
>
> **Paula** ¿A quién, Koldo?
>
> **Koldo** Me tiene bastante intrigado ¿Quién será esa mujer?
>
> **Paula** ¿Una mujer?
>
> **Ana** Es Aya ¡seguro! ¿Estará aquí para la reinauguración?
>
> **Álvaro** La última noticia que teníamos es que se unió a los Cuerpos por la Paz. ¿Qué sería de ella?

2 Look at the conversation again and find the missing words.

  a Componentes de una bebida o comida ....
  b Conjunto de carteles ....
  c Horas en las que un establecimiento permanece abierto ....
  d Manera habitual de actuar o comportarse ....
  e Cada una de las partes en que se dividen los pueblos o ciudades ....
  f Que siente curiosidad por algo ....

LANGUAGE BUILDER 3

💡 Language discovery 3

Look at these expressions in bold from the conversation. Which ones express obligation? And which ones express prohibition?

Es obligatorio el horario de apertura y cierre al público, también el horario de cocina.

No se permite pedir platos de la carta fuera de este horario.

"**Se prohíbe el consumo y venta** de bebidas alcohólicas a menores de edad".

Es obligatoria la puntualidad en las reservas.

Me temo que **no se puede prohibir esa costumbre** tan española [...]

How to express obligation and prohibition

There are two ways to express that something is prohibited or allowed:

- The passive se, as in se habla español (*Spanish is spoken here*). The verb is always in the third person singular or plural. Passive se is often used to express general rules with the verbs prohibir (*to prohibit*), permitir (*to permit*), and poder (*to be able to*), but other verbs can also be used in the same way.

with a singular noun	with a plural noun	with or a verb
se prohíbe el/la	se prohíben	se prohibe
(no) se permite el/la	(no) se permiten	(no) se permite
	(no) se admiten	(no) se puede

Se prohíbe la salida por esta puerta.	*Exit through this door is prohibited.*
Se prohíben las fotografías con flash.	*Flash photography is prohibited.*
No se permite comer en la tienda.	*Eating in the store is not allowed.*
No se puede hablar en la biblioteca.	*Talking in the library is prohibited.*
No se admiten mascotas.	*Pets are not allowed.*

- The verb estar + prohibido/a/os/as or permitido/a/os/as.

En clase están prohibidos los móviles.	*Cell phones are prohibited in class.*
No están permitidas las reuniones de más de ocho personas.	*Gatherings of more than eight people are not permitted.*
¿En esta zona está permitido aparcar?	*Is parking permitted in this area?*
Está prohibido vapear.	*Vaping is prohibited.*

> On signs, general prohibitions are usually expressed with **no** + infinitive.
> NO APARCAR *NO PARKING*

19 *No decidas por mí*

Expressing obligation

With a singular noun or verb	With a plural noun	With a verb (infinitive)
es obligatorio el	son obligatorios los	es obligatorio
es obligatoria la	son obligatorias las	obligar a

Es obligatoria la puntualidad en clase. *Punctuality in class is compulsory.*

Es obligatorio conducir a 80 km/hora en la autopista. *It is compulsory to drive at 80 km/hour on the highway.*

En el laboratorio, me obligaban a ponerme los guantes antes de entrar. *In the lab, I was obliged to put on gloves before entering.*

Language practice 3

Reorder the words to make correct sentences. Identify which express prohibition and which obligation.

a fiesta. / Se / alcohólicas / beber / bebidas / la / en / prohíbe /
b obligatorios / guantes. / los / Son /
c la / las / Son / en / cookies / web. / obligatorias
d el / en / perros / prohíben / centro / Se / comercial.
e admiten / se / No / en / hotel. / niños / el
f casco. / Es / uso / el / de / obligatorio /
g Está / el / hacer / en / camping. / barbacoas / prohibido
h tarjetas / se / crédito. / de / No / admiten

| Obligation | |
| Prohibition | |

LANGUAGE BUILDER 4

💡 Language discovery 4

Listen to the conversation again and repeat each line in the pauses provided. Then look at the conversation again and complete the sentences.

Koldo Me tiene bastante intrigado ¿Quién **a** .... esa mujer.

Álvaro La última noticia que teníamos es que se unió a Los Cuerpos por la Paz.

¿Qué **b** .... de ella?

Both express assumptions. In which one is the future used? And the conditional?

19.08

Predictions and assumptions: using the future and conditional

To express an assumption **about the present**, use the **future tense**.

¿Dónde está Carlos? –No sé, estará en su casa ¿no?
Where is Carlos? –I don't know, he's at home, isn't he?

Han llamado a la puerta ¿esperas a alguien? –No, será un paquete.
There's a knock at the door, are you waiting for someone? –No, it's probably a package.

To express an assumption **about the past**, use the **conditional tense.**

¿Por qué se ha ido? –No sé, estaría cansada.
Why did she leave? –I don't know, she may be tired.

¿Sabes adónde fueron anoche? –Irían a la cervecería de la esquina.
Do you know where they went last night? –They probably went to the bar on the corner.

Language practice 4

1 Match the beginning and the end of each sentence.

1	Mira ese perro andando solo por la calle.	a	Cerrarán los domingos.
2	Juan no contestó ayer al teléfono.	b	Sería el viento, ayer fue tremendo.
3	Mi móvil no se enciende.	c	Suspendería alguna asignatura.
4	La oficina estaba cerrada ayer.	d	Serían los bomberos, hubo un incendio.
5	El bebé está llorando mucho.	e	Estaría durmiendo.
6	Paco no vino a la cita con el dentista.	f	Estará perdido.
7	No me cogen el teléfono en el restaurante.	g	¿Se le olvidaría?
8	Andrés no me enseñó ayer las notas.	h	Estará sin batería.
9	Ayer por la noche oí una sirena.	i	Estarían de vacaciones.
10	Mira esa ventana, tiene los cristales rotos.	j	Tendrá sueño.

2 Now play Conversation 2 again and play Koldo's role. Speak in the pauses provided. Try not to refer to the text.

19.09

SKILL BUILDER

1 Find the odd one out.

a impactar / seducir / folleto / promocionar
b valla publicitaria / anuncio en redes / cartel / publicista
c efectivo / eslogan / sexista / atrevido
d imagen / éxito / libertad / diversidad
e mensaje / lujo / música / texto

2 Listen to these slogans. What do they advertise? Write the number of the slogan that matches the description.

a una campaña de concienciación sobre seguridad vial ....
b una tarjeta de crédito ....
c una campaña de concienciación ecológica ....
d turismo de España ....
e una marca de coches ....
f una marca de pasta fresca ....
g un producto de limpieza ....
h una pasta de dientes ....

TEST YOURSELF

1 **Make these sentences negative.**

   a Conéctate ahora. ....
   b Sube las fotos a la web. ....
   c Envía el correo mañana. ....
   d Haz estas fotocopias. ....
   e Ponte mis zapatos nuevos. ....
   f Vete de mi casa ahora. ....
   g Gira a la derecha en esa calle. ....
   h Baila conmigo esta cancion. ....
   i Cómprame un helado. ....

2 **Answer these questions using the affirmative or negative imperative and an object pronoun.**

¿Puedo usar tu teléfono?

   Sí, claro **a** ....

¿Hago clic en este enlace?

   No **b** .... puede ser un virus.

¿Te bajo esta aplicación?

   Sí, por favor, **c** .... me ha gustado mucho.

¿Enciendo la televisión?

   No **d** .... a mi madre le molesta mucho el ruido.

¿Puedo abrir ya el regalo?

   Por supuesto, **e** .... Espero que te guste!

Remember to use **My review** and **My takeaway** to assess your progress and reflect on your learning experience.

20

In this lesson you will learn how to:
» Talk about worries, concerns, and other feelings.
» Express advice, orders.
» Express wishes, probability, and hypothesis using the subjunctive.
» Express a negative opinion using the subjunctive.

¡Ojalá sigas estudiando español!

My study plan

I plan to work with Unit 20
○ Every day
○ Twice a week
○ Other _____

I plan to study for
○ 5–15 minutes
○ 15–30 minutes
○ 30–45+ minutes

My progress tracker

Day / Date

My goals

What do you want to be able to do or say in Spanish when you complete this unit?

Done

1 .... ○
2 .... ○
3 .... ○

My review

SELF CHECK	
	I can ...
○	... talk about worries, concerns, and other feelings.
○	... express advice, orders.
○	... express wishes, probability, and hypothesis using the subjunctive.
○	... express a negative opinion using the subjunctive.

CULTURE POINT 1

¿Qué preocupa a los españoles? *What worries Spanish people?*

¿Qué es lo que más preocupa a los españoles? ¿A qué partido político (*political party*) votarían en las próximas elecciones? Estas son algunas de las preguntas de las encuestas (*surveys*) periódicas que realiza el Centro de Investigaciones Sociológias (CIS). Estos barómetros se utilizan para medir el estado de la opinión de los ciudadanos (*citizens´opinion*) y conocer la realidad social de las diferentes comunidades autónomas (*autonomous regions*).

El paro (*unemployment*) ha estado casi ininterrumpidamente, desde la década de los 80, a la cabeza de los problemas de los españoles en los barómetros del CIS. Los problemas económicos son otro foco de preocupación, seguido por los problemas políticos; en particular, la falta de acuerdos y la inestabilidad. La vivienda (*housing*) es otro problema social importante y la inmigración (*immigration*) ha sido un tema candente en España en los últimos años.

Por último, pero no menos importante, España no es ajena al problema de la violencia hacia la mujer (*violence against women*) con más de 1200 mujeres asesinadas por sus parejas (*partners*) o exparejas desde principios de los 2000.

¿Los problemas que afectan a los españoles son muy diferentes a los que afectan a la gente de tu país?

Según el barómetro mensual del CIS (Centro de Investigaciones Sociológicas), la mayoría de los españoles cree que no todos tienen las mismas oportunidades para acceder a una vivienda. Este estudio también muestra sus preferencias sobre los líderes políticos. ¿Quieres saber más?

20 *¡Ojalá sigas estudiando español!*

VOCABULARY BUILDER 1

Look at the words and phrases and complete the missing English words and expressions. Then listen and try to imitate the pronunciation of the speakers.

20.01

LA VIDA SOCIAL Y ADMINISTRATIVA
la vivienda
el paro
la justicia
la política
los impuestos
los derechos, los deberes
el/la ciudadano/a

ACTIVISMO SOCIAL
la manifestación/concentración
defender los derechos/la igualdad de...
reivindicar los derechos de...
tener derecho a una vivienda/un trabajo digno

INSTITUCIONES POLÍTICAS Y ÓRGANOS DE GOBIERNO
el estado, la provincia
la comunidad autónoma
el ayuntamiento
el/la ministro/a
la monarquía
la dictadura, democracia
el partido político

SOCIAL AND ADMINISTRATIVE LIFE
....
....
justice
politics
taxes
rights, duties
....

SOCIAL ACTIVISM
demonstration/rally
to defend the rights/equality of ...
to claim the rights of ...
to have the right to decent housing/work

POLITICAL INSTITUTIONS AND GOVERNING BODIES
state, province
....
city council
minister
monarchy
dictatorship,..........................
....

Vocabulary practice 1

Complete the text.

La organización política de España

España está organizada en 17 **a** c.................... a.................... (Andalucía, Aragón, Asturias...). Cada una tiene su propio gobierno y tiene el poder de decisión en cuestiones relacionadas con la **b** c...................., la **c** e.................... o el **d** m.................... a.................... El **e** a.................... es el órgano de gobierno local en los municipios.

La **f** d.................... en España ha evolucionado significativamente desde la **g** d.................... de Franco que finalizó con la transición en la década de 1970. La presencia de diversos **h** p.................... p.................... refleja la pluralidad y diversidad ideológica de la sociedad Española.

CONVERSATION 1

¡Ya vienen los reyes! *The three wise men are coming!*

Here are a few words and expressions to help you understand the conversation.

abarrotadas	crowded	para colmo	on top of that, what's more
cesar	to cease	Estoy como un flan.	I´m a nervous wreck.
¿con relleno o sin relleno?	with or without filling?	Me hace mucha ilusión.	I´m very excited about this.

1 Listen to the conversation without looking at the text. Then listen to the conversation again and read the text.

> La Noche de Reyes is coming, and the streets of Madrid are full of people. Ana and Paula are at the restaurant waiting for Álvaro, who is running late. Notice how they use the verbs ayudar, aumentar, trabajar, coincidir, and sorprender.
>
> **Ana** ¡Álvaro, por fin estás aquí!... Te pido, por favor, que me ayudes con los últimos detalles de la reinauguración.
>
> **Álvaro** Disculpad, pero no podría aparcar. En Navidad las calles están abarrotadas y, para colmo, me ha pillado una manifestación en pleno centro.
>
> **Paula** ¡No me digas!
>
> **Álvaro** A pesar de ser Navidad, las preocupaciones no desaparecen. La gente sale a la calle para reivindicar sus derechos básicos: vivienda, sanidad, y educación.
>
> **Ana** El paro sigue siendo un problema, espero que no aumente en los próximos meses.
>
> **Paula** Es cierto que las manifestaciones, protestas y movilizaciones no cesan. Justo ayer hubo una concentración para denunciar la violencia contra las mujeres.
>
> **Ana** Es necesario que as manifestaciones, partidos políticos trabajen para llegar a acuerdos sobre estos asuntos que tanto preocupan a los ciudadanos.
>
> **Paula** Bueno... Ana, tú has sido valiente y has decidido emprender. ¿Cómo estás?
>
> **Ana** Estoy como un flan, ya no queda nada para la reinauguración y me hace mucha ilusión que coincida con la noche más mágica del año.
>
> **Álvaro** Es cierto que la Noche de Reyes tiene algo muy especial... Ojalá Koldo nos sorprenda con un delicioso roscón de reyes ¿Con relleno o sin relleno? Aquí sí que abrimos un debate nacional.

La Noche de Reyes: la llegada de Melchor, Gaspar y Baltasar se espera en España con gran expectación. Las celebraciones comienzan oficialmente la tarde del 5 de enero, cuando se celebra la cabalgata de los Reyes Magos en todas las ciudades y pueblos. Esa noche, antes de irse a la cama, los niños dejan sus zapatos junto con algún dulce.

2 Decide if these statements are *true* (verdadero) or *false* (falso).

a	Álvaro ha llegado tarde al restaurante por problemas con el tráfico.	verdadero falso
b	Según Paula, las previsiones del paro para el año que viene son optimistas.	verdadero falso
c	Paula propone una medida que beneficia a los ciudadanos.	verdadero falso
d	El día de la reinauguración va a ser un día señalado en España.	verdadero falso
e	El roscón de reyes tradicional en España es con relleno.	verdadero falso

LANGUAGE BUILDER 1

💡 Language discovery 1

1 Look at the conversation again and complete these phrases.

Ana: Te pido, por favor, que me **a** .... con los últimos detalles de la reinauguración.

Ávaro: Ojalá Koldo nos **b** .... con un delicioso roscón de Reyes.

Ana: Me hace mucha ilusión que **c** .... con la noche más mágica del año.

2 Now write the present tense forms of the three missing verbs. What do you notice about them? How are they different?

a ....   b ....   c ....

The subjunctive of regular verbs

The subjunctive mood is used to talk about hypothetical situations and wishes. It is quite common in Spanish, but not in English (*if I were you* is the most common example). To form the present subjunctive of regular verbs, it is as if the verb groups switch vowels in the endings:

-ar verbs switch o>e (ayud**o**>ayud**e**) and a>e (ayud**as**>ayud**es**, ayud**a**>ayud**e**...), while
-er/-ir verbs switch o>a (soprend**o**>soprend**a**) and e/i>a (soprend**es**>soprend**as**...).

The present subjunctive: Regular verbs

	trabaj-ar	corr-er	escrib-ir
(yo)	trabaje	corra	escriba
(tú)	trabajes	corras	escribas
(él/ella/usted)	trabaje	corra	escriba
(nosotros/as)	trabajemos	corramos	escribamos
(vosotros/as)	trabajéis	corráis	escribáis
(ellos/ellas/ustedes)	trabajen	corran	escriban

He llamado a Pedro para que nos ayude con la mudanza.

I have called Pedro to help us with the move.

Es probable que les sorprenda saber la verdad.

They will probably be surprised to learn the truth.

Los vecinos quieren que solucionemos el problema cuanto antes.

The neighbors want us to solve the problem as soon as possible.

> Subjunctive endings are the same as the negative imperative -es/-éis (tú/vosotros) and -e/-en (usted/ustedes) for -ar verbs, and -as/-áis (tú/vosotros) and -a/-an (usted/ustedes) for -er/-ir verbs.

Language practice 1

Complete these sentences with the correct verb forms in parentheses.

a Esperamos que (ustedes, disfrutar) .... su estancia en el hotel.

b Es increíble que (tú, creer) .... sus mentiras.

c ¿Me recomiendas que (yo, leer) .... el libro antes de ver la película?

d Queremos que los niños (tomar) .... verduras al menos tres veces a la semana.

e El profesor nos ha recomendado que (nosotros, ver) .... películas en español.

f Quizá (nosotros, vivir) .... alguna aventura durante el viaje.

g Es necesario que (nosotros, repasar) .... la lección en casa.

h Me gusta que (tú, cantar) .... en la ducha.

i Me encanta que (nosotros, aprender) .... curiosidades culturales en la clase de español.

j Los dueños de la casa no permiten que (vosotros, beber) .... alcohol en la casa.

LANGUAGE BUILDER 2

💡 Language discovery 2

Listen to the conversation again and repeat each line in the pauses provided. Try to imitate the phrasing and intonation you hear. Then read the sentences from the conversation and match them with their uses.

a Te pido, por favor, que me **ayudes** con los últimos detalles de la reinauguración.

b Espero que no **aumente** en los próximos meses.

c Es necesario que los partidos políticos **trabajen** para llegar a acuerdos sobre estos asuntos que tanto preocupan a los ciudadanos.

d y me hace mucha ilusión que **coincida** con la noche más mágica del año.

e Ojalá Koldo nos **sorprenda** con un delicioso roscón de Reyes.

1 Feelings and emotions

2 Wishes or desires

3 Orders or requests

4 Advice or recommendations

The hypothetical mood: Uses of the subjunctive

The subjunctive is very frequent in Spanish and is used to focus on the speaker's attitude toward the information presented. The subjunctive is the mood of subjectivity, used to express:

- Wishes, hopes, and desires

  Quiero que estudies español. *I want you to study Spanish.*

  Ojalá (que) sigas estudiando español. *I hope you continue studying Spanish.*

- Advice or recommendations

  Es esencial que seas puntual. *It is essential that you be punctual.*

  Es muy importante que sigas las instrucciones. *It is important that you follow the instructions.*

- Orders or requests

  Te pido, por favor, que me ayudes. *I ask that you help me, please.*

- Feelings and emotions

  A María le encanta que sus amigos la inviten a comer. *María loves it that her friends invite her to lunch.*

Language practice 2

1 Complete these sentences with the correct form of the subjunctive.

   a Ojalá que mañana (estar) .... soleado.
   b Es mejor que (tú, estudiar) .... todos los días.
   c Me gusta que mis alumnos (participar) .... en clase.
   d Esperamos que (ellos, cocinar) .... bien.
   e Por favor, te pido que me (llevar) .... a casa en coche, estoy muy cansada.
   f Me sorprende que (ellos, aprender) .... tan rápido el idioma, es increíble.
   g Tengo miedo que mi hijo (trabajar) .... en esa fábrica, no hay medidas de seguridad.

2 Sort the sentences in exercise 1 according to what they express.

Wishes or desires	
Advice or recommendations	
Orders or requests	
Feelings and emotions	

3 Now play Conversation 1 again and play Álvaro's role. Speak in the pauses provided. Try not to refer to the text.

CULTURE POINT 2

¿Quién es el jefe ideal? *Who is the ideal boss?*

Rafa Nadal sería el jefe ideal de los profesionales españoles. Los resultados de una encuesta realizada por una de las plataformas líderes en empleo destacan su humildad (*humility*), honestidad (*honesty*), confianza (*confidence*) y pasión por lo que hace como los valores que más atraen de la personalidad (*personality*) del tenista español.

Sin embargo, no es el único. Según este informe, a los españoles también les gustaría tener como jefa a Margarita del Val, química, viróloga e inmunóloga española. De ella valoran su experiencia, honestidad y compromiso laboral (*commitment at work*).

La tercera posición de los jefes ideales la ocupa Jeff Bezos, fundador y presidente ejecutivo de Amazon. Los españoles admiran su ambición laboral (*ambition at work*), su capacidad de liderazgo (*leadership skills*) y su competitividad laboral (*competitiveness at work*).

¿Prefieren jefes distintos hombres y mujeres? La respuesta es sí. La mayoría de los hombres prefieren a Jeff Bezos mientras que las mujeres eligen a Fernando Simón, médico epidemiólogo que se hizo especialmente conocido durante los meses más duros de la pandemia; destacan su experiencia, su capacidad para trabajar bajo presión y su humildad.

Los más jóvenes eligen a Ibai Llanos como su jefe ideal. El streamer español, que causa sensación entre los profesionales de más corta edad, es admirado por sus habilidades para comunicarse (*communication skills*), su creatividad (*creativity*) y carisma (*charisma*).

Y tú, ¿a quién elegirías como jefe?

¿Qué cualidades debería tener el jefe ideal? ¿Qué otros aspectos valoran los españoles de sus jefes?

VOCABULARY BUILDER 2

Look at the words and phrases and complete the missing English words and expressions. Then listen and try to imitate the pronunciation of the speakers.

CARÁCTER Y PERSONALIDAD	CHARACTER AND ....
la humildad	....
la capacidad de liderazgo	....
la confianza	....
el compromiso laboral	....
la ambición	....
la honestidad, ser honesto	........................, to be honest
la competitividad, ser competitivo	........................, to be competitive
la creatividad, ser creativo	........................, to be creative
ser sincero/falso	to be sincere/false
ser introvertido/extrovertido	to be introverted/extroverted
ser amable/desagradable	to be kind/unkind
ser seguro/inseguro	to be confident/insecure
ser hablador/callado	to be talkative/quiet
ser humilde/arrogante	to be humble/arrogant
tener carisma	....
tener mal carácter	to have a bad temper
SENTIMIENTOS Y ESTADOS DE ÁNIMO	FEELINGS AND MOODS
estar aburrido/asustado/estresado/deprimido	to be bored/scared/stressed/depressed
estar emocionado/relajado/enamorado	to be excited/relaxed/in love
divertirse	to have fun
encontrarse bien/mal/fatal	to feel good/bad/terrible
ponerse triste/contento/de mal humor	to be sad/content/in a bad mood
no soportar	to not tolerate, can't stand

Vocabulary practice 2

Match the comments with the personality adjectives from the vocabulary builder.

a "Cuando jugamos al tenis, Pedro no puede soportar perder" ....

b "Me siento muy cómodo hablando en público, no tengo problema" ....

c "Disculpe, se le ha caído la cartera. Aquí la tiene" ....

d "Me encanta salir y tengo muchos amigos" ....

e "Mi sobrina tiene mucha imaginación, escribe unos cuentos increíbles" ....

f "Mi jefe se cree superior a los demás, no lo soporto" ....

g "No le gusta mucho hablar, prefiere observar" ....

h "Paco miente a menudo y no dice lo que realmente piensa o siente" ....

Pronunciation practice

Sometimes, two adjacent vowels are pronounced as two individual syllables, instead of joined into one. This usually happens in the following combinations:

a Open vowel (/a/,/e/,/o/) + open vowel (/a/,/e/,/o/): ca-er, te-a-tro, co-rre-o, to-a-lla, al-ba-ha-ca.

b Open vowel (/a/, /e/, /o/) + stressed closed vowel (/í/ , /ú/): ra-íz, ba-úl, fre-ír, e-go-ís-ta.

c Stressed closed vowel (/í/, /ú/) + open vowel (/a/, /e/, /o/): san-dí-a, grú-a, frí-o, flú-or.

The letter h does not affect whether the vowels form a diphthong or stay separate syllables.

diphthong: ahu-ma-do

separate syllables: al-ba-ha-ca

1 Listen and repeat and identify the words where the vowels form separate syllables.

| toalla | ahorro | país | sinfonía | aceite |
| cuento | cuadro | río | búho | línea |

20.07

20.08

2 Listen to these sentences and identify the vowels with separate syllables.

a No puedo dormir sin mi almohada.
b Me voy a preparar una ensalada con zanahorias.
c En esta zona hace mucho frío en las noches de verano.
d La comisaría de policía está justo al cruzar la calle.
e Antonio Machado fue un gran poeta español.
f La ciudad de A Coruña está al oeste de España.

CONVERSATION 2

El gran debut *The big launch*

20.09 Here are a few words and expressions to help you understand the conversation.

No podíamos fallarte. — We couldn't let you down.
Me trae tantos recuerdos. — It brings back so many memories.

20.10 1 Listen to the conversation without looking at the text. Play it a few times and try to make out new words and phrases then read the text.

> The big day has arrived. It is la Noche de Reyes and El Rincón de Ana opens to the public. Ana receives an unexpected visit, but she is not the only one. Notice the way Koldo expresses a negative opinion and Álvaro expresses probability.
>
> **Ana** ¡Papá, mamá, qué alegría veros!
>
> **Elena** No podíamos fallarte en tu gran día ¿Cómo estás?
>
> **Ana** Estos días he estado muy estresada, pero ahora me encuentro muy bien, tranquila.
>
> **Julián** Claro, hija. Tú no te preocupes por nosotros, es importante que des la bienvenida a tus invitados.
>
> *Álvaro and Koldo are standing next to the kitchen contemplating the scene.*
>
> **Álvaro** Veo muchas caras conocidas: amigos, vecinos del barrio… Espero que todos puedan entrar.
>
> **Koldo** Tenemos mesas en la terraza, pero no creo que queráis estar fuera, hace fresco… y esa mujer que está junto a la ventana, quizá sea…
>
> **Álvaro** "Quizá sea", no. Es Aya, seguro.
>
> *Álvaro calls Ana over.*
>
> **Álvaro** ¡Ana, mira quién está ahí!
>
> **Ana** ¡Al final se ha animado a venir!, voy a saludarla.
>
> *Ana and Álvaro approach the enigmatic woman by the window.*
>
> **Álvaro** Disculpa, eres Aya, ¿verdad?
>
> **Aya** Sí, soy Aya… No podía perderme la gran noche. Este lugar me trae tantos recuerdos…
>
> **Ana** Tenemos mucho de que hablar…, pero tengo que hacer un brindis ahora.
>
> *In another corner of the room, Paula meets Gonzalo.*
>
> **Paula** ¿Gonzalo? ¡No me lo puedo creer!
>
> **Gonzalo** Es la noche de la magia, ¿no?

	Ana raises her glass and makes a toast.
Ana	Bueno... creo que estamos todos. Queridos amigos, muchas gracias por venir. Espero que lo paséis bien, que os sintáis como en casa, y que os guste nuestra comida, especialmente el mítico roscón de Koldo. ¡Ah!, y ¡que todo el mundo pida su taza de chocolate! Ahora alcemos nuestras copas y brindemos, ¡por la amistad!
Todos	¡Por la amistad!
Álvaro	¡Por El Rincón de Ana!
Todos	¡Por El Rincón de Ana!

2 Read and find the TWO true sentences.

  a Ana está muy estresada el gran día.
  b Los familiares de Paula vienen a la reinauguración.
  c Koldo ve una cara conocida.
  d Aya no recuerda bien el local.
  e Paula recibe una visita sorpresa.
  f Ana quiere que la gente tome el roscón con una bebida fría.

> El roscón de Reyes es un bollo tradicional que se elabora para la ocasión. Los panaderos esconden en su interior unas figuritas y un haba, el que encuentra el haba tiene que pagar un roscón.

LANGUAGE BUILDER 3

💡 Language discovery 3

Look at the text and complete these phrases. Compare the missing verbs with their present tense forms.

Álvaro	Espero que todos **a** .... entrar.
Koldo	... no creo que **b** .... estar fuera, hace fresco.
Ana	... que todo el mundo **c** .... su taza de chocolate.

Irregular verbs in the subjunctive

All -ar and -er verbs with stem changes in the present tense have the same change in the subjunctive. Remember the stem change does not apply to nosotros and vosotros forms.

	e>ie: querer	o>ue: poder
(yo)	quiera	pueda
(tú)	quieras	puedas
(él/ella/usted)	quiera	pueda
(nosotros/as)	queramos	podamos
(vosotros/as)	queráis	podáis
(ellos/as/ustedes)	quieran	puedan

300

Other verbs following the e>ie model: encender, cerrar, pensar.

Other verbs following the o>ue model: acostarse, contar, soler.

Note that -ir verbs also have a stem change in the nosotros and the vosotros forms, but the change is not necessarily the same. There are three types of changes:

- e>ie + e>i   in the nosotros and vosotros forms
- o>ui + o>u   in the nosotros and vosotros forms
- e>i   in all forms

	e>ie and e>i	o>ue and o>u	e>i
	sentir	dormir	pedir
(yo)	sienta	duerma	pida
(tú)	sientas	duermas	pidas
(él/ella/usted)	sienta	duerma	pida
(nosotros/as)	sintamos	durmamos	pidamos
(vosotros/as)	sintáis	durmáis	pidáis
(ellos/ellas/ustedes)	sientan	duerman	pidan

Other verbs following the e>ie and e>i model: mentir (*to lie*), preferir.

Other verbs following the o>ue and o>u model: morir.

Other verbs following the e>i model: servir (*to serve*), sonreír (*to smile*).

Language practice 3

Complete the missing forms in the table.

	cerrar	contar	mentir	morir	servir
(yo)	cierre	……	……	cerremos	……
(tú)	……	cuentes	……	……	contéis
(él/ella/usted)	……	……	mienta	……	……
(nosotros/as)	muera	……	……	muramos	……
(vosotros/as)	……	sirvas	……	……	sirváis
(ellos/as/ustedes)	……	……	mientan	……	……

LANGUAGE BUILDER 4

💡 Language discovery 4

🎧 20.11

Listen to the conversation again and repeat each line in the pauses provided. Try to imitate the phrasing and intonation you hear. Then read the sentences from the conversation and match them with their uses.

a ... no creo que queráis estar fuera, hace fresco.
b Quizá sea nuestra misteriosa Ana...

1 Probability and hypothesis
2 Negative opinion

Expressing opinions and likelihood in the subjunctive

The subjunctive can be used to express probability and hypothesis, following the expressions quizá(s) (*maybe*), puede ser que (*it could be*), and (no) es posible/imposible que, (no) es probable que.

Quizá viaje a España este verano. — *She may be going to Spain this summer.*
Puede que necesites practicar en casa. — *You may need to practice at home.*
Es posible que gane el partido, está muy motivado. — *He may win the game, he's very motivated.*

When expressing an opinion with creo que, the subjunctive is used only when it is a negative opinion, as this shows a greater degree of uncertainty.

Creo que los políticos son honestos. — *I believe that politicians are honest.*
No creo que = Dudo que los políticos sean honestos. — *I don't believe = I doubt that politicians are honest.*

Language practice 4

1 Complete these sentences with the correct form of the subjunctive. Then decide what the subjunctive is used for (probability/hypothesis/negative opinion/doubt).

   a No creo que Luis (pensar) .... eso de mí, siempre hemos sido amigos.
   b Es probable que este bar (cerrar) .... tarde.
   c No creo que Pablo (encender) .... la calefacción hasta mañana.
   d Quizá mi padre (acostarse) .... pronto, está muy cansado.
   e Es posible que (ellos, preferir) .... comer en casa a salir fuera.
   f No creo que Marta me (entender) ....

🗨 20.12

2 Now play Conversation 2 again and play Ana's role. Speak in the pauses provided. Try not to refer to the text.

302

SKILL BUILDER

1 Find the odd one out.

   a vivienda   educación   manifestación   sanidad
   b democracia   dictadura   monarquía   ministro
   c arrogante   falso   desagradable   sincero
   d honesto   arrogante   sincero   humilde
   e amable   tener mal carácter   capacidad de liderazgo   creativo

2 Listen to these people. Match them with the problems they are concerned about.

20.13

   1 Miguel   **a** paro
   2 Eva   **b** sanidad
   3 Paco   **c** vivienda
   4 Elena   **d** derechos LGTBI
   5 Carlos   **e** medioambiente
   6 Inés   **f** política

3 The neighbors in a small town want to change some things. Complete the sentences with verbs from the box in the subjunctive tense.

dar	poder	subir	cerrar	cambiar
estar	reciclar	comprar	pedir	abrir

   a Todos los vecinos quieren que la ciudad .... más limpia.
   b Los padres y madres quieren que el ayuntamiento .... ayudas para la guardería.
   c Los vecinos que trabajan en el centro quieren que se .... aparcar gratis en esa zona.
   d Los estudiantes quieren que la biblioteca .... más temprano en época de exámenes.
   e Los vecinos quieren que no .... los impuestos municipales.
   f Mucha gente quiere que el ayuntamiento .... una nueva estación de tren al ministerio.
   g La ONG ecologista pide que .... el sistema, no el medioambiente.
   h Los niños piden que todos .... más y que el ayuntamiento ponga más contenedores.
   i Los comerciantes piden que la gente .... en los pequeños comercios de barrio.
   j Los jóvenes quieren que las discotecas .... más tarde.

TEST YOURSELF

1 Choose the correct phrase or word.

  a Ojalá gano / gane el bingo esta tarde.
  b Es necesario que llevamos / llevemos una mochila ligera en el viaje.
  c No nos recomiendan que perdamos / perdemos el tiempo con guías turísticas.
  d No creo que el viaje dura / dure más de dos horas.
  e Me encantaría que todo el mundo habla / hablara varios idiomas.

2 Complete the sentences with the correct form of the verb.

  a Es necesario que (nosotros, repasar) .... la lección en casa.
  b Me gusta que (tú, cantar) .... en la ducha.
  c Me encanta que (nosotros, aprender) .... curiosidades culturales en la clase de español.
  d Los dueños de la casa no permiten que (vosotros, beber) .... alcohol en la casa.
  e ¡Que te (mejorar) ....!
  f Te ruego que (bajar) .... el volumen, no puedo estudiar.
  g Es malo que (tú, tomar) .... mucha sal.

Remember to use **My review** and **My takeaway** to assess your progress and reflect on your learning experience.

Answer key

First things first

¿PARA QUÉ ESTUDIAS ESPAÑOL? **1** Answers will vary.

EL ALFABETO ESPAÑOL *THE SPANISH ALPHABET* **3** Answers will vary. **4 a** habla **b** pero **c** luna **d** cine **5 a** ≠ **b** ≠ **c** = **d** = **e** ≠ **f** =

USEFUL EXPRESSIONS **6 a** treinta y cinco **b** cuarenta y tres **c** cuarenta y seis **d** cincuenta y ocho **e** sesenta y seis **f** setenta y siete **g** ochenta y cinco **h** noventa y cuatro

UNIT 1

VOCABULARY BUILDER 1 Good morning, Good night, See you., See you.

VOCABULARY PRACTICE 1 a buenos días **b** Hola, Amir. ¿Qué tal? ¿Cómo estás? **c** Hola, buenas noches. **d** Buenas noches, Isabel. **e** Me llamo… Y tú, ¿cómo te llamas?

CONVERSATION 1 2 a Falso. The greeting in Mexico is buen día. **b** Verdadero. **c** Falso. Ximena is from Mexico. **d** Verdadero. **e** Falso. The Mexican's name is Ximena.

LANGUAGE DISCOVERY 1 a ¿Y **tú**? **b** ¿**Son ellos**? **c** Hola, sí **yo** me llamo Ximena y **él** es Paul.

LANGUAGE PRACTICE 1 a ella **b** ellas **c** ellos **d** él **e** ellos **f** nosotros **g** vosotros **h** vosotros

LANGUAGE DISCOVERY 2 a Eres **b** Sois **c** es

LANGUAGE PRACTICE 2 1 d **2** c **3** a **4** b

VOCABULARY BUILDER 2 Spanish, Catalan, Galician, Basque, French, English, Italian, Chinese, Japanese, Arabic

VOCABULARY PRACTICE 2 a francés **b** alemán **c** neerlandés **d** griego

PRONUNCIATION PRACTICE 2 a S **b** Q **c** S **d** S **e** Q

CONVERSATION 2 3 a Ximena is from Monterrey. **b** No, Paul is Canadian. **c** Ana is from Lucena (Córdoba). **d** Gaditanos are from Cádiz.

LANGUAGE DISCOVERY 3 a española **b** español Nationalities have different endings to express masculine or feminine gender.

LANGUAGE PRACTICE 3 1 c **2** e **3** a **4** g **5** d **6** b **7** f

LANGUAGE DISCOVERY 4 a No entiendo. **b** ¿Puedes repetir, por favor? **c** ¿Qué significa **gaditano**?

LANGUAGE PRACTICE 4 **1 a** No, no soy Eva. **b** Me llamo Alejandro. **c** Por favor significa *please*. **d** Sí, soy española. **e** ese-o-ele

SKILL BUILDER

	Name	First surname	Second surname	Nationality	Photo
	Francisco Miguel	Lindor	Serrano	Puertoriqueño	c
1	Paz	Vega		Española	a
2	Julieta	Venegas	Percevault	mexicana/estadounidense	d
3	Dabiz	Muñoz	Rosillo	Español	b

2

You	¿De dónde eres?
Ana	Soy española, cordobesa.
You	¿Qué significa *cordobesa*?
Ana	Cordobesa significa "de Córdoba".
You	¿Puedes repetir, por favor?
Ana	Cordobesa significa "de Córdoba".
You	¿Puedes hablar más despacio?
Ana	Cor-do-be-sa sig-ni-fi-ca de Cór-do-ba.
You	Perdón/Lo siento. No te entiendo.

TEST YOURSELF **1 a** brasileña **b** somos **c** rumano **d** soy chileno **2 a** ¿Cómo se dice en español thank you? **b** ¿Sois Carmen y Xavier? **c** ¿Cómo se deletrea Ainhoa? **d** ¿Puedes repetir, por favor? **e** ¿Qué significa gracias? **3 a** 2 **b** 5 **c** 1 **d** 4 **e** 3 **4 a** Mi nombre es Ekaterina. Soy rusa. **b** Soy Fátima. Soy marroquí. **c** Mi nombre es Dong. Soy de China. **d** Su nombre es Andrei. Es rumano. **e** Somos Aitana y Ainhoa. Somos españolas. **f** ¿Eres Raquel Rodríguez Fernández? No, soy Isabel Rodríguez Fernández. **5 a** se llama **b** colombiana **c** español. **d** Eres **e** por favor. **f** te entiendo. **g** repetir **h** qué tal? **i** llamáis? **j** soy/me llamo **k** es/se llama **l** castellano **m** castellano **n** catalán.

UNIT 2

VOCABULARY BUILDER 1 singer, athlete, businessman/businesswoman, actor/actress, artist, tennis player, composer, chef, scientist, engineer, politician, programmer

VOCABULARY PRACTICE 1 **1 a** médica **b** enfermero **c** abogada **d** profesor **2 a** Carmen **b** Mark **c** Aitana and Iker

CONVERSATION 1

	profesión	lugar de trabajo
Álvaro	asistente de márketing	multinacional
Paula	Médica	Hospital

LANGUAGE DISCOVERY 1 **a** trabaj**o** **b** Trabaj**amos** **c** trabaj**a** **d** trabaj**as**?
The verb endings are different because the subjects are different.

PRESENT TENSE (AR VERBS) **a** habl-as **b** habl-áis **c** habl-an **d** busc-o **e** busc-a **f** busc-amos

LANGUAGE PRACTICE 1 **a** trabajo **b** hablan **c** busca **d** trabajamos **e** Hablas **f** habláis

LANGUAGE DISCOVERY 2 **a** una **b** el **c** la **d** un

LANGUAGE PRACTICE 2 **1 a** una, la, la **b** un, el, las **c** una, la **d** El **e** El **2** Answers will vary.

VOCABULARY BUILDER 2 television, music, radio, club [disco], café, restaurant, family, to invite

VOCABULARY PRACTICE 2 **a** también **b** también **c** tampoco **d** también

PRONUNCIATION PRACTICE **2 a** Wh-Q **b** YNQ **c** YNQ **d** Wh-Q **e** YNQ

CONVERSATION 2 **2 a** le gusta **b** también **c** busca **d** propietaria **e** un **f** regalo **g** está

LANGUAGE DISCOVERY 3 **a** ¿Estás contenta? **b** ¿Dónde está el restaurante?
Estás and está are the present forms of the Spanish verb estar which means *to be*.

LANGUAGE PRACTICE 3 **1 a** está, están **b** estáis **c** estamos **d** estás **e** estoy **2 a** Estoy, soy **b** Soy, Estoy **c** Sois **d** somos, Estamos **Can you guess who the people are?: a** Carlos Alcaraz. **b** Dabid Muñoz. **e** Leonor de Borbón y Ortiz, princesa de Asturias. **f** Sofía de Borbón y Ortiz, infanta de España.

LANGUAGE DISCOVERY 4 **a** ¿Te gusta cocinar? **b** Me encanta cocinar.
The Spanish verbs used to express liking are gustar and encantar.

LANGUAGE PRACTICE 4

	invitar a amigos a casa	correr	hacer deporte	leer	ver una serie	cocinar
Inés		X	X	X	X	
Álex	X			X	X	X

SKILL BUILDER **1 a** ¿A qué te dedicas? **b** ¿Dónde trabaja Marc? **c** Huan, ¿te gustan las series? **d** ¿Trabajáis el jueves en casa? **e** ¿Qué te gusta hacer los sábados por la noche?
2 a b **b** c **c** a **d** d **e** e **3 a** Verdadero **b** Falso **c** Falso **d** Falso **e** Verdadero

TEST YOURSELF **1 a** profesora **b** abogadas **c** arquitecto **d** compositores **2 a** Dónde **b** Cómo **c** Cuál **d** Qué **3 a** Hablas **b** trabajáis **c** El **d** cocinar **e** también **f** tampoco

Answer key 307

UNIT 3

VOCABULARY BUILDER 1 mother/mom, parents, brother/sister, grandad/grandma, two parent/single parent

VOCABULARY PRACTICE 1 **1 a** hermanos, hijos, exmujer **b** abuela **c** hijo adoptado **d** madres **e** padre, hermanas **2 a** 2 **b** 3 **c** 1 **d** 4 **e** 5

CONVERSATION 1 **2 a** Verdadero **b** Verdadero **c** Falso – Julián y Elena viven en Lucena. **d** Verdadero **e** Falso – El tío de Ana murió (*died*)

LANGUAGE DISCOVERY 1 **a** mi **b** mi **c** mi **d** mis

Mi and mis are possessive adjectives. They are different because mi agrees with a singular noun (padre, abuela or abuelo) and mis agrees with a plural noun.

LANGUAGE PRACTICE 1 **1 a** ¿Quién es tu nieta? **b** ¿Quién es vuestro hijo? **2 a** Mis **b** Mi **c** Nuestro

LANGUAGE DISCOVERY 2 **a** viv**en** **b** viv**imos** **c** viv**e**

The verb endings are different. They change depending on the subject.

LANGUAGE PRACTICE 2 **1 a** leemos **b** comprendo **c** escribe **d** Comprendes **e** lee **f** escribo **g** escribimos/comprendemos **h** Leéis **i** comprendes **j** comprendo **2** Answers will vary.

VOCABULARY BUILDER 2 tall, dark, straight, non-conformist

VOCABULARY PRACTICE 2 **a** 2 **b** 3 **c** 1 **d** 4

CONVERSATION 2 **2 a** Es Paca, la abuela de Ana. **b** Es Ana. **c** El padre de Ana. **d** Es Ana, la novia del tío Farid.

LANGUAGE DISCOVERY 3 **a** Ahora tiene ochenta años. **b** Ahí tengo ochos años. **c** Tenemos una persona interesada en comprar el restaurante. These forms don't follow the pattern for -er verbs.

LANGUAGE PRACTICE 3 **1 a** tienes **b** Tengo **c** tenemos **2** Pedro Almodóvar **3 a** Pedro Almodóvar **b** Tiene **c** Tienen

LANGUAGE DISCOVERY 4 **a** está usted **b** estás Because in the first case, the subject is usted and in the second one, the subject is tú.

LANGUAGE PRACTICE 4 **1 a** ¿De dónde es? or ¿De dónde es usted? **b** ¿Qué haces, Pedrito? **c** ¿Cómo está? or ¿Cómo está usted? **d** ¿Cómo estás, mama? **e** ¿Cómo está usted? or ¿Cómo está?

SKILL BUILDER **1 a** trabajador **b** bajo **c** puntual **d** rubia **2 a** Mis, mi, mi **b** Su, su **c** Nuestras **d** Sus **e** tu **f** vuestro **g** vuestra **h** nuestras **3 a** tiene **b** viven **c** come **d** escribo **e** tienen **f** lees **g** viven **4 a** monoparental **b** cuatro **c** tiene **d** tienen **e** llevan **f** gafas. **5** Answers will vary.

TEST YOURSELF **1 a** Mi, come **b** alta, rubia **c** tiene, su **d** generosa, bohemia, Su **e** Quien, tu **f** de donde, tu **g** rubio, oscuros **h** vivís **i** lee, su, favorito

UNIT 4

VOCABULARY BUILDER 1 small apartment, studio, to buy, to rent, a deposit, good/accessibility to transportation, air-conditioning, good internet connection, elevator, 400, 700, 900

VOCABULARY PRACTICE 1 **1 1** b **2** a **3** c **4** d **2 1** d **2** b **3** a **4** e **5** c **3** Ochocientos veinticuatro-cuatro mil ciento sesenta y dos-cinco mil seiscientos treinta **4 a** quinientos tres—quinientos cuatro—quinientos cinco **b** dos mil novecientos noventa y nueve—tres mil—tres mil uno **c** ciento nueve—ciento diez—ciento once

CONVERSATION 1 **2 a** falso **b** verdadero **c** falso **d** falso **e** verdadero

LANGUAGE DISCOVERY 1 **a** hay **b** está Hay is being used to express existence. Está is being used to express location.

LANGUAGE PRACTICE 1 **a** Hay un restaurante en la calle Goya. **b** El estudio está en la calle Velázquez. **c** ¿Hay aire acondicionado en el piso? **d** ¿Hay calefacción en el chalet?

LANGUAGE DISCOVERY 2 **a** este **b** ese **c** este? Ese and este indicate how far something is from the speaker.

LANGUAGE PRACTICE 2 **1 a** este **b** Aquellas **c** Esos **d** Este **e** Aquel

VOCABULARY BUILDER 2 lamp, dining room, table, chair, sofa/couch, window, garden, first, second

VOCABULARY PRACTICE 2 **1 1** b **2** a **3** c **4** e **5** d **2** tercero cuarto quinto sexto décimo

CONVERSATION 2 a El piso cuesta **novecientos cincuenta euros al mes. b** La cocina está **totalmente equipada. c** Ana puede poner **una mesa, dos sillas y macetas** en la terraza. **d** El piso no tiene **ascensor**.

LANGUAGE DISCOVERY 3 **a** Puedo **b** puedes **c** puedes Puedo/poder is used to ask for permission. The verb is irregular.

LANGUAGE PRACTICE 3 **a** dormimos **b** vuelven **c** cuesta **d** puedo **e** cuestan

LANGUAGE DISCOVERY 4 **a** a la derecha de **b** en el centro de **c** al lado The phrases a la derecha de, en el centro de, and al lado provide location of objects.

LANGUAGE PRACTICE 4 **1 a** 1 **b** 1 **c** 2 **d** 1 **e** 2 **f** 2 **g** 2

SKILL BUILDER **1 a** piso **b** minuto **c** cocina **d** dormitorios **e** luminoso **f** segunda **g** ascensor **2 a** a la izquierda **b** encima **c** debajo **d** al lado **e** a la derecha

3

	Letter	Price
a family of five	C	dos mil seiscientos cincuenta euros
students	A	mil cuatrocientos euros
a single architect	B	mil doscientos noventa y cinco euros

TEST YOURSELF **1 a 125** ciento veinticinco **b 594** quinientos noventa y cuatro **c 1245** mil doscientos cuarenta y cinco **d 2568** dos mil quinientos sesenta y ocho **2 a** ¿Se alquila? ¿Puedo ver el piso? **b** Me gusta este estudio, pero ese tiene aire acondicionado. **c** ¿Hay lavaplatos en el piso? **d** ¿Puedes hablar? Estoy volviendo del trabajo… **e** ¿Ves esa casa de allí? Es la casa de mis padres. **f** ¿Cuánto es el alquiler de este piso? **g** ¿Podemos dormir en tu sofá esta noche? **h** Hay dos dormitorios y un salón luminoso, pero no hay garaje.

UNIT 5

CULTURE POINT 1 During the Carolingian Empire the county of Barcelona was established and named after the honorific title of its governor, Count Ramón Berenguer, and all his descendants.

VOCABULARY BUILDER 1 city/town, information and tourism office, monument

VOCABULARY PRACTICE 1 **1 Barrio de Born a** bares y restaurantes **b** Museo Picasso **c** catedral del mar **d** Palau (Palacio) de la música catalana **e** Mercado de Santa Caterina **Bárrio gótica a** casco antiguo **b** calle comercial **c** calles estrechas **d** galerías de arte **e** Iglesia de Santa Maria del Pi

CONVERSATION 1 **2 a** están **b** Buscan **c** se llama **d** es **e** tiene **f** puesto

LANGUAGE DISCOVERY 1 ¿Vamos? Vamos is an irregular form.

LANGUAGE PRACTICE 1 **a** Yo **voy al** hospital de la Paz, tú **vas a las** Cinco Torres. **b** Ellas **van al** Museo Picasso. **c** Ana **va a la** calle Cava Baja, 43. **d** ¿**Va** usted **a la** plaza del Diamante? **e** Nosotros **vamos al** Mercado de Santa Caterina. **f** Ainhoa, Iker ¿**vamos al** Barrio Gótico?

LANGUAGE DISCOVERY 2
Gira. It is like the present indicative tú form, without the s.

LANGUAGE PRACTICE 2 **1 a** Gira a la izquierda en el próximo semáforo. **b** Esperad en la plaza mayor. **c** Escriban sus nombres, por favor. **d** Paré en la próxima esquina. **e** Ve al mercado.

VOCABULARY BUILDER 2 the supermarket, the mall, the hairdresser's, the gym, the pharmacy, the greengrocer's, the butcher's, the bakery, the customer

VOCABULARY PRACTICE 2 **1 a** 4 **b** 3 **c** 2 **d** 1 **2** farmaceutica, frutero, carnicero, peluquero

CONVERSATION 2 **2 a** Falso. Paula está un poco cansada. **b** Falso. Ana necesita saber si hay un puesto de comida marroquí en el Mercado de Santa Caterina. **c** Falso. Paula necesita ir al supermercado. **d** Verdadero. **e** Verdadero.

LANGUAGE DISCOVERY 3 **a** queréis **b** quieres **c** prefieres Queréis (vosotros) has the same stem as the infinitive. However quieres and prefieres (tú) has an e>ie change in the stem.

LANGUAGE PRACTICE 3 **1** c **2** a **3** a **4** e **5** b **6** d

LANGUAGE DISCOVERY 4 **a** Estoy un poco cansada. **b** Yo estoy muy cansado. **c** También estoy bastante cansada. Poco, bastante, and muy are used to qualify the adjective.

LANGUAGE PRACTICE 4 **a** Lo siento, estoy bastante cansada. Prefiero irme a casa. **b** Estoy muy contenta. Quiero invitar a mis amigos. **c** Estoy un poco nervioso/a. Prefiero comer en casa. **d** Yo no estoy nada cansado/a. Prefiero ir a ver la Sagrada Familia hoy.

SKILL BUILDER **1 a** boca de metro **b** parada de autobús **c** bar **d** frutería **e** panadería **f** farmacia **g** gimnasio **h** supermercado **Not mentioned:** carniceria, peluqueria, estanco, tienda de ropa **2 a** Ve **b** hacia **c** Gira **d** a **e** hacia **3 a** A mí tampoco me gusta cenar fuera. Quiero quedarme en casa. **b** Yo prefiero pasear por la Barceloneta. **c** A mí también me gusta hacer deporte, pero prefiero ir a Monterols a jugar al baloncesto. **4 a** ir **b** vamos **c** va **d** voy **e** vamos **f** vas

TEST YOURSELF **a** soy **b** Tengo **c** Llevo **d** gusta/encanta **e** es **f** tiene **g** gusta/encanta **h** invitar **i** carnicerías **j** carnicero **k** rubia. **l** bares. **m** centro.

UNIT 6

VOCABULARY BUILDER 1 clean, to do the shopping, to take care of the kids or the elderly

VOCABULARY PRACTICE 1 Answers will vary.

CONVERSATION 1 **3 a** Ana, de lunes a viernes, da un paseo. **b** Ana sale con sus amigos dos o tres veces a la semana. **c** Ana hace la compra una vez a la semana. **d** Ana pone la lavadora, pasa la aspiradora y hace la compra.

LANGUAGE DISCOVERY 1 **Doy** un paseo todas las mañanas... ¡Ah! y **salgo** con mis amigos dos o tres veces a la semana. **Pongo** la lavadora, paso la aspiradora y **hago** la compra una vez a la semana. No, they are not following a regular pattern.

LANGUAGE BUILDER 1

	dar (to give)	**poner** (to put)	**hacer** (to do)	**salir** (to go out)
(yo)	doy	pongo	hago	salgo
(tú)	das	**pones**	haces	**sales**
(él/ella/usted)	**da**	pone	**hace**	sale
(nosotros/nosotras)	damos	**ponemos**	hacemos	salimos
(vosotros/vosotras)	dais	ponéis	**hacéis**	salís
(ellos/ellas/ustedes)	**dan**	ponen	hacen	**salen**

LANGUAGE PRACTICE 1 **a** da **b** hacéis **c** salimos **d** Ponen **e** doy **f** haces **g** sale **h** hago **i** ponemos **j** salgo

LANGUAGE DISCOVERY 2 mucho (*a lot*), poco (*a little*)

LANGUAGE PRACTICE 2 **1 a** Amir, no tengo mucho dinero. Prefiero ir a un camping. **b** Tengo muchos muebles y prefiero decorar la casa con mis muebles. **c** Málaga es una ciudad bastante tranquila. No hay mucho tráfico y no hay mucha gente.

CULTURE POINT 2 **La Latina** – Line 5   **Tirso de Molina** – Line 1

VOCABULARY BUILDER 2 to eat, to have dinner, lunch, dinner

VOCABULARY PRACTICE 2

1 a 7:35 Son las ocho menos veinticinco de la mañana.

b 7:45 Son las ocho menos cuarto de la tarde.

c 8.00 Son las ocho de la noche.

d 8:15 Son las ocho y cuarto.

e 14:00 Son las dos de la tarde.

f 21:15 Son las nueve y cuarto de la noche.

g 23:25 Son las once y veinticinco de la noche.

2 1 e **2** f **3** a **4** d **5** g **6** h **7** c **8** b

PRONUNCIATION PRACTICE **2 a** día **b** té **c** tienta **d** dos **e** duna **f** tomo **g** salto **h** soldado **i** codo **j** seda

CONVERSATION 2 **2 a** Koldo es el nuevo chef del restaurante de Ana. **b** A Ana le gusta el mercado de la Cebada.

LANGUAGE DISCOVERY 3 **a** hay que **b** Hay que **c** Tengo que
Tener que expresses an obligation that refers to a specific person, Koldo in this case. Hay que is used to express a general obligation, without specifying who it refers to.

LANGUAGE PRACTICE 3 **1** 1 c **2** d **3** e **4** a **2** Rocío tiene que poner la mesa todos los días. Juan tiene que poner la lavadora. Rocío y Juan tienen que pasar la aspiradora dos veces a la semana. Los padres de Rocío y Juan tienen que hacer la compra semanal. Hay que regar las plantas. **3** Answers will vary.

LANGUAGE DISCOVERY 4 Me levanto, me ducho, me visto. Me comes before the verb.

LANGUAGE PRACTICE 4 **1 a 1** os levantáis **2** me levanto **3** se levanta **4** nos despertamos **5** nos levantamos **6** os acostáis? **7** nos acostamos **8** me duermo **b 1** Te peinas **2** me peino

SKILL BUILDER **1 a** damos **b** hago, haces **c** salimos **d** Pones **e** doy **f** hacéis **g** sale **h** ponen **i** salgo **j** hago **2 a** muchos/bastantes, muchas/bastantes **b** poca, muchas/bastantes **c** poco, mucho/bastante

3

	levantarse	desayunar	ir	volver	dormir
(yo)	**me levanto**	desayuno	**voy**	**vuelvo**	**duermo**
(tú)	te levantas	**desayunas**	vas	**vuelves**	duermes
(él/ella/usted)	**se levanta**	**desayuna**	**va**	vuelve	**duerme**
(nosotros/as)	nos levantamos	**desayunamos**	**vamos**	**volvemos**	dormimos
(vosotros/as)	**os levantáis**	**desayunáis**	**vais**	volvéis	**dormís**
(ellos/ellas/ustedes)	se levantan	desayunan	van	**vuelven**	**duermen**

4 a 15:45 cuatro menos cuarto **b** 09:30 nueve y media **c** 09:45 diez menos cuarto **d** 17:20 cinco y veinte **e** 03:15 tres y cuarto de la madrugada **f** 11:10 once y diez **g** cinco menos cinco **h** 13:25 una y veinticinco

TEST YOURSELF **a** 1 **b** 2 **c** 3 **d** 3 **e** 2 **f** 3

UNIT 7

CULTURE POINT 1 Spanish virgin olive oil has been compared to gold.

VOCABULARY BUILDER 1 yogurt, tomato, salt/pepper, pasta, dozen

VOCABULARY PRACTICE 1 **a** pimientos **b** salmón **c** patatas **d** azúcar

CONVERSATION 1 **2 a** El kilo de tomates está a dos euros. **b** Koldo cree que no tiene ninguna cebolla.

LANGUAGE DISCOVERY 1 **a** alguna **b** ninguna **c** algunas **d** algunas

LANGUAGE PRACTICE 1 **a** ningún **b** algunos **c** algunas, ninguna **d** algún, ninguno

LANGUAGE DISCOVERY 2 Sé hacer gazpacho, pero no conozco esa receta del gazpacho afrutado. I know how to make gazpacho, but I don't know the recipe for fruity gazpacho. Spanish has two different verbs for the English verb *to know*.

LANGUAGE PRACTICE 2 **a** conocer el norte de Italia. **b** sé dividir **c** sé tocar la guitarra **d** sé a qué hora cenas normalmente **e** conocer el final de la película **f** sé nadar **g** conocer las costumbres de este país **h** conocer el camino de regreso a casa

VOCABULARY BUILDER 2 marmalade, soup, salad, paella, Spanish tortilla, aperitif, ask for/bring the bill

VOCABULARY PRACTICE 2
Buenas noches. ¿Puede traernos el menú?, Gracias., Sí, ya sabemos que vamos a pedir. Yo quiero la sopa del día., De segundo, quiero salmón a la parrilla., De postre quiero helado de fresa., Por favor, ¿me puede traer la cuenta?, No, gracias. No quiero café.

PRONUNCIATION PRACTICE **2 a** cama **b** casa **c** cana **d** goma **e** callo **f** quita **g** gana **h** bloc

3 c+a: cáscara   k+a: karaoke   qu+e: queso
    c+o: comida   k+e. kétchup   qu+i: quinoa
    c+u: cuchillo   k+i. kilo
                    k+o: koala
                    k+u: kung fu

CONVERSATION 2 **2 a** fruta **b** cebolla **c** tarta de manzana **d** favorita **e** raciones

LANGUAGE DISCOVERY 3 **a** está preparando **b** está haciendo In the first case, the verb expresses a habitual action, something that Koldo usually does. In the second case, we are talking about something he is doing at the moment he is speaking.

LANGUAGE PRACTICE 3 **a** está poniendo **b** está preparando **c** estamos haciendo **d** estás entendiendo **e** están cocinando

LANGUAGE DISCOVERY 4 **a** lo **b** lo **c** la Lo refers to gazpacho and la refers to tortilla. They are different because lo refers to a masculine noun and la refers to a feminine noun.

LANGUAGE PRACTICE 4 **a** me **b** lo **c** nos **d** La **e** Los **f** Las **g** las **h** la

SKILL BUILDER **1 a** pela **b** Córta**las**. **c** Añáde**le** **d** Anáde**selo** **e** Cocina**lo** **f** cocina**lo**
2 a Itziar, yo tengo algunos amigos que son chefs y viven en Bilbao. **b** Mireia, algunos de mis amigos son abogados y viven en Barcelona. **c** Pedro, lo siento ninguno de mis amigos es actor. **d** Rocío, lo siento ninguno de mis amigos está buscando un apartamento en Sevilla.

TEST YOURSELF **1 a** (Yo) sé jugar a ese vídeojuego. **b** (Tú) conoces a su madre, pero no conoces a su hermano. **c** ¿Conoces la casa de Amir? No, no conozco la casa de Amir. **d** Nosotros no sabemos qué desayunas. **e** Vivo en Madrid y conozco todos sus museos. **f** (Vosotros) sabéis donde podemos comer paella. **2 a** Hoy los estoy comprando en el mercado de Santa Caterina./Hoy estoy comprándolos en el mercado de Santa Caterina. **b** Hoy lo estoy leyendo en el metro. **c** Hoy la estoy haciendo cocida./Hoy estoy haciéndola cocida. **d** Hoy los estoy friendo con aceite de oliva./Hoy estoy firéndolos con aceite de oliva. **e** Hoy las estamos tomando en el bar de Manuel./Hoy estamos tomándolas en el bar de Manuel.

UNIT 8

VOCABULARY BUILDER 1 teeth/molars, muscle, bone, heart

VOCABULARY PRACTICE 1

1

estados físicos	estados anímicos
dolor de cabeza, dolor de espalda, dolor de estómago, tener frío, tener hambre, estar agotado, estar resfriado	estar agotado, estar estresado, estar nervioso

2 a Carlos: dolor de espalda **b** Sara: dolor de cabeza **c** Elena: dolor de estómago
d Pedro: está resfriado

CONVERSATION 1 **3 a** Paula **b** Paula **c** Ana **d** Ana

LANGUAGE DISCOVERY 1 **a** duele **b** duele. Doler is the verb used to express that something hurts.

LANGUAGE PRACTICE 1 **1 a** ¿Qué te pasa? (2) **b** ¿Te duele la mano? (1) **c** ¿Qué os duele? (3) **d** ¿Les duelen los oídos? (5) **e** ¿Os duelen los pies? (4)

LANGUAGE DISCOVERY 2 **a** Tienes que cuidarte más, duerme al menos siete horas **b** por qué no vas al gimnasio. Tienes que.../¿por qué no...? are expressions used to give advice.

LANGUAGE PRACTICE 2 **1** b **2** d **3** a **4** c **2** Answers will vary

VOCABULARY BUILDER 2 to walk, natural products, calories, vitamins, proteins, fiber, mental health, cancer, life expectancy

VOCABULARY PRACTICE 2 **a** vitaminas **b** jugar al tenis **c** salud mental **d** expectativa de vida **e** hacer senderismo **f** tener buena salud **g** alimento **h** jugar al baloncesto

PRONUNCIATION PRACTICE **2 a** pero **b** carreta **c** carro **d** ahorra **e** para **f** mira **g** jarra **h** correa **i** cero **j** foro

CONVERSATION 2 **2 a** Sí, Paula necesita la ayuda de Ana. **b** Cinco comidas. **c** Si haces deporte hay que beber más agua. **d** Hay que beber, por lo menos, cinco vasos al día. **e** Hay que hacer deporte tres veces a la semana.

LANGUAGE DISCOVERY 3 **a** Come **b** Levántate **c** Bebe **d** Haz
Paula used the verbs comer, levantarse, beber y hacer. They are in the imperative.

LANGUAGE PRACTICE 3 **a** 2 **b** 1 **c** 2 **d** 1 **e** 3 **f** 2 **g** 3 **h** 1

LANGUAGE DISCOVERY 4 **a** Si haces **b** tienes

LANGUAGE PRACTICE 4 **1** f **2** c **3** g **4** e **5** h **6** b **7** d **8** a

SKILL BUILDER **1 a** pierna **b** corazón **c** doler **d** saltar **e** correr **f** vitaminas **g** dientes **h** esquiar **i** salud
The secret word is proteinas.
2 mediterránea, productos naturales, hierro, comidas ligeras, proteínas, fibra, paseos, nadar, bicicleta, senderismo, ejercicio, salud **3 a** Pescados, aceite de oliva y verduras frescas.
b Espinacas y legumbres. Granos enteros, frutas y verduras **c** Paseos al aire libre **d** Natación, montar en bici, hacer senderismo.

TEST YOURSELF
1

Partes del cuerpo	Estados físicos y anímicos	Deportes y hábitos saludables
nariz	estar resfriado	hacer ejercicio
garganta	estar nervioso	hacer senderismo
estómago	tener dolor de espalda	andar
huesos	tener sueño	jugar al fútbol

2 a A Manolo le duelen los oídos. **b** ¿Te duele el cuello? **c** Ellos tienen dolor de muelas. **d** Ella tiene un resfriado y dolor de garganta. **e** Amir, si estás cansado, vete a dormir. **3 a** Si estáis muy cansados, iros a la cama temprano. **b** Si echas de menor tu patio andaluz, ven a casa. **c** Si tu habitación es un desastre, haz la cama. **d** Si vas a escalar, ten cuidado. **e** Si quieres mejorar tu español, practica todos los días. **f** Si quieres cuidar tu corazón, controla tus hábitos alimenticios.

UNIT 9

CULTURE POINT 1 The name of El Rastro (The Trail) may owe itself to the fact that the market was held near a former slaughterhouse and the dead, unskinned livestock transported to it would leave a trail on the ground. In the 16th century, the word Rastro was also used as a synonym for butcher's shop or abattoir.

VOCABULARY BUILDER 1 pants, blouse, pyjamas

VOCABULARY PRACTICE 1 Answers will vary.

CONVERSATION 1 2 a Falso. A Paula le gusta la ropa informal y de segunda mano. **b** Falso. Álvaro prefiere ir a tomar algo. **c** Falso. A Álvaro le gustan los pantalones vaqueros. **d** Verdadero.

LANGUAGE DISCOVERY 1

Expression to make a proposal	Expression to accept a proposal
¿Entramos?	De acuerdo
¿Por qué no damos una vuelta para ver otras tiendas antes?	Vale
¿Os apetece ir ahora a la tienda de antigüedades?	Genial

LANGUAGE PRACTICE 1 1 c **2** a **3** b **2 a** ¿Por qué no vamos a El Rastro el domingo?/¿Os apetece ir a El Rastro el domingo?/¿Vamos a El Rastro el domingo? **b** De acuerdo/Vale/Genial. **c** Vale/Genial/De acuerdo. **d** Los siento. **e** ¿Por qué no te vienes a tomar unas tapas a las 13:30?/¿Te apetece venir a tomar unas tapas a las 13:30?/¿Te vienes a tomar unas tapas a las 13:30? **f** De acuerdo/Vale/Genial. **g** Por qué no vamos al bar Manolo?/¿Os apetece ir al bar Manolo?/¿Vamos al bar Manolo?

LANGUAGE DISCOVERY 2 a ¿Qué plan quieres hacer? **b** ¿Cuál es tu propuesta? Qué is used to identify a plan or activity. Cual is use to identify a proposal. The English equivalent for qué is equivalent for cuál is *which*. The Spanish cuál cannot be followed by a noun. For example: ¿Cuáles colores son tus favoritos? (*Which colors are your favorite?*) is incorrect.

LANGUAGE PRACTICE 2 a Cuál **b** Qué **c** Qué **d** Cuáles **e** Cuál

VOCABULARY BUILDER 2 purse, gloves, scarf, discounts

VOCABULARY PRACTICE 2 1 a **2** b **3** c **4** b **5** c **6** a

PRONUNCIATION PRACTICE 2 a gente **b g**eneroso **c** e**j**emplo **d** ho**j**a **e** ba**j**o

CONVERSATION 2 2 a Paula pide la talla 38. **b** El probador está al fondo, a la derecha. **c** La falda le queda grande. **d** Paula necesita una talla mayor de la blusa. **e** Según Ana, el rosa es más moderno que el azul. **f** Porque cada día le gusta más comprar ropa.

LANGUAGE DISCOVERY 3 a ¿Puedo probármelas? b Pruébatela. Direct and indirect object pronouns are attached to the infinitive and the imperative, **Order: 1** the indirect object (me, te); **2** direct object (las, la).

LANGUAGE PRACTICE 3 a Me quedan bien. Me las llevo. **b** ¿Me lo puedo probar? **c** No me queda bien. No me lo llevo. **d** ¿Me la puedo probar? **e** ¿Me la puedo probar? **f** Me los llevo. **g** ¿Se lo quiere probar?

LANGUAGE DISCOVERY 4 **a** Necesitas una talla más pequeña. **b** Necesitas una talla más grande. **c** El rosa es más moderno que el azul. Más... que is the Spanish structure equivalent to the English *more... than*.

MAKING COMPARISONS **a** big **b** good **c** younger/smaller **d** worse

LANGUAGE PRACTICE 4 **a** informal, más barata **b** más jóvenes **c** más grandes/mayores

SKILL BUILDER **1 a** pijama **b** guantes **c** probador **d** ropa de segunda mano **2 a** 1 **b** 2 **c** 3

TEST YOURSELF **1 a** ¿Quedamos mañana por la tarde? **b** ¿Por qué no vamos al cine? **c** ¿Te apetece ir a bailar? **d** ¿Comemos en el bar Lola? **e** ¿Qué tal si paseamos esta tarde? **2 a** 1 **b** 5 **c** 2 **d** 4 **e** 3 **3 a** más grandes **b** más caro, mejor **c** más nueva, mejor **d** más pequeña/menor **4 a** ¿Cuál es tu color favorito? **b** ¿Qué significa OTAN? **c** ¿Qué van a hacer ellos este fin de semana? **d** ¿Cuál es tu puesto favorito de El Rastro? **e** ¿Qué es esto? **f** ¿Cuál es tu actor favorito? **g** ¿Qué chaqueta prefieres: la verde o la azul? **h** ¿Cuál es su respuesta?

UNIT 10

VOCABULARY BUILDER 1 vacations, flight

VOCABULARY PRACTICE 1 **1 1** b **2** c **3** a **2 a** Verdadero. **b** Falso. A Blanca y a David les gusta la montaña. **c** Falso. Isabel gasta poco dinero en sus vacaciones. **d** Falso. Luis busca alojamientos caros. **e** Falso. Blanca y David llevan pocas cosas en su mochila. **f** Verdadero.

CONVERSATION 1 **3 c** Verdadero. **e** Verdadero.

LANGUAGE DISCOVERY 1 **a** Voy a ir **b** Vamos a mirar **c** Vamos a hacer. Álvaro and Ana use voy a ir..., vamos a mirar..., vamos a hacer... to express intentions or plans.

LANGUAGE PRACTICE 1
1

	Va a ir a la playa	Quiere ir al centro comercial	Va a ir al gimnasio
Luis		X	
María	X		
Marta			X

2 a van a ir a la playa **b** vamos a ir a la montaña **c** vas a ir a esquiar **d** va a ir a Madrid/la ciudad

LANGUAGE DISCOVERY 2

a vuestras **b** nuestras The words both refer to the same thing: Las vacaciones. Vuestras (*yours*) and nuestras (*ours*)

LANGUAGE PRACTICE 2 **a** tuyo **b** suya **c** suya **d** mía **e** suyo **f** vuestro **g** míos **h** tuyas **i** suyos **j** míos

VOCABULARY BUILDER 2 road, airport, port, boat/sailing boat

VOCABULARY PRACTICE 2 **a** Buenos **b** días **c** reserva **d** carné de identidad **e** habitación **f** pensión completa **g** desayuno **h** alojamiento **i** aparcamiento **j** coger un taxi **k** parada de taxis

PRONUNCIATION PRACTICE **2 a** sueco **b** zeta **c** casa **d** poso **e** riza **f** azar **g** masa **h** cien **i** cocido **j** zumo **k** sebo **l** hoz

CONVERSATION 2 **2 a** El viaje en avión es corto y cómodo. **b** Cala Olivera tiene un pequeño aparcamiento. **c** Las habitaciones no tienen aire acondicionado. Falso. **d** Álvaro quiere beber una sangría. **e** A Álvaro y Paula les gustaría alquilar un barco velero.

LANGUAGE DISCOVERY 3 Álvaro uses nada (*nothing*). The receptionist uses nadie (*nobody*).

LANGUAGE PRACTICE 3 **a** nadie **b** nada **c** nadie **d** nada **e** nadie

LANGUAGE DISCOVERY 4 **a** ¡Hace mucho calor! **b** hace mucho viento. The phrases mean *it is very hot/windy*. The verb used is hacer.

LANGUAGE PRACTICE 4 **a** 5 **b** 4 **c** 2 **d** 6 **e** 3 **f** 1

SKILL BUILDER **1 a** abrigo **b** biquini **c** turista **d** hotel **2 Teresa a** avión **b** pasaporte **c** carné **d** identidad **e** seguro **f** viaje **g** bañador **h** toalla **i** sombrero **Paloma a** apetece **b** excursión **c** otoño **d** billete **e** ida y vuelta **f** mapa **g** mochila **h** guantes **i** abrigo **3 a** Falso **b** Verdadero **c** Falso **d** Falso **e** Verdadero

TEST YOURSELF **1 a** Pensamos terminar el proyecto mañana. **b** Voy a llamarte mañana después del trabajo. **c** ¿Es esta su maleta o la mía? **d** No tengo mi llave de la habitación. ¿Tienes la tuya? **e** Quiero ir a la playa, pero está lloviendo. **f** En verano, el tiempo es agradable. Hace calor y está soleado. **g** Disculpe, creo que esta maleta es mía y esa es la suya. **h** Me apetece hacer senderismo en Sierra Nevada. **i** No conozco a nadie aquí. **2 a 1** mi **2** tuya **3** mía **b 1** vuestras **2** vuestros **3** su **4** mío **c 1** Nuestra **2** tuya **3 a** nadie **b** nada **c** nada **d** nadie **e** nadie **f** nada **g** nadie **h** nada

UNIT 11

CULTURE POINT 1
The main tasks performed by volunteers are sourcing, cooking, and distributing food.

VOCABULARY BUILDER 1 island, river, peninsula, natural disasters, climate change, hurricane, pandemic, volunteer

VOCABULARY PRACTICE 1 **a** 3 **b** 2 **c** 1 **d** 4

CONVERSATION 1 **2 d** Ana ya sabe lo que va a tener que hacer esta semana. **e** Ana va a tener más trabajo esta semana.

LANGUAGE DISCOVERY 1 **a** ha sido **b** me he levantado **c** he ido **d** he hecho

These verb forms have two words. They are compound forms. The forms we have seen already have only one form. They were simple forms.

LANGUAGE PRACTICE 1 **a** habéis abierto, Han llamado **b** he visto **c** ha preparado **d** Has traído **e** Hemos abierto **f** han vuelto **g** ha escrito **h** Hemos roto **i** he dicho **j** ha muerto

LANGUAGE DISCOVERY 2 **a** hoy **b** estas primeras horas **c** Esta mañana **d** Esta mañana **e** esta tarde
They all refer to a present time period.

LANGUAGE PRACTICE 2 **1 a** Esta semana **b** ha sido **c** Estos últimos días **d** he tenido **e** esta mañana **f** ha sido **g** he podido **h** Esta tarde **i** he podido

VOCABULARY BUILDER 2 dance, classical/rock music concert, musical, exposition, invitation

VOCABULARY PRACTICE 2 **1 a** representaciones **b** taquilla **c** compañías **d** teatro **e** danza **2 a** exposiciones **b** museos **c** galerías de arte **d** público **e** entradas **3 a** conciertos **b** aforo **c** asientos **d** entradas

CONVERSATION 2 **2 a** Sí, Álvaro y Paula han ido a ver la exposición Sebastião Salgado. **b** No. Ana no ha podido ir. **c** Ha estado en una exposición sobre las *fake news*. **d** Álvaro, Paula y Ana no han ido a la zarzuela. **e** Ana va a sacar las entradas.

LANGUAGE DISCOVERY 3 **a** ya **b** todavía Ya means already. Todavía means yet.

LANGUAGE PRACTICE 3

1 Ya he acompañado a Ana al mercado.
2 Ya he regado las plantas del vecino del quinto.
3 Ya he sacado las entradas de Amazonía.
4 Ya he ido a la biblioteca.
5 Ya he hecho la compra con Álvaro.
6 Ya he comprado el regalo de Álvaro.
7 Ya he pagado el gimnasio.
8 Ya he pasado la aspiradora.

Todavía
1 Todavía no he llamado a mis padres.
2 Todavía no he preprado la comida del domingo con Álvaro.
3 Todavía no he ordenado mi armario.
4 Todavía no he ido a ver Amazonía.
5 Todavía no he comido con mis compañeros del hospital.
6 Todavía no he hecho mi agenda para la semana que viene.

LANGUAGE DISCOVERY 4

quickly   **b** rápidamente
easily   **c** fácilmente
probably   **e** probablemente

All these words end in -mente.

LANGUAGE PRACTICE 4 **a** deportivamente **b** agresivamente **c** alegremente **d** increíblemente **e** felizmente **f** formalmente **g** enormemente **h** fríamente **i** correctamente

SKILL BUILDER **1 a** accidentes geográficos: isla, lago, continente, valle, cordillera. **b** palabras relacionadas con el clima y los desastres naturales: terremoto, maremoto, huracán, incendio, inundación, cambio climático. **c** palabras relacionadas con los servicios sociales: voluntario, emergencia, cooperante, ONG, ayuda. **2 a 1** teatro **2** comedia **3** han estrenado **4** entrada **b 1** exposición **2** éxito **3** cola **4** entrada

TEST YOURSELF **a** Últimamente **b** he visto **c** Hace un rato **d** he visto **e** este año **f** hemos coincidido **g** cinco veces **h** hemos coincidido **i** cino veces.

2 a ¿Qué has **hecho** hoy? Me han **dicho** que has estado en el cine. ¿Es verdad?

–Sí, es verdad. He **visto** una película.

Y ¿te ha gustado?

–Sí, me ha encantado. Luego, he **vuelto** a casa a las nueve y he **escrito** un mensaje de correo a mi profesor de español.

b ¿Qué ha pasado con la lavadora?

–Pues no sé. Creo que se ha **roto**. Esta mañana la he **abierto** para sacar la ropa y me la he encontrado así.

c ¿Sabes que hoy se ha **muerto** María Jiménez?

–Hoy he **puesto** todas sus canciones. Me gusta mucho cómo canta.

UNIT 12

CULTURE POINT 1 Una enorme cúpula transparente (A huge transparent dome) La tumba de Dalí (Dali´s tomb)

VOCABULARY BUILDER 1 to be born, to die, death, childhood, marriage, to have a child, university

VOCABULARY PRACTICE 1 **1 a** vejez **b** crecer **c** mudarse **d** tener nietos **e** infancia **f** casarse **g** muerte **h** nacer

CONVERSATION 1 **2 a** de cañas **b** vivido **c** países **d** idiomas **e** España **f** madre **g** infancia **h** año/curso **i** Alemania **j** interesante

LANGUAGE DISCOVERY 1 **a** nací **b** viví **c** estudiaste **d** me gradué **e** gustó **f** volví Gonzalo and Paula are referring to the past.

LANGUAGE PRACTICE 1 **a** nació **b** vivisteis **c** trabajaron **d** viví, volví **e** nacieron **f** estuvo **g** trabajó **h** vivieron **i** estuvimos **j** fui

LANGUAGE DISCOVERY 2 **a** el último año **b** en el año 2022 **c** El año pasado The events happened in the past.

LANGUAGE PRACTICE 2 **1 a** El pasado fin de semana estuve en esta tienda de ropa. **b** El lunes pasado fuimos a la piscina. **c** La semana pasada pasó la aspiradora a toda la casa. **d** Volvió a España en el año 2004. **e** Hace dos meses fueron a la ópera.

VOCABULARY BUILDER 2 compulsory, state school, private/chartered school, stage, university degree, credits, canteen

VOCABULARY PRACTICE **Programa de intercambio a** movilidad **b** beca **c** asignaturas **d** planes de studio **e** créditos **f** estancia annual **g** cuatrimestral **h** expediente academico **i** certificado de idioma

PRONUNCIATION PRACTICE **1 a** Coge una **cuchara** y un **cuchillo** de la cocina. **b** Había más de **ochenta** personas en la sala. **c** Eduardo **Chillida** fue un escultor español.

CONVERSATION 2 **2 a** tío **b** Marsella **c** Marsella **d** España **e** Aya

LANGUAGE DISCOVERY 3 **a** murió **b** eligió

The vowels change in the verbs morir and elegir: morir – murió, elegir – eligió

LANGUAGE PRACTICE 3 **a** eligieron **b** fue **c** pude **d** hicisteis **e** durmió **f** estuvimos

LANGUAGE DISCOVERY 4 **a** empezando a pensar **b** terminaste de contarnos **c** Empezó a trabajar

Empezar (empezando a pensar/empezó a trabajar) expresses the beginning of an action. Terminar (terminaste de contarnos) expresses the end of an action.

LANGUAGE PRACTICE 4 **1 a** sigue **b** acaba de salir **c** Llevo **d** volver **e** lleva **f** empezó **g** vuelve **h** dejar **i** termina **j** está a punto

SKILL BUILDER **1** Who already has a job? **David** Who failed an exam? **Isabel 2 a** Paloma vive con sus abuelos. **b** Paloma va a hacer el examen de acceso a la universidad. **c** David trabaja en un bar de copas. **d** A David le gustaban las matemáticas. **e** Isabel estudia un grado de Odontología. **f** Isabel tiene que hacer un examen de inglés. **3** Answers will vary. **4 a** nació **b** madre **c** Bachillerato **d** escritora **e** Murió **f** parques **g** estación

TEST YOURSELF **1 a** pudimos **b** hice **c** hicimos **d** durmió **e** murió **f** pidió **2 1** d **2** c **3** a **4** e **5** b **3 a** Dalí nació en Figueres el 11 de mayo de 1904. **b** Ashish y Luisa se divorciaron el año pasado. **c** ¿Qué día es hoy? Hoy es 30 de abril de 2026. **d** ¡Me voy a graduar este año!

UNIT 13

VOCABULARY BUILDER 1 board games, play cards/parchís/goose/chess/ dominoes, videogame, mobile/cell phone, tablet, console, artificial intelligence, augmented/virtual reality, racing car

VOCABULARY PRACTICE 1 **a** juegos de mesa **b** oca **c** vídeojuegos **d** consolas **e** tableta **f** realidad aumentada

CONVERSATION 1 **a** Ana está jugando con sus amigos Álvaro y Paula. Ana está en Lucena y Álvaro y Paula, en **Madrid. b** Los padres de Ana, cuando eran pequeños, jugaban en la calle, pero nunca después de comer. **c** No, Elena escribía cartas a sus amigos todas las semanas. **d** Elena piensa que hoy va a **ganar**. **e Elena** quiere la ficha verde.

LANGUAGE DISCOVERY 1 **a** hacíamos **b** jugábamos **c** Nos divertíamos

The endings of these verbs are different from the ones we have already seen.

The ending of the verb of the first group is -ábamos.

The ending for the verbs of the second and third groups is -íamos.

LANGUAGE PRACTICE 1 **a** gustaba **b** encantaba **c** teníamos **d** podía **e** divertías **f** jugabas **g** encantaba **h** Pasábamos **i** gustaba **j** encantaba **k** Jugaba **l** nos pasábamos **m** Salíamos **n** volvíamos **o** se hacía **p** volvíamos

LANGUAGE DISCOVERY 2 **a** normalmente **b** A veces **c** nunca

These time markers could also be used with the present simple.

LANGUAGE PRACTICE 2 Recuerdo especialmente mi cámara de fotos. Me la regalaron cuando cumplí catorce años. La llevaba siempre que hacíamos alguna excursión. Luego tenía que llevar el carrete a revelar y **normalmente** tardaban una semana en darme las fotos. Pues yo me acuerdo del teléfono que teníamos en casa. No sonaba igual que los móviles que tenemos ahora, Si sonaba **mientras** veíamos una película, nadie quería levantarse a cogerlo. ¡Qué tiempos!

VOCABULARY BUILDER 2 director, character, movie in original version, comedy, science fiction movie, action/adventure movie

VOCABULARY PRACTICE 2

a Robot dreams **b** Todos los nombres de Dios **c** Ocho apellidos marroquís **d** La sociedad de la nieve

PRONUNCIATION PRACTICE 3 **a** sillón **b** subraya **c** paella **d** amarillo **e** mayo **f** lluvia

CONVERSATION 2 2 **a** cine **b** *Ocho apellidos marroquíes* **c** *Ocho apellidos vascos* **d** años **e** cine **f** fila **g** de cine

LANGUAGE DISCOVERY 3 **a** Éramos **b** Íbamos **c** Veíamos

The imperfect forms of the verbs ser, ir and ver are irregular forms. They don't follow the regular patterns we have seen in the first part of the unit.

LANGUAGE PRACTICE 3 **a** Cuando **era** pequeño, Amir siempre **iba** a casa de sus abuelos en verano. **b** Antes nosotros **veíamos** muchas películas en versión original. **c** Vosotros **erais** más jóvenes y os gustaba salir hasta tarde. **d** Cuando vivían en Lucena, ¿**iban** a Córdoba todos los fines de semana? **e** Antes éramos más tímidos.

LANGUAGE DISCOVERY 4 **a** era **b** estaba **c** iba **d** Teníamos **e** llegamos **f** vimos **g** estaban
The *imperfect* forms are used to express circumstances and the simple past forms are used to narrate events that took place in those circumstances.

LANGUAGE PRACTICE 4 **1 a** tenía **b** llevaba **c** Estuve **d** saqué **e** era **f** dejé **g** dejó **h** conoció **i** veía **j** fue **2 a** Last time I saw Paloma, she looked very good. **b** When I met Paula, she wore glasses. **c** I spent two years in the Basque Country, those were incredible years. **d** I bought an expensive wine, I kept it in a cupboard, and on my birthday, I took it out to drink it with my friends. **e** Dimitri had a beautiful house, but it was very old and had no heating. **f** I used to come to this bar a lot, but then I moved to another neighborhood and stopped coming. **g** My flatmate was very nice, so when she left the flat, we missed her. **h** Clara never left the house, but in January last year, she met a girl on the internet and her life changed completely. **i** When he was 4 years old, they realized that Juanito couldn't see well and put glasses on him. **j** On Tuesday Susana went to Pedro's house, she wanted to have coffee but there wasn't any.

SKILL BUILDER **1 a** juegos de mesa: parchís, oca, ajedrez, dominó. **b** juegos al aire libre: escondite, pilla-pilla, pañuelo. **c** juguetes. muñeca, coche de carreras. **2 a 1** Estaba **2** Tenía **3** Había **4** era **b 1** Se llamaba **2** tenía **3** gustaba **4** Sabía **c 1** Era **2** Costaba **3** Llegaba **4** gastaba **3 a** actrices **b** personajes **c** género **d** protagonistas **e** secundarios **f** reparto **g** profesional.

TEST YOURSELF **a** faltó **b** soñé **c** Veía **d** conseguí **e** apunte **f** tenía **g** formé **h** tuve **i** hice **j** era

UNIT 14

VOCABULARY BUILDER 1 social networks, surf the Internet, chat, screen, upload a photo/a video

VOCABULARY PRACTICE 1 **1** d/e **2** b **3** a **4** c/d/f **5** c/e/f **6** c/d/f

CONVERSATION 1 **2 a** Falso. Ana todavía no ha ido al centro commercial. **b** Verdadero. **c** Verdadero. **d** Falso. Álvaro sigue lanzando la reapertura en las redes. **e** Falso. Álvaro cree que es una buena idea mostrar los platos típicos. **f** Verdadero.

LANGUAGE DISCOVERY 1 **a** solemos **b** lo normal. They use the verb soler (solemos) to talk about the things they usually do. Lo is an abstract idea.

LANGUAGE PRACTICE 1 **a** solíamos **b** suele **c** solíais **d** Sueles **e** solía **f** solía **g** solían/suelo **h** Solíamos **i** Suelen **j** Solías

LANGUAGE DISCOVERY 2 **a** ir **b** traer **c** traer **d** venir. The verb ir is *to go* and the verb venir is *to come*. The verb llevar is *to take/to carry* and the verb traer is *to bring*.

LANGUAGE PRACTICE 2 **1 a** va **b** Llevo **c** vamos **d** traerme **e** viene

VOCABULARY BUILDER 2 (virtual) meeting, digital transformation, reconcile, face-to-face/hybrid work, flexibility

VOCABULARY PRACTICE 2 **a** comunicando **b** buzón de voz **c** solemos **d** vienes **e** voy **f** llevo **2 h** anuncio de trabajo **i** ofertas **j** disponibilidad **k** virtuales **l** conciliar **m** curriculum

CONVERSATION 2

2

Paula le comenta a Ana lo que le ha contado Gonzalo.	7
Gonzalo invita a Paula y a sus amigos a su nueva casa en Reino Unido.	4
Gonzalo le habla a Paula sobre su nuevo trabajo.	3
Paula tiene el micrófono apagado.	1
Gonzalo oye a Paula entrecortada.	2
Ana llama a Paula por teléfono.	6
La imagen de Paula se ha congelado.	5

LANGUAGE DISCOVERY 3 **a** se had congelado **b** no te veo bien

The video connection has technical issues.

LANGUAGE PRACTICE 3

	1	2	3
El número al que llama no es correcto.		x	
La persona que llama se identifica.	x		
Alguien deja un mensaje a otra persona.			x

LANGUAGE DISCOVERY 4 **a** Me ha contado que **b** Me ha preguntado que cuándo. Paula introduces what Gonzalo said using Me ha contado que… and Me ha preguntado que…

LANGUAGE PRACTICE 4 **a** Ángel me dijo **que quería verme al día siguiente. b** María me ha preguntado **si había comprado algo. c** Helena comentó **que esa mañana había mucho tráfico. d** Mi padre nos pregunta **si tenemos hambre. e** Sara preguntó **dónde era la cena esa noche. f** Lucía le preguntó **cuándo se casaba. g** Carlos me recomendó **que visitara el Museo Sorolla. h** Mi primo me ha dicho que **ha conocido a una chica muy simpática. i** Gonzalo me ha contado **que vió la oferta de trabajo en una red social. j** Elisa me ha dado las gracias **por acompañarla hasta el hotel.**

SKILL BUILDER **1 a** Anuncio A **b** Anuncio C **c** Anuncio B **d** Anuncio C **e** Anuncio B **2 a** Lo primero que hace Laura es felicitar a Ana por su nuevo proyecto. **b** Laura le cuenta que ya no vive en Córdoba, que trabaja de forma presencial dos días en Córdoba y que teletrabaja el resto de los días en Lucena. **c** Ana vive en Lucena, en la calle Fray Alonso de Jesús Ortega. **d** En el parque de la huerta del Carmen. **e** Laura dice que va a llevar algunos muebles al trastero de la casa de sus padres en Lucena. **f** Laura dice que va a subir las fotos a sus redes sociales.

TEST YOURSELF
1

1 Responder a una llamada.	a, e
2 Identificarse.	b, l
3 La imagen no es buena.	d, j
4 Identificar a la persona a la que llama.	k
5 Hay problemas con el sonido.	c, g, i
6 Indicar la persona con la que se quiere hablar.	f, k

2 a En España la gente suele acostarse tarde. **b** Los españoles suelen comer pan en las comidas. **c** Lo raro es llegar a una fiesta antes de la hora. **d** Lo habitual es llevar una botella de vino o un postre a una cena. **e** Lo normal en España es cenar después de las 21 h. **f** Es habitual dar dos besos al saludar a alguien.

3

despedirse	b
felicitar	a
recomendar	d
dar las gracias	e
invitar	c

UNIT 15

VOCABULARY BUILDER 1 to do track/karate/yoga/aerobics, racquet, skis, stadium

VOCABULARY PRACTICE 1 **a** árbitro **b** balón **c** raqueta **d** pelotas **e** piscina **f** jugar al golf

CONVERSATION 1 **3 a** hacer ejercicio **b** escalada **c** tres **d** hacer buceo **e** hacer senderismo **f** buceo, escalada

LANGUAGE DISCOVERY 1 **Present perfect:** alguna vez, nunca **Simple past:** el año pasado

LANGUAGE PRACTICE 1 **a** has hecho **b** he escalado **c** hice **d** fue **e** Fui **f** estuve **g** Fue **h** Subimos **i** fue **j** Dormimos

LANGUAGE DISCOVERY 2 **a** desde cuándo **b** desde hace
Desde cuándo is used to ask about duration, and desde hace is used to answer about duration.

LANGUAGE PRACTICE 2 **a** ¿Desde cuándo estudias español? (**2**) **b** ¿Cuánto tiempo hace que Maca sale con Amir? (**5**) **c** ¿Desde cuándo juega Andreea al tenis? (**1**) **d** ¿Cuánto tiempo hace que Jorge y tú entrenáis en este gimnasio? (**6**) **e** ¿Desde cuándo trabajas en el sector de las telecomunicaciones? (**4**) **f** ¿Cuánto tiempo hace que conoces a David? (**3**)

VOCABULARY BUILDER 2 landscape, national park, flora, animal, species, insect, reptile

VOCABULARY PRACTICE 2 **a** perro **b** araña **c** vaca **d** gato **e** pez **f** cerdo

PRONUNCIATION PRACTICE paisaje padel parque árbol atléta futbol hoja piscina olivo ciclista ave raqueta gato deporte caballo carrera cerdo.

CONVERSATION 2 **2 a** Porque le han hablado de la flora y la fauna de este parque. **b** El parque nacional de Doñana en Huelva. **c** Guadarrama está más cerca de Madrid. **d** Había mucha gente. **e** El parque Nacional de las Islas Cíes. **f** Paula

LANGUAGE DISCOVERY 3 In **a**, **c** and **d** qualities are compared with these same qualities in other similar places. In **b** and **e** there is no comparison.

LANGUAGE PRACTICE 3 **a** En el año 2023, Aitana Bonmati fue **la mejor jugadora** de fútbol femenino **del** mundo. **b** Rafael Nadal es **el mejor jugador de la** historia en tierra batida. **c** La playa de Rodas es la mejor playa del mundo. **d** El parque nacional de los Picos de Europa es el espacio natural protegido más antiguo de España.

LANGUAGE DISCOVERY 4 Muy is an adverb and modifies adverbs or adjectives. It has no masculine and feminine forms. Mucho can be both an adjective and an adverb. When followed by a noun it agrees in gender and number with the noun: mucho/mucha/muchos/muchas.

LANGUAGE PRACTICE 4 **a** mucho **b** muchos **c** muy **d** muy, mucho **e** muy **f** muchas

SKILL BUILDER **1 a** caballo **b** olivo **c** mamífero **d** pino **e** especie **f** hierba
2 a tenis **b** raqueta **c** entrenador **d** pista **e** jugar **f** fútbol **g** equipo **h** partido **i** bicicleta
3 Sample answer: Al parque nacional de las Tablas de Daimiel podemos llegar desde el pueblo de Daimiel o desde el pueblo de Villarrubia de los Ojos. Desde las dos localidades, hay una carretera asfaltada de 10 km. El horario es de 9:00 a 18:00. El parque nacional de las Tablas de Daimiel tiene aves. Algunas viven allí durante todo el año. Otras están solo en primavera y verano y otras durante el otoño y el invierno. También hay algunos mamíferos como jabalís (*wild boars*), zorros (*fox*) o conejos (*rabbits*). La ruta más corta es de 1,5 kilómetros y se tarda una hora. Es un recorrido circular y llegamos a dos observatorios donde podemos ver la fauna del parque en ese momento. Cerca de las Tablas de Daimiel está el pueblo de Almagro que es famoso por su Festival de Teatro Clásico. También se pueden seguir las huellas de don Quijote de la Mancha y conocer pueblo como Campo de Criptana con sus famosos molinos de viento (*windmills*). En las localidades cercanas, se pueden encontrar casas rurales, hoteles, apartamentos, cabañas, camping o bungalows. Los precios oscilan entre los 20 y los 40 euros por persona y día. En los pueblos cercanos, también hay una gran oferta de restaurantes deonde puedes probar los platos típicos de la zona: judías con perdiz (*beans with partridge*), cordero asado (*roast lamb*), perdiz en escabeche (*pickled partridge*).

TEST YOURSELF **1 a** Ciudad del Vaticano es el país más pequeño del mundo. **b** El Burj Khalifa en Dubai es el rascacielos más alto del mundo. **c** Tokio es la ciudad más poblada del mundo. **d** El Amazonas es el río más largo del mundo. **e** Los Andes es la cordillera más larga del mundo. **f** Rusia es el país más grande el mundo. **2 a** Puedes ir a la Sierra de Guadarrama. Está muy cerca de Madrid y, además, hay excursiones organizadas donde puedes conocer a mucha gente. **b** Puedes ir a Andalucía. Hay muchas playas muy bonitas. También hay muchos restaurantes donde puede comer comida muy rica y no muy cara. **c** Yo juego al pádel desde hace dos meses. Es muy divertido y tengo un entrenador muy bueno. En poco tiempo, puedes hacer muchos progresos.

UNIT 16

CULTURE POINT 1 Valencia

VOCABULARY BUILDER 1 global warming, greenhouse gases, to improve the quality of life, sustainable mobility, renewable energy

VOCABULARY PRACTICE 1 **a** la polución **b** la calidad de vida **c** el consumo de energía **d** el reciclaje **e** los recursos naturales

CONVERSATION 1 **2 a** tiene dudas sobre **b** ve algún beneficio en **c** quiere dedicar la mayor parte de **d** más tranquila **e** Reino Unido

LANGUAGE DISCOVERY 1 **a** viviré **b** trabajaré **c** volveré They all have the same ending: -é and this ending is added to the infintive (not to the stem).

LANGUAGE PRACTICE 1 **a** viajaremos **b** abrirán **c** aprenderá **d** reservaré **e** comeré **f** viviré **g** comprará **h** Correréis

LANGUAGE DISCOVERY 2 **1** b **2** c **3** a

LANGUAGE PRACTICE 2 **1 a** Te prometo que asistiremos a la reinauguración del restaurante. **b** Si voy a la fiesta, me lo pasaré muy bien. **c** Esta noche voy a cenar en casa de Jaime. **d** En el futuro probablemente tendremos más coches eléctricos. **e** Seguro que dentro de diez años todo el mundo teletrabajará. **f** Dentro de unos años aparecerán miles de profesiones nuevas.

VOCABULARY BUILDER 2 professions, data analyst, expert in 3D printing, cybersecurity specialist, artificial intelligence specialist, content creator, psychologist, psychiatrist

VOCABULARY PRACTICE 2 **a** impresora 3D **b** analista de datos **c** especialista en ciberseguridad **d** nanorobots **e** robótica **f** biotecnología **g** realidad virtual **h** cirugía

PRONUNCIATION PRACTICE

| avión | conservar | huracán | digitalización |
| respetar | andar | papá | |

CONVERSATION 2 **2 a** verdadero **b** verdadero **c** falso **d** verdadero **e** falso

LANGUAGE DISCOVERY 3 **1** b **2** c **3** a. They are irregular.

LANGUAGE PRACTICE 3 **a** Yo **tendré** un coche grande como mi mamá, y **seré** tan alto como mi papá. **b** Esta tarde **saldré** a la calle y **jugaré** con mis amigos. **c** El año que viene **iré** al colegio y **sabré** leer cuentos y **podré** escribir una carta a mis abuelos. **d** Mañana es mi cumpleaños y mis tíos me **traerán** juguetes y los **pondré** en el suelo para jugar y luego los **recogeré**. **e** Y mis papás me **querrán** mucho.

LANGUAGE DISCOVERY 4 **1** a **2** c **3** d **4** b

LANGUAGE PRACTICE 4 **a** para **b** por **c** por **d** Para **e** para **f** por **g** por **h** para

SKILL BUILDER **1 1** e **2** f **3** c **4** a **5** b **6** d **2** Transporte-1,2; Alimentación 4; Medioambiente 2,5,6; Salud 3,6. **3 a 1** móvil **2** microchips **3** cuerpo **b 1** coches autónomos **2** accidentes de tráfico **3** personas **c 1** microchips **2** geolocalizar **3** ventajas **4** información

TEST YOURSELF **1 a** llegarán **b** podrá **c** quedarán **d** veremos **e** saldremos **f** tardarán **g** haremos **h** empezará **i** vendrás **j** regalaréis **2 b** para **c** por **f** para **i** para **j** por

UNIT 17

VOCABULARY BUILDER 1 general practitioner, patient, specialist, dentist, primary health, emergencies, private health insurance, thermometer

VOCABULARY PRACTICE 1 **a** urgencias **b** oculista **c** termómetro **d** atención primaria **e** dentista **f** receta **g** seguro médico privado

CONVERSATION 1 **2 a** Verdadero **b** Falso. Paula cree que Ana debería ir a su centro de salud. **c** Falso. Ana prefiere polvos para mezclar con agua. **d** Paula recomienda a Ana ir a su médico de cabecera. **e** Verdadero. **f** Verdadero.

LANGUAGE DISCOVERY 1

Sí, sé que debería ir a mi centro de salud.	deber
Sí, Paula, iría ahora mismo.	ir
Me compraría un billete a Londres ahora mismo.	comprar

For the yo form of the verbs, ía is added to the infinitve. Other tenses (simple present, simple past, imperfecto) add the endings to the stem (the first part of the verb), not to the infinitve.

LANGUAGE PRACTICE 1 **a** importaría **b** Deberíais **c** Iría **d** compraría **e** Comería

LANGUAGE DISCOVERY 2

Deberías ir a tu centro de salud, Ana.	S
¿Podrías recomendarme algo?	P
Me gustaría tanto ir a verlo.	W

LANGUAGE PRACTICE 2

To make requests more polite	To give advice	To express wishes or desires for the future
¿Te **importaría** dejarme tu bolígrafo? No me he traído el mío.	**Deberíais** volver a casa. Es muy tarde.	**Iría** contigo a Londres, pero es que no tengo dinero. Te **compraría** este vestido y estos zapatos, pero es que no sé si te van a gustar. **Comería** contigo esta semana, pero es que tengo muchos exámenes y no tengo mucho tiempo.

VOCABULARY BUILDER 2 pulses, orange/tomato/fruit juice, cava

VOCABULARY PRACTICE 2 a pan b tenedor c judías d cuchara e cuchillo

PRONUNCIATION PRACTICE

clínica	comprimido	consulta	cuchara
dentista	especialista	garbanzos	judías
legumbres	medicamento	médico	oftamólogo
paciente	receta	termómetro	vacuna

CONVERSATION 2

2

Koldo dice que no sabe quién es Gonzalo.	3
Paula le dice a Ana que Álvaro no va a ir a la comida.	7
Ana le propone a Paula comer en la mesa que está junto a la ventana.	6
De postre, Koldo va a preparar tarta de manzana.	5
Koldo le recomienda a Ana hacer un plato de cuchara.	4
Cuando llega Ana, Koldo está ocupado pelando cebollas	1
Ana le dice a Koldo que quiere preparar una comida para Gonzalo, un nuevo amigo de Paula.	2

LANGUAGE DISCOVERY 3

a What do you think we could do?	¿Qué te parece que podríamos hacer?	**podremos**
b I would make apple pie again.	Yo haría otra vez la tarta de manzana.	**haré**
c Where would you set the table?	¿Dónde pondríamos la mesa?	**pondremos**

Both conditional and future have the same change in the first part of the verb (the stem).

LANGUAGE PRACTICE 3 a Querrías b Vendría c haría d Sabríais e saldría f dirían g cabría h pondrías

LANGUAGE DISCOVERY 4 a Estaré b es c está d Es

In the sentences the use of ser or estar introduces a change of meaning. Estaré listo means *I will be ready*, however, Gonzales es muy listo means *Gonzalo is very clever*. Gonzalo está de medico en Londres means *Gonzalo is temporarily working as a doctor in London*. Gonzalo es un médico means *Gonzalo is a doctor*. Being a doctor is a permanent characteristic.

LANGUAGE PRACTICE 4 a Es b estaría c Estás d Estamos e Estás f son, son

SKILL BUILDER

1

palabras relacionadas con lugares y servicios médicos	palabras relacionadas con las enfermedades y los tratamientos médicos	palabras relacionadascon las personas y losprofesiones relacionadoscon la sanidad
clínica, consulta	pastillas, pomada, medicamento, herida, infección	paciente, especialista, enfermero

2 a tenedor b lentejas c chorizo d plato de cuchara e picante f pimiento g dulce h postres

TEST YOURSELF **1 a** ¿**Estás** malo? Tienes muy mal cara. **b** ¿**Estás** listo? Tenemos que irnos ya. **d Fue** una situación un poco violenta: María preguntó a todos, pero nadie contestó. **h** Ayer me acosté muy tarde y hoy **estoy** muy cansado. **2 a** Dong, yo que tú haría deporte para llegar cansado a la noche. También podrías tomar algún remedio natural. Seguro que tu farmacéutico puede recomendarte alguno. **b** Andreea, yo comería más frutas y verduras. También intentaría hacer más comida casera y compraría menos platos precocinados. **c** Christopher, yo en su lugar, buscaría una plataforma de intercambio de idiomas en Internet. De esta forma, puede hablar español con nativos y también escribirles en su lengua. **d** Paloma, yo iría a un hotel rural. En la Comunidad de Madrid, tienes más de 200. **e** Isabel, yo que tú hablarías con tus amigos al menos una vez a la semana. También podrías organizar un viaje juntos para las próximas vacaciones.

UNIT 18

VOCABULARY BUILDER 1 literature, writer, novelist, poet, based on real events

VOCABULARY PRACTICE 1

				1	N	O	V	E	L	A			
2	P	R	O	T	A	G	O	N	I	S	T	A	
			3	A	N	E	C	D	O	T	A		
					4	C	U	E	N	T	O		
	5	E	S	C	R	I	T	O	R				
			6	B	I	O	G	R	A	F	I	A	
						7	T	R	A	M	A		
			8	T	R	A	D	U	C	T	O	R	
		9	C	O	N	T	A	R					
					10	S	A	G	A				

CONVERSATION 1 **2 a** 3 **b** 1 **c** 2 **d** 3 **e** 2

LANGUAGE DISCOVERY 1 **b** Aya hace el Camino de Santiago happens first. Conocimos (past simple), había hecho (past perfect). Past perfect.

LANGUAGE PRACTICE 1 **a** se habían vestido **b** había gustado **c** habíais descubierto **d** habíamos visitado **e** había empezado **f** habían preparado **g** había corrido **h** habías estudiado **i** había probado **j** habían agotado

LANGUAGE DISCOVERY 2 **a** había sentido means *had felt*. **b** había hecho means *had done*.

LANGUAGE PRACTICE 2 **1** d **2** b **3** f **4** e **5** c **6** a

VOCABULARY BUILDER 2 theme parks, gastronomic tourism, wine tourism, hostel

VOCABULARY PRACTICE 2 **a** Hacer **b** Sacar **c** Cancelar **d** Viajar **e** Facturar **f** Salir **g** Sacar **h** Llevar **i** Haber **j** Cancelar

PRONUNCIATION PRACTICE **a** El **periodista** se dirige **hacia** la zona del conflicto. **b** Leí un **cuento policial** que me encantó. **c** Me gustó mucho la **comedia** musical que **fuimos** a ver. **d** Como **siempre**, **fueron** a **bailar** al centro de la **ciudad.**

CONVERSATION 2 **2 a** Koldo es de Mundaka. **b** Mundaka es conocido por tener una de las olas más largas del mundo. **c** Porque solo lleva equipaje de mano. **d** Había overbooking.

LANGUAGE DISCOVERY 3 **a** ¿os conté lo que me pasó...? **b** ¿Y qué hiciste? **c** normal **d** ¿ah, sí?

LANGUAGE PRACTICE 3 **a** ¿Te he contado que **b** ¿Qué te pasó? **c** Resulta que **d** Ya/lógico. **e** ¡Qué mala suerte! ¿no?/¡No me lo puedo creer! **f** Lógico/Ya. **g** ¡Menos mal! **h** ¡No me lo puedo creer!/¡Qué mala suerte! ¿no?

LANGUAGE DISCOVERY 4 Como expresses a cause. Así que expresses a consequence.

LANGUAGE PRACTICE 4 **1 a** por eso **b** ya que **c** Como **d** Como **e** es que **f** así que

SKILL BUILDER **1** Student's own answers. **2 a** verdadero **b** verdadero **c** falso **d** falso **e** verdadero **f** falso

TEST YOURSELF **a** Los turistas estaban agotados porque **habían** andado mucho. **b** Jorge **había** comido antes, y por eso no tenía hambre a la hora de cenar. **c** Se fue a vivir a Berlín **porque** se enamoró de un alemán. **d** Me sorprendió mucho el tamaño del pino. ¡Nunca había **visto** uno tan grande! **e** Pablo me confesó que había **roto** el jarrón de la mesa. **f** El general no sabía cuántos soldados habían **muerto** en la batalla. **g** No aprobasteis el examen porque no habíais **hecho** los ejercicios de repaso. **h** Ha estudiado mucho, **así que** sacará muy buena nota. **i** Estaba enfadada con vosotros porque no me habíais **dicho** la verdad. **j** María había **preparado** la sopa cuando se cayó el cazo.

UNIT 19

CULTURE POINT 1 Miró creó el logo que representa al turismo español. Los tres eslóganes son: "España es parte de ti", "España es diferente" y "You deserve Spain"

VOCABULARY BUILDER 1 advertising agent, consumer, brand, billboards, social media television/radio/press advertising, advertising campaign, to raise awareness in, to inform, to thrill, creative

VOCABULARY PRACTICE 1 **a** 2 **b** 1 **c** 3 **d** 1 **e** 3

CONVERSATION 1 **2 a** Verdadero. **b** Falso. A Koldo le gusta el eslogan del restaurant. **c** Verdadero. **d** Verdadero. **e** Falso. Álvaro le pide ayuda a Koldo para el diseño de la carta.

LANGUAGE DISCOVERY 1 **a** No insistas **b** No seas **c** no anuncies
Imperatives (Don't + verb) insist-ir – No insistas, anunci-ar – No anuncies, ser – No seas

LANGUAGE PRACTICE 1 **a** hables **b** ve **c** bebas **d** pon **e** vaya **f** digas **g** ven **h** haz **i** paguen **j** comáis

LANGUAGE DISCOVERY 2

The imperatives are used to make requests, to advise and to give permission.

LANGUAGE PRACTICE 2 **a** Crea **b** Combina **c** Cambia **d** incluyas **e** recicles

VOCABULARY BUILDER luxury, solidarity, equality, freedom, love, diversity

VOCABULARY PRACTICE 2

valores e ideas que transmite la publicidad	adjetivos para describir anuncios	elementos de la publicidad
ecologia, exito, amor, belleza, igualdad, amistad, independencia, juventud	sexista, provocador, polemico, humoristico, sugerente, efectivo, impactante	texto, eslogan, musica

PRONUNCIATION PRACTICE **1** Triphthongs: guay-estudiéis-actuáis-bioinformática

CONVERSATION 2 **2 a** ingredientes **b** cartelería **c** horario **d** costumbre **e** barrio **f** intrigado

LANGUAGE DISCOVERY 3

Obligation: Es obligatorio.../es obligatoria...

Prohibition: No se permite.../Se prohibe.../No se puede...

LANGUAGE PRACTICE 3 **a** Se prohibe beber bebidas alcohólicas en la fiesta. **b** Son obligatorios los guantes. **c** Son obligatorias las cookies en la web. **d** Se prohíben perros en el centro comercial. **e** No se admiten niños en el hotel. **f** Es obligatorio el uso del casco. **g** Está prohibido hacer barbacoas en el camping. **h** No se admiten tarjetas de crédito.

Obligation: b, c, f; **Prohibition:** a, d, e, g, h

LANGUAGE DISCOVERY 4 **a** será **b** sería. The future: ¿Quién será esa mujer? The conditional: ¿Qué sería de ella?

LANGUAGE PRACTICE 4 **1** f **2** e **3** h **4** i **5** j **6** g **7** a **8** c **9** d **10** b

SKILL BUILDER **1 a** folleto **b** publicista **c** eslogan **d** imagen **e** lujo **2 a** 2 **b** 4 **c** 6 **d** 8 **e** 1 **f** 7 **g** 3 **h** 5

TEST YOURSELF **1 a** No te conectes ahora **b** No subas fotos a la web. **c** No envíes el correo mañana. **d** No hagas estas fotocopias. **e** No te pongas mis zapatos nuevos. **f** No te vayas de mi casa ahora. **g** No gires a la derecha en esa calle. **h** No bailes conmigo esta canción. **i** No me compres un helado. **2 a** úsalo **b** lo hagas **c** bájamela **d** la enciendas **e** ábrelo

UNIT 20

VOCABULARY BUILDER 1 housing, unemployment, citizen, autonomous region, democracy, political party

VOCABULARY PRACTICE 1 **a** comunidades autónomas **b** sanidad **c** educación **d** medio ambiente **e** ayuntamiento **f** democracia **g** dictadura **h** partidos políticos

CONVERSATION 1 **2 a** verdadero **b** falso **c** verdadero **d** verdadero **e** falso

LANGUAGE DISCOVERY 1 **1 a** ayudes **b** sorprenda **c** coincida **2 a** ayudar **b** sorprender **c** coincidir

-ar verbs switch **o>e** (ayudo>ayud**e**) and **a>e** (ayud**a**s>ayud**e**s, ayud**a**>ayud**e**...). **-er/-ir** verbs switch **o>a** (sorprendo>sorprend**a**) and **e-i>a** (sorprend**e**s>sorprend**a**s...).

LANGUAGE PRACTICE 1 **a** disfruten **b** creas **c** lea **d** tomen **e** veamos **f** vivamos **g** repasemos **h** cantes **i** aprendamos **j** bebáis

LANGUAGE DISCOVERY 2 **a** 3 **b** 2 **c** 4 **d** 1 **e** 2

LANGUAGE PRACTICE 2 **1 a** esté **b** estudies **c** participen **d** cocinen **e** lleves **f** aprendan **g** trabaje **2** Wishes or desires: **a, d, h;** Advice or recommendations: **b, j;** Orders or requests: **e, i;** Feelings and emotions: **c, f, g**

VOCABULARY BUILDER 2 personality, humility, leadership skills, confidence, commitment at work, ambition, honesty/be honest, competitiveness/be competitive, creativity/be creative, to have charisma

VOCABULARY PRACTICE 2 **a** competitivo **b** seguro **c** honesto **d** extrovertido **e** creativo **f** arrogante **g** callado **h** falso

PRONUNCIATION PRACTICE **1** Separate syllables: toalla – búho – ahorro – línea – país – sinfonía – río **2 a** No puedo dormir sin mi **almohada**. **b** Me voy a preparar una ensalada con **zanahorias**. **c** En esta zona hace mucho **frío** en las noches de verano. **d** La comisaría de **policía** está justo al cruzar la calle. **e** Antonio Machado fue un gran **poeta** español. **f** La ciudad de A Coruña está al **oeste** de España.

CONVERSATION 2 **2 c** Koldo ve una cara conocida. **Verdadero e** Paula recibe una visita sorpresa. **Verdadero**

LANGUAGE DISCOVERY 3

a puedan **b** queráis **c** pida. The missing verbs are poder, querer and pedir. They are basically the same.

LANGUAGE PRACTICE 3

	(yo)	(tú)	(él/ella,usted)	(nosotros/as)	(vosotros/as)	(ellos/as,ustedes)
cerrar	cierre	**cierres**	cierre	cerremos	**cerréis**	**cierren**
contar	cuente	cuentes	**cuente**	**contemos**	contéis	cuenten
mentir	mienta	**mientas**	mienta	**mintamos**	**mintáis**	mientan
morir	muera	**mueras**	**muera**	muramos	**muráis**	**mueran**
servir	**sirva**	sirvas	**sirva**	**sirvamos**	sirváis	sirvan

LANGUAGE DISCOVERY 4 **a** 2 **b** 1

LANGUAGE PRACTICE 4 **1 a** piense **b** cierre **c** encienda **d** acueste **e** prefieran **f** entienda

SKILL BUILDER **1 a** manifestación **b** ministro **c** sincero **d** arrogante **e** tener mal carácter
2 1 f 2 a 3 b 4 c 5 d 6 e **3 a** esté **b** dé **c** pueda **d** abra **e** suban **f** pida **g** cambie **h** reciclen **i** compre **j** cierren

TEST YOURSELF **1 a** gane **b** llevemos **c** perdamos **d** dure **e** hablara **2 a** repasemos **b** cantes **c** aprendamos **d** bebáis **e** mejores **f** bajes **g** tomes

Credits

- Page 13, image b: attributed to World Travel & Tourism Council, CC BY 2.0 <https://creativecommons.org/licenses/by/2.0>, via Wikimedia Commons
- Page 83: Mercado de la Cebada, attributed to Tiia Monto, CC BY-SA 3.0, creativecommons.org/licenses/by-sa/3.0, via Wikimedia Commons
- Page 188: MiguelAlanCS, CC BY-SA 4.0, creativecommons.org/licenses/bysa/4.0 via Wikimedia Commons
- Page 226: Barcex, CC BY-SA 4.0, creativecommons.org/licenses/bysa/4.0, via Wikimedia Commons

Notes